O resgate da empatia

CIP-BRASIL. CATALOGAÇÃO NA FONTE
SINDICATO NACIONAL DOS EDITORES DE LIVROS, RJ

0338

O resgate da empatia : suporte psicológico ao luto não reconhecido / organização Gabriela Casellato. – São Paulo : Summus, 2015.
264 p.

Inclui bibliografia
ISBN 978-85-323-1008-8

1. Morte – Aspectos psicológicos. 2. Psicologia transpessoal. 3. Perda (Psicologia). 4. Luto – Aspectos psicológicos. 5. Medicina e psicologia. I. Casellato, Gabriela.

15-19632 CDD: 155.937
CDU: 159.9

www.summus.com.br

Compre em lugar de fotocopiar.
Cada real que você dá por um livro recompensa seus autores
e os convida a produzir mais sobre o tema;
incentiva seus editores a encomendar, traduzir e publicar
outras obras sobre o assunto;
e paga aos livreiros por estocar e levar até você livros
para a sua informação e o seu entretenimento.
Cada real que você dá pela fotocópia não autorizada de um livro
financia o crime
e ajuda a matar a produção intelectual de seu país.

O resgate da empatia
Suporte psicológico ao luto não reconhecido

GABRIELA CASELLATO
(ORG.)

summus editorial

O RESGATE DA EMPATIA
Suporte psicológico ao luto não reconhecido
Copyright © 2015 by autores
Direitos desta edição reservados por Summus Editorial

Editora executiva: **Soraia Bini Cury**
Editora assistente: **Michelle Neris**
Projeto gráfico: **Crayon Editorial**
Diagramação: **Santana**
Capa: **Alberto Mateus**
Imagem de capa: **políptico "Os cabides de meu pai",
de André Penteado**
Impressão: **Sumago Gráfica Editorial**

Summus Editorial
Departamento editorial
Rua Itapicuru, 613 – 7º andar
05006-000 – São Paulo – SP
Fone: (11) 3872-3322
Fax: (11) 3872-7476
http://www.summus.com.br
e-mail: summus@summus.com.br

Atendimento ao consumidor
Summus Editorial
Fone: (11) 3865-9890

Vendas por atacado
Fone: (11) 3873-8638
Fax: (11) 3872-7476
e-mail: vendas@summus.com.br

Impresso no Brasil

*Aos enlutados que lutam com e por
seu luto não visto, não falado, não ouvido.*

*Pessoas cujo pesar permeia sua rotina
e seus sonhos.*

*Pessoas que têm como testemunhas
apenas seu corpo e sua memória.*

Sumário

APRESENTAÇÃO 9

1. LUTO NÃO RECONHECIDO: O FRACASSO DA EMPATIA NOS TEMPOS
   MODERNOS 15
   Gabriela Casellato

2. O PROCESSO DE LUTO NA MATERNIDADE PREMATURA............29
   Valéria Tinoco

3. AS PERDAS AMBÍGUAS E A INFIDELIDADE CONJUGAL 49
   Ana Cristina Costa Figueiredo
   Rosane Mantilla de Souza

4. APOSENTADORIAS MASCULINAS E PERDAS AMBÍGUAS............71
   Rosane Mantilla de Souza
   Plínio de Almeida Maciel Jr.

5. LUTO POR PERDA DE ANIMAL 91
   Déria de Oliveira
   Maria Helena Pereira Franco

6. NA TRILHA DO SILÊNCIO: MÚLTIPLOS DESAFIOS
   DO LUTO POR SUICÍDIO 111
   Daniela Reis e Silva

7. ONDE ESTÁ VOCÊ AGORA ALÉM DE AQUI, DENTRO DE MIM?
O LUTO DAS MÃES DE CRIANÇAS DESAPARECIDAS 129
Sandra Rodrigues de Oliveira

8. O LUTO DO PROFISSIONAL DE SAÚDE:
A VISÃO DO PSICÓLOGO 155
Regina Liberato

9. A MORTE E O LUTO: A SENSIBILIDADE DE UMA ENFERMEIRA 183
Regina Szylit Bousso

10. A ARTE COMO FORMA DE EXPRESSÃO
DE LUTOS NÃO SANCIONADOS 203
Cristiane Ferraz Prade

11. A TEORIA DO APEGO E OS TRANSTORNOS MENTAIS
DO LUTO NÃO RECONHECIDO 217
Maria Helena Pereira Franco

12. INTERVENÇÕES CLÍNICAS EM SITUAÇÃO DE LUTO
NÃO RECONHECIDO: ESTRATÉGIAS ESPECÍFICAS 229
Gabriela Casellato

REFLEXÕES FINAIS...251
Gabriela Casellato

SERVIÇOS FOCADOS EM SITUAÇÕES DE LUTO NO BRASIL............255

Apresentação

PASSARAM-SE DEZ ANOS DESDE a publicação de um livro inaugural sobre o tema desta obra – *Dor silenciosa ou dor silenciada? Perdas e lutos não reconhecidos por enlutado e sociedade*[1]. Desde então, algumas mudanças e avanços ocorreram em nossa sociedade no enfrentamento e na comunicação acerca do tema da morte e do luto. Tais conquistas se devem não só ao confronto com a realidade – em especial, diante do aumento das mortes trágicas e coletivas –, mas também ao processo de educação para a morte, que cresceu significativamente no país, seja por meio da mídia, dos cursos de graduação e pós-graduação oferecidos a profissionais de educação e de saúde, publicações ou tantas outras formas de diálogo com a sociedade ou pela capacitação dos cuidadores.

Estatísticas recentes[2] mostram que, entre 2004 e 2007, o número de assassinatos no Brasil foi maior que as baixas dos 12 maiores conflitos armados pelo mundo nessa mesma época. Nesse período, 192.804 pessoas foram assassinadas a tiros no Brasil, enquanto as guerras provocaram a morte de 169.574 pessoas. Esses números não só impressionam como nos alertam para a banalização dessas perdas trágicas em nosso país. Enquanto a sociedade americana e tantas outras europeias se organizam em parceria com os governos em busca de legitimar a dor e o significado dessas per-

---
[1]. Casellato, G. *Dor silenciosa ou dor silenciada? Perdas e lutos não reconhecidos por enlutados e sociedade*. Campinas: Livro Pleno, 2005.
[2]. Disponível em: <http://www.mapadaviolencia.org.br>. Acesso em: 24 jan. 2014.

das – não só na esfera material, mas também com ações psicossociais, em especial inúmeros rituais de despedida e memoriais construídos –, em nossa sociedade é ainda incipiente o cuidado que a sociedade tem com seus mortos e enlutados.

Vale lembrar que, se mencionamos perdas coletivas e trágicas, que tanto chamam a atenção da mídia e provocam prejuízos para as comunidades e perdas econômicas para cidades ou para o país, o descuido é ainda maior quando se trata de perdas desvalorizadas socialmente.

As transformações positivas que observamos nesta última década foram pontuais e mobilizadas por setores específicos de nossa sociedade. Para ilustrar, cito a mudança da legislação acerca dos direitos ao registro civil e de óbito dos natimortos.

Em 2005, quando da publicação de nosso primeiro livro, chamamos a atenção para essa questão e enfocamos o incremento do risco no enfrentamento do luto parental diante da impossibilidade de registrar o óbito do filho natimorto com o próprio nome, mas apenas em nome do genitor. Desde então, outros tantos profissionais da área da saúde e da área jurídica também se mobilizaram em torno de mudanças quanto à forma de encarar essa questão. No ano de 2013, foi aprovado na Câmara dos Deputados o Projeto de Lei n. 5.171/13, que dá aos pais enlutados o direito de dar o nome e sobrenome ao natimorto em seu registro civil[3].

Assim, ações que visam ventilar tais assuntos, como pretendemos nesta obra, reafirmam sua função educativa e transformadora que propicia à comunidade condições de prevenção por meio do conhecimento e de validação e suporte aos enlutados nas mais diversas condições sociais e culturais e nas mais adversas situações de perda e luto.

E é por estarmos comprometidos com esse desafio que entendemos que outros temas correlatos mereciam um espaço de aprofun-

---

[3]. Disponível em: <http://www.camara.gov.br/proposicoesWeb/fichadetramitacao?idProposicao=568302>. Acesso em: 5 fev. 2014.

damento e esclarecimento sobre suas especificidades e condições. Obviamente, outros tantos temas também merecem destaque, e pretendemos realizar e incentivar outras publicações explorando outras dores silenciosas/silenciadas. Os critérios dos temas escolhidos para este volume devem-se exclusivamente à aproximação com outros colegas da área da saúde que desenvolvem projetos e intervenções importantíssimos relacionados ao tema do luto não sancionado.

No primeiro capítulo, fiz uma nova revisão do que vem sendo estudado sobre o conceito e aprofundei alguns aspectos desse fenômeno. Destacaram-se as diferentes dimensões de não sancionamento e a intersecção entre o mundo psíquico e o contexto cultural dos lutos não sancionados.

Em seguida, Valéria Tinoco expõe o tema da prematuridade e as especificidades de um luto sufocado pela urgência dos cuidados maternos com um bebê que nasce em condições de maior vulnerabilidade ou, em alguns casos, com risco de não sobreviver. A autora destaca as consequências desse luto silencioso ou mascarado para o desenvolvimento do sistema de cuidados e a vinculação da mãe com o bebê.

Outra experiência ambígua e estigmatizada é a infidelidade conjugal. Ana Cristina Costa Figueiredo e Rosane Mantilla convidam o leitor a mergulhar nas especificidades desse fenômeno e do processo de luto inerente, sob o enfoque feminino e dando destaque aos relacionamentos de longa duração.

Ainda olhando para as tramas e dramas familiares, Rosane Mantilla de Souza e Plínio de Almeida Maciel Jr. deram voz ao luto de inúmeros homens que enfrentaram ou estão enfrentando a aposentadoria, seja ela compulsória ou planejada. Os autores iluminam as diversas perdas inerentes e secundárias ao tema e suas consequências para o envelhecimento masculino.

E, falando de vínculos pouco valorizados, a relação com os animais de estimação, em especial em comunidades urbanas, é um fenômeno social que passou a ser um tema de interesse da psicologia. Ainda que alguns insistam em patologizar o forte vínculo que se estabelece entre humanos e animais nos dias de hoje, fato é que tais relações passaram a compor o cenário das famílias contemporâneas, com o animal exercendo um papel importante na vida de muitas delas. Sendo assim, sua perda também não pode ser banalizada, e Déria de Oliveira e Maria Helena Pereira Franco tratam o assunto de forma profunda, fazendo uma revisão histórica e contextualizando esse luto.

Lutos não reconhecidos são frequentemente observados em situações estigmatizadas, e podemos afirmar que uma das mais complexas refere-se às perdas por suicídio. Daniela Reis e Silva trilhou esse caminho desafiador e apresenta-nos uma complexa análise dos fatores que envolvem essa perda no contexto familiar e todos os fatores de risco inerentes.

Em seguida, Sandra Rodrigues de Oliveira trata da ambiguidade presente no desaparecimento de crianças, dando enfoque ao luto materno nesse contexto, por meio dos resultados encontrados em sua tese de doutorado.

Outros dois capítulos exploram o luto de cuidadores profissionais. Regina Liberato expõe com profunda sensibilidade aspectos teóricos e vivenciais em torno de sua trajetória como psicóloga e ser humano. Sua poesia, estratégia tão eficiente para enfrentar a vida, também nos facilitou a possibilidade de olhar um pouco mais de perto a dor de quem cuida da dor. Logo depois, Regina Bousso enriquece-nos ao compartilhar sua trajetória como enfermeira e suas experiências acerca da morte e do luto. Desde já, tenho a necessidade de agradecer a todos os autores, e em especial às duas últimas, pela sensibilidade e coragem de dividir suas experiências até então pessoais, normalmente negligenciadas e abafadas por outros profissionais – que, ao lê--las, espero que se sintam encorajados a fazer o mesmo.

Aproveito para agradecer ao fotógrafo André Penteado, criador da foto da capa deste livro, e explicar que ela faz parte de um projeto denominado O Suicídio do Meu Pai. De forma corajosa e sensível, André usou a fotografia como forma de lidar com seu próprio luto e, posteriormente, publicou todo o ensaio realizado após a morte de seu pai, visando também à comunicação aberta sobre um tema tão estigmatizado e, por isso, silenciado, com elegância e maturidade.

Neste volume também consideramos a importância de oferecer subsídios e estratégias para intervenções psicológicas ou psicossociais com pessoas que estejam enfrentando lutos não sancionados. Por essa razão, convidei Cristiane Ferraz Prade para compartilhar sua significativa experiência na arteterapia com enlutados. Sua contribuição é extremamente rica e convidativa não só aos profissionais como aos pacientes.

Maria Helena Pereira Franco, colega e mestra de tantos anos, oferece uma delicada reflexão acerca dos transtornos psiquiátricos em decorrência de lutos não reconhecidos, tendo como fundamentação a teoria do apego. Sua leitura facilita nossa compreensão a respeito da influência que a formação dos nossos vínculos tem sobre a sua ruptura e, consequentemente, sobre o luto que se segue.

Por fim, trago uma reflexão sobre as especificidades da psicodinâmica de um luto não franqueado e discuto algumas intervenções específicas para o atendimento psicológico em diferentes contextos e *settings*. Para tanto, faz-se necessário o esclarecimento a quem, quando, como e por que oferecer suporte psicológico.

Logo após as considerações finais sobre o material aqui compilado, fornecemos uma lista de serviços de atendimento psicológico para enlutados no Brasil. As referências obviamente não esgotam todos os serviços existentes em nosso território, mas representam os serviços com os quais de alguma forma temos proximidade, seja em sua constituição, formando seus profissionais por meio do 4 Estações Instituto de Psicologia, ou ainda por experiências profissionais que compartilhamos ao longo dos anos. O objetivo é tornar a ajuda acessível nos mais diferentes cantos de nosso país, para enlutados que surgem aos milhares a cada dia, muitos deles de modo silencioso e vulnerável.

Gabriela Casellato

1 Luto não reconhecido: o fracasso da empatia nos tempos modernos
Gabriela Casellato

ENTRE TANTAS OUTRAS VIVÊNCIAS do ser humano, muitas são as experiências de luto que não são reconhecidas tanto pelo próprio enlutado como pela sociedade, e isso se dá por diversas razões. Reconhecer implica admitir algo como verdadeiro ou real e, quando não o fazemos, é por ignorarmos sua existência, por sua ambiguidade ou, ainda, por nos defendermos da emoção ou das consequências que sua existência nos provoca. A maioria das situações de lutos não reconhecidos observadas clinicamente ou por meio de pesquisas acadêmicas realizadas ao longo desta última década (Casellato, 2005; Doka, 2002; Seftel, 2006; Attig, 2004) aponta que, mais frequentemente, observam-se tais fenômenos em situações de perdas ambíguas e em processos psíquicos defensivos associados aos aspectos intersociais e intrapsíquicos de alguns tipos de perda.

No primeiro volume (Casellato, *ibidem*) apresentamos a definição desse conceito desenvolvido por Keneth Doka (1989, 2002) e as cinco principais razões que, segundo o autor, justificam a reação de não franqueamento ou não reconhecimento diante de uma experiência de perda simbólica ou concreta.

O termo "luto não reconhecido" (Doka, 1989; Corr, 2002) é empregado quando a pessoa experiencia uma perda que não pode ser admitida abertamente; o luto não pode ser expresso ou socialmente suportado.

Doka (2002) afirma que o não reconhecimento pode ocorrer quando a sociedade inibe o luto estabelecendo "normas" explícitas ou implícitas de quando, por quem, quem, onde e como se enlutar. Consequentemente, tais regras negam o direito de enlutar-se àquelas pessoas cujas perdas e relacionamentos são considerados insignificantes ou que apresentam capacidades insignificantes de se enlutar. Contrariamente ao suporte social necessário ao enlutado, tais pessoas são isoladas diante de um silêncio tácito em resposta à sua dor e/ou sua forma de expressá-la.

Segundo Attig (2004), o não franqueamento é resultado de um fracasso social em diferentes dimensões. De forma mais profunda, destaca não só o fracasso da empatia, mas também o fracasso político, envolvendo abuso de poder e negligência severa que, consequentemente, nos leva a considerar o fracasso ético no respeito ao enlutado, tanto no que se refere ao seu sofrimento como aos seus esforços para superar e ressignificar a vida após uma perda.

QUANDO O LUTO NÃO É RECONHECIDO SOCIALMENTE

A sociedade mede a dor pelo tamanho do caixão.
(Sherokee Ilse, 1982)

É FUNDAMENTAL A COMPREENSÃO de que, quanto mais complexa é uma sociedade, mais complexas são suas regras e normas de convivência.

Attig (*ibidem*) afirma que o direito de uma pessoa enlutar-se quando e da forma que precisar ou escolher, sem a interferência de outros, é, por vezes, violada claramente pelo estabelecimento de uma convenção do governo e de outras instituições sociais, e destaca a questão do luto não reconhecido como um problema relacionado à dignidade humana. O autor sustenta que o tema do não reconhecimento se refere aos direitos humanos e não somente a um direito convencional.

De forma mais contundente, Attig (*ibidem*) afirma que o não reconhecimento não é simplesmente uma questão de indiferença às experiências ou aos esforços do enlutado, mas é ativamente negativo ou destrutivo, pois envolve negação, interferência e imposição de uma sanção. Mensagens de não reconhecimento desconsideram, desprezam, desaprovam, desencorajam, invalidam e deslegitimam ativamente as experiências e os esforços do enlutado.

O mesmo autor destaca o abuso de autoridade disfarçada numa *expertise* que presume saber (mas não necessariamente se dispõe a) compreender o sofrimento de um enlutado e suas estratégias para lidar com isso.

Em minha experiência ao longo de 19 anos atuando com pessoas enlutadas por diferentes tipos de perda, observo o quanto a sociedade chega, por vezes, a ser perversa com alguns que não se enquadram em suas regras. Como exemplo, cito as recentes perdas traumáticas e coletivas vividas em nossa sociedade. Tais eventos hoje são enfrentados de forma mais organizada no que tange à assistência aos familiares e às vítimas de tragédias, como quedas de avião, deslizamentos de terra, enchentes etc.

Recentemente, várias instituições governamentais e privadas buscaram capacitação e prepararam-se para oferecer suporte humanitário, jurídico e psicológico em situações de emergência às vítimas e suas famílias. Muito se caminhou nessa direção, mas ainda podemos detectar, nesse contexto, muitas situações que são negligenciadas por profissionais que não reconhecem a necessidade de ajuda ou não são autorizados a oferecer suporte a determinadas pessoas que, apesar de sofrerem imensamente pela perda vivida, não se encaixam nas regras que determinam a quem oferecer amparo.

Sendo assim, muitas vítimas da tragédia passam a ser vítimas também da negligência ou do isolamento social. Entre eles, podemos citar ex-mulheres, ex-maridos, enteados, amantes, parceiros homossexuais, bombeiros, policiais, psicólogos, médicos, enfermeiros, voluntários, funcionários de entidades civis e funcionários de nível operacional das empresas envolvidas, entre outros que, por não serem considerados vítimas diretas pelas normas de assistência psicossocial da instituição ou pelo contrato da empresa seguradora, passam a ser negligenciados no ambiente de trabalho e, por vezes, no contexto pessoal.

Como resultado, observamos, entre outras complicações, o aumento significativo de absenteísmo, afastamentos e demissões que ocorrem nessas empresas e instituições nos meses seguintes à tragédia. Além disso, muitas dessas pessoas citadas adoecem física e/ou psicologicamente e, em muitos casos, o não reconhecimento do luto cria um sofrimento adicional, justificando tais complicações.

Essa dinâmica é também resultado do fracasso da ética, no que tange ao respeito ao enlutado. Respeito requer compreender e validar a vulnerabilidade individual e o potencial de sofrimento de cada um, implicando um comportamento condizente com tal postura. Minimamente, isso requer atuar a fim de *evitar* duas situações:

a Reforçar ou incrementar a vulnerabilidade do enlutado ou exacerbar o seu sofrimento.
b Interferir, inibir ou bloquear a expressão do luto.

Para exemplificar, algumas situações em que a mídia tem a postura de explorar notícias envolvendo tragédias ou perdas ilustram claramente o rompimento dessa barreira. Várias vezes, como espectadores, sentimo-nos constrangidos pela forma como vítimas e enlutados são abordados por alguns repórteres. Sentimo-nos cúmplices (ou vítimas) de uma violência, pois presenciamos a falta da ética, imputando ao entrevistado mais sofrimento e constrangimento diante da dor da perda.

Mas não é apenas no nível interpessoal que tal mecanismo ocorre. Normas sociais podem se transformar por meio da interação humana, mas não podem ser mudadas por um indivíduo. Este pode aderir às regras vigentes ou violá-las, mas, qualquer que seja sua reação, sempre será um posicionamento, consciente ou não, diante daquilo que lhe é imposto.

LUTO NÃO RECONHECIDO: O FRACASSO DA EMPATIA

Isto é frescura de menina rica![1]

Hoje precisei chorar escondida nas escadas do hospital. Em menos de uma semana perdi três pacientes e minha supervisora me cobrou uma postura mais firme e me julgou inadequada, porque me emocionei ao descrever para ela sobre uma destas despedidas. Disse que estava preocupada sobre minha capacidade de lidar com a rotina do hospital.[2]

Que absurdo sofrer por bicho como se fosse gente![3, 4]

ENTRE TODOS OS TIPOS de lutos não franqueados, seja pelo fato de o relacionamento não ser valorizado, seja pela perda não reconhecida, seja pelo enlutado ou pela morte não serem aceitos, observamos que, numa primeira instância, o que fracassa é a empatia, ou seja, a capacidade de compreender o significado e validar a experiência de outra pessoa.

Neimeyer e Jordan (2002, p. 95) questionam: "Este fracasso empático invalida apenas o luto da pessoa, da família ou a narrativa social de perda?"

De fato, cada um de nós vive o processo de luto de forma solitária. Embora luto envolva um processo psicossocial e, portanto, relacional, tanto em situações de perdas simbólicas quanto

---
1. Comentário de uma psicóloga diante da expressão de pesar de uma mulher que foi abandonada parcialmente pela mãe, mas cresceu numa família de alto poder aquisitivo.
2. Relato de uma psicóloga hospitalar que procurou a autora para fazer uma supervisão particular.
3. Comentário de um veterinário sobre o sofrimento de uma senhora diante da perda de seu animal de estimação.
4. Esses relatos foram coletados em minha prática clínica como psicoterapeuta e supervisora clínica.

concretas, muitos aspectos de nossa experiência pessoal são desprezados e ignorados, às vezes por nós mesmos.

Neimeyer e Jordan (2002) sugerem quatro dimensões do fracasso da empatia:

a Do *self* com o *self*: trata-se do nível mais individual, no qual há falta de empatia da pessoa enlutada com a própria experiência de pesar. Pode-se dar por censura consciente ou de forma sutil e não consciente. Nesses casos, os autores indicam o comprometimento na condição do indivíduo de simbolizar, distinguir e validar suas próprias reações.

b Do *self* com a família: o não franqueamento pode se dar em diferentes níveis do sistema familiar, quando membros do grupo tentam controlar ou condenar as reações de luto de outro membro ou simplesmente fracassam ao autorizar e aceitar respostas de luto divergentes das que apresenta. Mais frequentemente, o fracasso da empatia é resultado da falta de sincronia entre os estilos de enfrentamento que variam com a idade, o gênero, a personalidade e o papel desempenhado por cada membro da família.

c Do *self* com a comunidade estendida: a diversidade e o dinamismo da vida contemporânea garantem que nosso luto não seja reconhecido em muitos contextos. Uma criança em seu ambiente escolar, um trabalhador em seu meio profissional ou mesmo um membro de uma comunidade religiosa podem sofrer o fracasso da empatia e ter seus lutos negados ou minimizados pelas expectativas de cada uma dessas comunidades.

d Do *self* com a dimensão espiritual: uma pessoa enlutada frequentemente vivencia mudanças profundas no processo de ajustamento a uma perda, em especial na busca de significado do que foi vivido. Nesse sentido, novas orientações nos níveis psicológico e espiritual podem acontecer, gerando uma crise nos pressupostos ou paradigmas prévios do enlutado no que tange à sua fé e espiritualidade. Isso se dá, em geral, numa briga com Deus ou num forte questionamento da fé e de uma força superior, e esse senso de espiritualidade abalado pode sofrer um forte fracasso da empatia por parte da comunidade religiosa, que não reconhece ou aceita a revolta ou crise da fé manifestada pelo enlutado.

Há alguns anos, atendi um casal que enfrentava o luto pela perda de um filho. Fazia alguns meses que o filho mais velho falecera num acidente de carro, e a busca por ajuda tinha como demanda explícita ajudar a mãe a lidar com a dor e ajudar o pai a dar suporte à sua esposa, considerada pela família a pessoa mais afetada pela perda, em comparação com os outros membros. Num dos primeiros encontros, a mãe passou quase toda a sessão descrevendo com riqueza de detalhes todo o velório e o funeral, dando destaque aos detalhes dos últimos momentos do filho e de sua dor em seu sepultamento. Numa breve pausa no relato desesperado da mãe, o pai encorajou-se e, numa postura quase que confessional, revelou que não estava presente nesse momento do enterro do corpo do filho. A revelação foi recebida com surpresa e choque pela mãe: "Como assim? Você não ficou para ver seu filho ser enterrado? Que pai faria isso?" O pai, cabisbaixo, numa atitude de um sentenciado, respondeu com a voz baixa: "Um pai que sofria tanto que não suportava ver tal cena". Destacam-se nessa situação dois importantes aspectos: 1) a mãe, de tão absorvida pela própria dor, nem se deu conta da ausência do marido; e 2) ao tomar consciência da atitude dele, ela o julgou e considerou-o inadequado e indiferente, apenas por não ter se comportado como ela ou a norma social prescrevia.

Essa passagem exemplifica não só o aspecto solitário do luto não franqueado, mas também o peso que as normas sociais imputam ao enlutado. Nesse caso, a falta de empatia contribuiu não só para o abafamento e a desqualificação do luto paterno, mas também para incrementar a potencializar a dor da mãe, ambas as situações validando, a seu modo, as expectativas sociais vigentes em relação aos papéis desempenhados.

Vale ressaltar que, nesse caso, o pai só foi empático à própria dor diante da necessidade de se defender do ataque da esposa e, a partir desse momento, e com a validação da terapeuta quanto às diferentes formas de expressão da dor, a demanda pelo suporte psicológico foi reformulada: mediante a reflexão empática feita quanto àquela situação, o casal foi capaz de entender e aceitar que ambos precisavam de ajuda porque ambos estavam de luto, agora sem hierarquia ou privilégios.

Nesse caso, fez-se necessário o suporte psicológico com a psicoterapia conjugal, pois, por meio desse tipo de intervenção, visamos ao franqueamento do luto primeiramente pelo sistema conjugal, que nos permitiria chegar ao franqueamento individual, validando o processo de luto e a forma de expressar de cada um deles, não deixando o pai negligenciado num luto inibido nem a mãe encurralada num luto crônico.

QUANDO O LUTO É CENSURADO INTERNAMENTE

> *Por que me sinto tão triste? Sou só a ex! Estávamos há sete anos separados e brigávamos tanto.*
> (Ana Maria, seis meses após a morte do ex-marido)[5]

A FRASE ACIMA CHAMA nossa atenção para o luto pela morte de um ex-companheiro. Nesses casos, podemos observar dois momentos de perdas não reconhecidos: o divórcio e a morte do ex-marido. Isso porque o divórcio em si já é um processo pouco validado socialmente, pois representa o fim de um casamento, mas não necessariamente de um relacionamento. Ainda que a convivência conjugal não seja mais possível, muitos relacionamentos continuam e podem se manter num clima de ambivalência, com conflitos e questões inacabados. Além disso, o divórcio representa

---
5. Nome fictício.

muitas outras perdas secundárias e frequentemente não reconhecidas, como a da convivência familiar, de amigos em comum, do(a) namorado(a), da parceria na solução dos problemas domésticos e rotineiros, do padrão financeiro, da casa, entre outros.

Consequentemente, o luto pela morte de um ex-companheiro tende a ser completamente negado e negligenciado pelo próprio enlutado e, obviamente, por sua rede social. No caso de Ana Maria, observamos uma autocensura aos próprios sentimentos, considerados por ela inapropriados pela sua condição de ex--esposa.

Kauffman (2002) explorou a motivação intrapsíquica do luto não reconhecido, destacando o profundo senso de vergonha sobre determinados relacionamentos, comportamentos ou sentimentos, como reflexo das normas sociais. Assim, o não franqueamento inicia-se com o próprio enlutado, que se censura, de forma consciente ou inconsciente, operando psicologicamente sobre seu próprio comportamento e inibindo sua expressão do pesar. Nesses casos, o autor (*ibidem*, p. 68) aponta-nos que o próprio *self* é o agente e a vítima da censura, que impõe a si mesmo mensagens como: "Não permita que este luto seja real para você. Isto não é uma perda; isto não é um luto!" Kauffman denominou essa situação "auto não reconhecimento do luto"[6].

Quando uma perda não é reconhecida, experimenta-se o fracasso do ambiente social em oferecer a aceitação e o suporte necessários aos enlutados, que lhes garantiriam a segurança de se sentirem pertencentes e conectados. Consequentemente, a experiência de luto será incrementada por um sentimento de alienação e solidão.

Muito frequentemente, recebo homens em meu consultório que são encaminhados por seus médicos para uma avaliação psicológica em razão de suas queixas físicas, importantes e recorrentes, porém sem diagnóstico clínico conclusivo. O pedido

---

[6]. Tradução livre do conceito de *self-disenfranchised grief* (Kauffman *apud* Doka, 2002, p. 69).

desses pacientes com frequência é ter o sintoma rapidamente removido para seguirem suas vidas. Nas entrevistas diagnósticas desses casos, é comum encontrarmos lutos não resolvidos, sufocados por uma estrutura de funcionamento psicológico predominantemente instrumental, ameaçada por sentimentos que roubam deles o controle necessário para a condução da vida. E, diante da ameaça, o "auto não reconhecimento" do luto torna-se uma saída temporariamente eficiente, vencida e superada aos poucos pelo transbordamento do sofrimento via sintoma físico de origem psicogênica.

Ainda que o estilo de enfrentamento predominantemente instrumental não seja prerrogativa exclusiva dos homens e tão pouco sua única estratégia, tais reações são comumente reforçadas pelos valores culturais e sociais em nossa sociedade. É esperada do homem uma reação de força e enfrentamento diante de uma perda, com o contrário sendo ainda percebido como fraqueza e provocando pouca empatia pela sua rede social.

Lembro-me de um senhor que, após seis meses de viuvez, me procurou indicado pelo clínico geral. Chegou ao consultório e, ao me cumprimentar, não se mostrava apenas constrangido em um primeiro encontro, mas especialmente envergonhado por precisar de ajuda. Ao começar a falar, pedia desculpas várias vezes, entre uma lágrima e outra que pulava dos olhos, alheia à sua vontade. Nem ao menos aceitava usar minha caixinha de lenços; carregava seu próprio lenço de pano como um último ato de "dignidade masculina" (ou instrumental!). Se não bastasse o próprio luto, pedir ajuda só lhe provocava ainda mais sofrimento, pois era para ele um sinal claro de fracasso diante das expectativas sociais e das estratégias por ele desenvolvidas ao longo de sua vida. O que ele sabia fazer já não dava conta do momento de luto, da saudade e da solidão pelos quais passava, e sentir-se humilhado ao precisar de ajuda era um fator que só agravava seu processo e rebaixava sua autoestima. Para esconder seu luto, isolou-se socialmente, deixou de lado suas atividades sociais e, pouco a pouco, passava cada vez mais tempo deitado e diante da TV. Os sintomas físicos (taquicardia, insônia, inapetência) foram, de forma inconsciente, um caminho possível de ajuda, pois lidar com a fragilidade do corpo já era algo tangível e inevitável para esse senhor de 79 anos de idade. Foi muito gratificante quando, quatro meses depois, recebi uma mensagem no celular após uma sessão: "Já é difícil com sua ajuda, mas sem ela seria impossível. Muito obrigado!" Pelo menos, a batalha contra a vergonha ele já tinha vencido.

Kauffman (2002), sob o viés psicanalítico, sugere que a estrutura interna que regula a autocensura da expressão do luto é o superego, considerado agente interno das sanções e da vergonha e mediador das ordens das sanções sociais. Por outro lado, destaca o poder reverso do *self*, no que tange ao reconhecimento e à autorização para enlutar-se a despeito de uma permissão externa e social. O autor chama a atenção para o poder de decidir o que é para ser expresso ou não e valoriza tal possibilidade como a condição heroica do *self* e uma possibilidade de liberdade possível diante do processo maturacional do *self* perante o luto. Em última instância, o "autorreconhecimento do luto" é o combate ao desamparo imposto pelo luto não sancionado".

NÃO RECONHECIMENTO DO LUTO *VERSUS* LUTO COMPLICADO

O LUTO NÃO RECONHECIDO é um fenômeno psicossocial que tem como desafio a legitimação do sofrimento humano diante de uma perda, independentemente de quando as reações de luto se manifestam, quem as manifesta, como, por que e por quem se manifestam.

Como já foi colocado, o não franqueamento espelha as normas sociais que definem e regulam os parâmetros da normalidade *vs.* patologia no processo de luto, tão investigados nas últimas duas décadas pelo mundo afora, assim como é resultado delas.

Há anos perdura o debate da inclusão do luto complicado como categoria diagnóstica no *American's Diagnostic and Statistical Manual of Mental Disorders* (DSM), visando traçar parâmetros que diferem luto e depressão, assim como um processo de luto normal de um luto complicado, possibilitando acuidade nos critérios de intervenção clínica e medicamentosa.

Ao longo do tempo, condições divergentes do luto considerado normal foram classificadas com termos como ausente, anormal, complicado, distorcido, mórbido, mal adaptado, atípico, intensificado e prolongado, não resolvido, neurótico, disfuncional, crônico, negado e inibido (Rando *et al.*, 2012), e em quase todas essas denominações podemos perceber que se partiu de alguma sintomatologia associada ao desempenho social para se considerar o aspecto não saudável a ser valorizado em cada uma delas.

Essa discussão estabelece uma interface com o movimento atual da comunidade científica especializada no tema do luto que vem refletindo profundamente sobre a multiplicidade de fatores que interferem na definição do luto complicado (*ibidem*) e amplia suas fronteiras. Nos últimos tempos, é evidente o esforço de superar os modelos normativos (ou de ajustamento) na compreensão do fenômeno do luto, e mais contundente é o movimento de reconhecer no processo de luto suas várias influências, seja referente ao enlutado, ao relacionamento perdido, às circunstâncias da perda, às variáveis sociais e culturais e aos fatores psicológicos.

Romper tais barreiras implica, em última instância, superar a normatização, ampliar o conceito de ajustamento e complementar os critérios diagnósticos com a avaliação contextual, clínica e funcional do enlutado.

Nessa discussão, podemos observar mais explicitamente a dicotomia vivida por nossa sociedade. Por um lado, desenvolvemos estudos e pesquisas por anos e anos que nos levam a entender o fenômeno de forma complexa e multifatorial. Por outro, vemo-nos engendrados e impelidos a considerar que a inclusão do luto complicado no DSM-5 se tornou necessária para o seu reconhecimento como evento potencialmente de risco para desencadear doenças de ordem física e psicológica em muitos enlutados; estes, em consequência desse reconhecimento (DSM como instrumento de validação política na saúde pública), passariam a ter mais chances de suporte e tratamentos adequados na rede de saúde pública e privada, quando necessário.

Que paradoxo! Mas, acima de tudo, trata-se de um desafio incomensurável para uma sociedade ainda tão cartesiana que busca nas estatísticas e nas normas sociais o conforto emocional para um funcionamento psicossocial apoiado em limites e parâmetros previamente definidos.

REFERÊNCIAS

Attig. T. "Disenfranchised grief revisited: discounting hope and love". *Omega: Journal of Death & Dying*, v. 49, n. 3, 2004, p. 197-215.

Casellato, G. (org.). *Dor silenciosa ou dor silenciada? Perdas e lutos não reconhecidos por enlutados e sociedade*. Campinas: Livro Pleno, 2005.

Corr, C. "Revisiting the concept of disenfranchised grief". In: Doka, K. J. (org.). *Disenfranchised grief: new directions, challenges and strategies for practice*. Illinois: Research Press, 2002, p. 39-60.

Doka, K. J. *Disenfranchised grief: recognizing hidden sorrow*. Lexington: Lexington, 1989.

_____ (org.). *Disenfranchised grief: new directions, challenges and strategies for practice*. Illinois: Research Press, 2002.

Ilse, Sherokee. *Empty arms: coping with miscarriage, stillbirth and infant death*. Maple Plain: Wintergreen Press, 1982.

Kauffman, J. *The psychology of disenfranchised grief: liberation, shame, and self-disenfranchisement*. In: Doka, K. J. (org.). *Disenfranchised grief: new directions, challenges and strategies for practice*. Illinois: Research Press, 2002, p. 61-79.

Kupfer, D. "O DSM-5 é o melhor que temos para diagnosticar os transtornos mentais". *Veja*, 12 maio 2013. Disponível em: <http://veja.abril.com.br/noticia/saude/o-dsm-5-e-o-melhor-que-temos-para-diagnosticar-os-transtornos-mentais>. Acesso em: 26 nov. 2014.

NEIMEYER, R.; JORDAN, J. "Disenfranchisement as empathic failure: grief-therapy and the co-construction of meaning". In: DOKA, K. J. (org.). *Disenfranchised grief: new directions, challenges and strategies for pratice*. Illinois: Research Press, 2002, p. 95-117.

RANDO, T. *et al*. "A call to the field: complicated grief in the DSM-5". *Omega: Journal of Death & Dying*, v. 65, n. 4, 2012, p. 251-55.

ROBSON, P.; WALTER, T. "Hierarquies of loss: a critique of disenfranchised grief". *Omega: Journal of Death & Dying*, v. 66, n. 2, 2012-2013, p. 97-119.

SAPPHIRE, P. (org.). *The disenfranchised: stories of life and grief when an ex-spouse dies; death, value, and meaning series*. Nova York: Baywood Publishing Company, 2013.

SEFTEL, L. *Grief unseen: healing pregnancy loss through the arts*. Londres: Jessica Kimgsley Publishers, 2006.

2. O processo de luto na maternidade prematura[1]

Valéria Tinoco

INTRODUÇÃO

QUANDO UM BEBÊ NASCE prematuramente e necessita ficar internado em uma Unidade de Terapia Intensiva (UTI), a maternidade converte-se em uma intensa e complexa experiência emocional, requerendo uma compreensão específica por parte dos profissionais de saúde que atendem a esse bebê e à sua mãe.

Para que a mãe possa assimilar a situação que se apresenta, enfrentá-la e se relacionar adequadamente com ela, será necessário que ela elabore o luto decorrente das perdas existentes nessa experiência. De um lado, a perda que leva a esse processo é a do bebê saudável, nascido a termo e sem complicações de saúde. De outro, a mãe tem de lidar com a perda de suas fantasias a respeito da maternidade idealizada, ou seja, há a perda do bebê e a do "ser mãe" ideais.

É importante que essa percepção seja validada tanto pela mãe quanto pela família, pelos profissionais de saúde, pelas instituições hospitalares e pela sociedade. O não reconhecimento das perdas e do processo de luto presentes na experiência da maternidade prematura faz que aqueles que poderiam apoiar a mãe nesse momento ignorem essa possibilidade ou ajam de forma que prejudique a

---

[1] Este capítulo foi elaborado com base em Tinoco, V. *Maternidade prematura: repercussões emocionais da prematuridade na vivência da maternidade*. Tese (Doutorado em Psicologia Clínica), Pontifícia Universidade Católica de São Paulo, São Paulo, 2013.

vinculação mãe-bebê. Por outro lado, o seu reconhecimento favorece a atenção adequada às necessidades afetivas da mãe[2] e do bebê, o que se insere no objetivo da dra. Gabriela Casellato com o presente livro e em trabalho anterior (2013).

A MATERNIDADE

A EXPERIÊNCIA DA MATERNIDADE é parte de uma importante fase do desenvolvimento psicoafetivo da mulher. A maturação psíquica que ocorre desde o momento em que idealiza tornar-se mãe é um processo preparatório para receber o bebê, no qual profundas mudanças no psiquismo feminino podem ser observadas: desejos, fantasias, interesses e medos voltam-se para temas ligados à maternidade (Houzel, 2004).

O sistema comportamental de cuidado materno, cuja função adaptativa é a de proteger a prole e garantir sua sobrevivência[3], desenvolve-se amplamente durante a gestação, o parto e o início de vida do primeiro filho (George e Solomon, 2008). Nesse período, ocorre uma transição biológica, social e comportamental que se apresenta como uma crise ou revolução na mulher, preparando-a para seu novo papel.

O sistema comportamental de cuidado é regulado por representações mentais (modelos mentais internos) a respeito do cuidar. Isso quer dizer que o comportamento materno de cuidado é

---

2. É evidente que a vivência paterna também deve ter suas especificidades e necessidades reconhecidas. Esse, porém, não foi nosso objeto de estudo.
3. O sistema de cuidado é recíproco ao sistema de apego e desenvolve-se paralelamente a este. O sistema de apego é definido como um sistema comportamental que visa à procura de segurança e conforto por meio da proximidade com alguém considerado capaz de exercer tal função. Durante o primeiro ano de vida, a criança desenvolve um vínculo afetivo com a mãe e/ou outra figura que responda de maneira consistente aos seus sinais, sendo percebida como fonte de confiança e proteção. Essa figura é chamada de figura de apego (Ainsworth, 1979; Bowlby, 1993).

influenciado por aquilo que a mãe vê, sente e compreende em relação a si mesma, ao filho e ao mundo, tendo como base suas experiências prévias internalizadas (Mayseless, 2006; George e Solomon, 2008).

As representações maternas têm papel importante no relacionamento mãe-bebê, refletindo-se no modo como a mãe interage com o filho e, consequentemente, afetando a maneira como o bebê desenvolve o comportamento de apego em relação a ela. Os modelos internalizados ajudam a mãe a organizar os comportamentos que ela imagina que deva ter diante de determinada situação (comportamento do filho ou ambiente), esperando uma resposta que indique ter se conduzido bem na sua função de cuidar.

Há vários fatores que influenciam o sistema cuidador e as representações maternas do cuidar. São eles: níveis hormonais, ajustamento psicológico, nível educacional, existência e eficiência da rede de apoio, percepção da mãe sobre o apoio dado pelo companheiro, ajustamento conjugal ao nascimento do primeiro filho, desempenho do cônjuge como pai e fatores socioeconômicos. O modo como a mãe vivencia o processo de transição para a maternidade também interfere no desenvolvimento do sistema cuidador (Goldberg, 2000; Steinberg e Pianta, 2006; George e Solomon, *ibidem*; Schmidt e Argimon, 2009).

Desde o período de gestação até os primeiros meses após o nascimento, as expectativas em relação ao bebê e a si mesma são muitas, povoando o imaginário daquelas que geram um filho. Serei capaz de cuidar bem do meu bebê? Serei boa mãe? Meu filho crescerá saudável e feliz? Como será minha vida pós-maternidade?

Frequentemente esse novo e esperado indivíduo é carregado de representações de continuidade, triunfo, perfeição, renovação e união. A ocorrência ou não daquilo que é esperado terá diferentes significados para a mãe, o que, por sua vez, impactará no modo como ela enfrenta as situações que se apresentam (Winnicott, 2000, 2006; Cramer, 1993; Solis-Ponton, 2004; Piccinini e Moura, 2007; Rapoport e Piccinini, 2011).

A MATERNIDADE PREMATURA

QUANDO O NASCIMENTO OCORRE prematuramente, isto é, antes de completadas 37 semanas de gestação e/ou antes que o peso do bebê atinja a marca de 2.500 gramas, a mãe depara com uma experiência inesperada, podendo gerar consequências emocionais importantes, tais como culpa, ansiedade e angústias de separação e de perda[4] (Brazelton e Cramer, 1991; Pinto *et al.*, 2004; Brasil, 2004; Ortiz e Oushiro, 2008; WHO, 2012).

Segundo Levy e Orlans (1998), após nove meses a mãe sente que a etapa da gestação está completa e que está preparada para o nascimento de seu filho. Quando esse processo é interrompido antes de seu final, há uma quebra no processo biológico, instintivo e psicológico da gestação. O nascimento prematuro produz, portanto, mães prematuras, já que não só a gravidez física é interrompida, mas também a psíquica.

Sweet (2008) coloca de outra forma, dizendo que a transição do bebê imaginado para o bebê real é feita de maneira abrupta, acelerando a transição para a maternidade.

De todo modo, a mãe pode sentir-se despreparada para vivenciar a nova etapa que inicia com o parto prematuro, tendo a ansiedade aumentada e a confiança materna reduzida (Levy e Orlans, *ibidem*; Sweet, *ibidem*; Forcada-Guex *et al.*, 2011).

É importante destacar que, mesmo em situações nas quais o risco de parto prematuro é previsto (casos de gestação de risco, problemas de saúde conhecidos, gravidez múltipla e histórico materno de gravidez interrompida antes do final), a mulher que

---

4. Em trabalho anterior (Tinoco, 2013), considerou-se que há bebês que nasceram antes de completadas 37 semanas de gestação e/ou com menos de 2.500 gramas, mas não tiveram vivências típicas da prematuridade, tais como: permanecer no hospital para ganho de peso, internação na Utin pela imaturidade orgânica, cirurgias ou risco de sequelas e de morte. Esses bebês, segundo Fraga e Pedro (2004), possuem uma experiência próxima à de um bebê a termo. As mães que não tiveram a condição médica nem a vivência da prematuridade não fizeram parte do referido estudo (Tinoco, *ibidem*).

se torna mãe de um bebê prematuro convive com a estranheza daquilo que não é normal e desejado (Brito e Pessoa, 2006).

Dias (2006) ressalta a dificuldade dessa experiência ao dizer que, quando o parto é prematuro, o nascimento torna-se real de forma violenta. A imaturidade, fragilidade e dependência acentuada dos recursos técnicos e humanos para a sobrevivência do bebê, somadas aos fantasmas maternos a respeito do futuro, podem exercer impactante influência na vivência da maternidade e na formação do vínculo mãe-bebê. Além de passar pelo processo de tornar-se mãe, ela tem de lidar com medos e expectativas relacionados à saúde e ao desenvolvimento do bebê e, muitas vezes, com o risco da morte do filho (Brazelton e Cramer, 1991; Levy e Orlans, 1998; Pinto *et al.*, 2004; Dias, *ibidem*; Borghini *et al.*, 2006; Bozzette, 2007; Korja *et al.*, 2009; Ferrari e Donelli, 2010; Forcada--Guex *et al.*, 2011; Favaro, Peres e Santos, 2012).

Devido ao avanço da medicina e da tecnologia presente no cuidado neonatal, a sobrevivência de bebês prematuros com pouca idade gestacional e/ou baixo peso vem se tornando uma experiência cada vez mais comum no mundo atual (Scochi *et al.*, 2003; Brasil, 2004; Caserio e Pallas, 2009; Schonhaut e Perez, 2010; Klein, Gaspardo e Linhares, 2010).

Porém, as implicações do nascimento prematuro vão além do período neonatal e podem se estender por toda a vida, causando impacto não somente no bebê, mas também na sua família e na sociedade. Bebês que sobrevivem ao nascimento antes do tempo normal frequentemente precisam de cuidados especializados e podem enfrentar sérios problemas de saúde, como: paralisia cerebral, doenças respiratórias e cardíacas crônicas, problemas de visão e audição, deficiências cognitivas e dificuldades globais de desenvolvimento (WHO, 2012).

As políticas públicas para a prevenção e o cuidado de bebês prematuros, de suas famílias e da comunidade incluem uma série de intervenções que visam tanto diminuir o número de nascimentos prematuros quanto a mortalidade e os riscos para a saúde desses bebês (WHO, 2012). Entre as intervenções preconizadas pela OMS (*ibidem*), há grande atenção aos cuidados médicos, sociais e ambientais e pouca preocupação com os cuidados psicológicos dessa população.

A ELABORAÇÃO DA MATERNIDADE PREMATURA

A EXPERIÊNCIA DE TER um parto prematuro é considerada traumática por muitos estudos (Kersting *et al.*, 2004; Pinto *et al.*, 2004; Souza *et al.*, 2010; Ferrari e Donelli, 2010; Forcada-Guex *et al.*, 2011). O trauma, segundo eles, está relacionado principalmente à vivência materna diante do risco de morte e/ou sequelas que podem acompanhar bebês que nasceram antes do tempo e com baixo peso. A urgência do parto, permeada pelo estresse dos procedimentos e do ambiente hospitalar, além da condição de saúde materna, a depender do caso, coloca a mãe em uma situação de difícil enfrentamento, tal como pudemos observar (Tinoco, 2013).

Trauma é a vivência de uma situação ameaçadora com a qual as estratégias de enfrentamento conhecidas até o momento são insuficientes para lidar, gerando uma sensação de desamparo e impotência (Parkes, 1998, 2009). Assim, os recursos que a mãe possui não parecem ser suficientes para dar conta da experiência de ter um filho prematuro tal como ela se apresenta.

Um estudo longitudinal realizado na Alemanha mostrou que a experiência traumática de ter um bebê prematuro de muito baixo peso (menos de 1.500 gramas) causa sintomas depressivos e de ansiedade nas mães em comparação a um grupo controle de mães cujos bebês nasceram espontaneamente, a termo e saudáveis (Kersting *et al.*, *ibidem*). Os sintomas encontrados nas mães dos prematuros não diminuíram após 14 meses do nascimento, indicando que essa é uma longa experiência traumática.

As consequências em relação ao nascimento prematuro só poderão ser conhecidas após decorridos alguns meses e até anos, o que faz que o trauma permaneça ativo, gerando um processo de "retraumatização contínua"[5] (Kersting *et al.*, 2004). Esse termo parece ser interessante para ajudar a nossa compreensão a respeito da experiência vivida por essas mulheres. Saber se o desenvolvimento global do filho acompanhará o esperado para a idade, por exemplo, é uma dúvida que dificilmente pode ser respondida de imediato. Assim, entendo que é preciso reconhecer que as mães podem ser confrontadas diariamente com a realidade traumática enquanto cuidam de seu bebê, o que pode ser considerado um fator que dificulta o processo de elaboração da experiência.

Ressalte-se que o fato de a prematuridade afetar e influenciar o modo como a relação do bebê com a mãe é estabelecida não significa que a afeta negativamente, mas que é um fator presente nessa relação e interferirá em sua construção, a depender de como toda a experiência for reconhecida e elaborada.

O significado dado às experiências com o filho marca o modo como a mãe vivencia a maternidade. Tudo que cerca esse período terá um sentido diferente para cada mãe, e a relação da dupla será colorida por esses sentidos, podendo estes serem mais positivos e/ou negativos. Se uma mãe que teve um parto prematuro se considera incompetente por não ter conseguido levar uma gravidez a termo, ou se o sentido que prevalece é o de ela ser capaz de lidar com situações adversas, por exemplo, a vivência da maternidade será bastante distinta uma da outra.

Segundo Ainsworth (1991), a presença, a aparência e o comportamento do bebê são responsáveis por ativar os cuidados maternos, com o que concordam George e Solomon (2008). O bebê prematuro, por não ter terminado seu desenvolvimento intrauterino, normalmente é bastante distanciado do bebê idealizado: possui feições, tamanho e peso que o fazem ser visualmente diferente do bebê esperado. Cramer (1993) e George e

---

5. Tradução livre de *susteined retraumatisation*.

Solomon (2008) apontam que a mãe que acha seu bebê não atraente fisicamente e/ou anormal pode se assustar e temer manuseá-lo, podendo rejeitá-lo num primeiro momento, em vez de assumir um papel de cuidado.

No entanto, Ainsworth (1991) aponta que a representação interna que a mãe tem a respeito dela mesma nesse papel é o que terá maior peso na vinculação inicial com o bebê. Mayseless (2006), Steinberg e Pianta (2006) e George e Solomon (*ibidem*) também colocam que a percepção materna sobre o filho, sobre si mesma e sobre sua relação com ele tem maior influência sobre o desempenho dos comportamentos de cuidado materno e sobre a qualidade da relação com o filho que as características concretas de cada um.

A ideia de que aquilo que foi tão desejado e esperado dê errado pode gerar reações de choque e não aceitação da realidade imposta. Medo, angústia, impotência, ansiedade, culpa e depressão são as reações mais relatadas nos estudos com mães prematuras, principalmente quando os bebês tinham sérios riscos de sequelas e morte (Kersting *et al.*, 2004; Borghini *et al.* 2006; Bozzette, 2007; Korja *et al.*, 2009; Ferrari e Donelli, 2010; Forcada-Guex *et al.*, 2011; Favaro, Peres e Santos, 2012).

Assim, além de a experiência poder ser traumática, é importante entendermos que as reações mencionadas acima refletem um processo de luto vivido diante do bebê diferente do idealizado, bem como da experiência de maternidade diferente da esperada.

A expressão "luto pelo bebê ideal", trazida pela psicanálise e disseminada dentro da psicologia, é bastante utilizada para se referir à elaboração que toda mãe tem de fazer diante do filho real, que é diferente do imaginado (Winnicott, 2006; Solis-Ponton, 2004; Ferrari e Donelli, *ibidem*). Para Ferrari e Donelli (*ibidem*), a prematuridade antecipa e intensifica esse processo de luto, e também o luto pela separação do bebê. Devemos, então, acrescentar o luto pelo "ser mãe" diferente do desejado, incluindo tudo que havia sido imaginado e esperado para o término da gestação, do parto e da experiência de tornar-se mãe, principalmente quando se trata de mães primíparas.

Trazer a noção de processo de luto para a vivência da prematuridade é interessante para levarmos em conta que o período seguinte ao parto prematuro pode ser excepcionalmente difícil para a mãe. Esta tem um trabalho psíquico importante a realizar: reconhecer a situação que se apresenta, diferente e mais desafiadora que a esperada, bem como aceitar a nova realidade e buscar recursos para enfrentá-la.

No recente estudo realizado com mães primíparas cujos filhos prematuros estiveram internados em uma Unidade de Terapia Intensiva (Tinoco, 2013), pude constatar que o modo como essas mulheres se viam no papel materno estava estreitamente relacionada à elaboração do luto envolvido na experiência de maternidade prematura. Nesse estudo (*ibidem*) destaquei a existência de duas representações mentais a respeito da maternidade, atreladas a diferentes formas de elaboração do luto.

REPRESENTAÇÃO DE MATERNIDADE POTENTE

A principal característica da representação da maternidade potente é a percepção materna da eficiência do sistema cuidador, ainda que em condições adversas. Isso quer dizer que as mães com essa representação de maternidade reconheceram as dificuldades presentes na experiência, foram afetadas por elas e, por outro lado, puderam aceitá-las e ajustar o exercício da maternidade à realidade, valorizando aquilo que era possível fazer na situação que se apresentava.

A maternidade potente foi assim caracterizada:
- Presença de comportamentos de cuidado considerando os limites da saúde do bebê e do ambiente: estar presente, olhar, falar, cantar, tocar e carregar, quando permitido.
- Aceitar que a amamentação não era possível, pelo menos inicialmente; extrair leite para dar ao bebê ou para manter a produção.

- Sentir prazer e afeto enquanto tem comportamentos de cuidado.
- Percepção de que a vinculação mãe-bebê estava acontecendo mesmo diante dos limites da interação.
- Ter fé e rezar.
- Percepção de que, durante a hospitalização, podia aprender com a equipe de saúde a respeito dos cuidados com o filho prematuro.
- Sensação de competência ao cuidar do filho em casa.
- Sensação de que o cuidado materno ajudou na recuperação e no desenvolvimento do filho.
- Foco na evolução, no desenvolvimento e nas conquistas do filho.

REPRESENTAÇÃO DE MATERNIDADE IMPOTENTE

Outras mães relataram dificuldades de apropriar-se do papel materno e de ter comportamentos de cuidado durante e após a internação do filho recém-nascido. Tais dificuldades foram compreendidas como parte de uma representação de maternidade que denota impotência.

Essas mães estavam conectadas a uma representação de maternidade que tinham antes de passar pelo parto prematuro, isto é, estavam internamente preparadas, ou ainda se preparando, para ter comportamentos de cuidado com um bebê a termo, que não tivesse problemas de saúde e pudesse ser cuidado em casa. Ante a nova realidade, foi difícil perceberem quais outros cuidados poderiam fazer parte de seu papel de mãe naquela situação. Assim, os modelos internalizados que a ajudariam a organizar os comportamentos que ela imaginava que deveria ter diante do filho não foram inicialmente suficientes nessas condições.

A maternidade impotente foi caracterizada por:
- Dificuldade materna de reconhecer o recém-nascido como seu filho.

- Não reconhecimento dos sinais de vitalidade e atividade do bebê.
- Identificação materna com a fragilidade do bebê.
- Não reconhecimento de comportamentos de cuidados maternos possíveis diante da instabilidade orgânica do bebê e dos limites físicos do ambiente hospitalar.
- Valorização dos cuidados médicos em detrimento da presença materna.
- Dificuldade de lidar com os sentimentos e pensamentos em relação ao risco de morte e sequelas da prematuridade.
- Sentimento de culpa, inconformação e raiva.
- Reações de negação e distanciamento.
- Sensação de despreparo para cuidar do filho em casa.
- Dificuldade de valorizar a intuição materna.
- Foco nas dificuldades e nos atrasos do filho.

Quando o olhar materno se restringe à fragilidade e falta de vitalidade, a imagem de impotência é atribuída ao bebê, com a qual a mãe passa a se relacionar. Além disso, o olhar desidealizado e distanciado sobre o filho não favorece a aproximação materna e o investimento afetivo, importantes para a vivência da maternidade e o relacionamento mãe-bebê.

A sensação materna de impotência também pode estar associada à dificuldade de se vincular a um bebê que pode morrer. Diante da possibilidade de perda, a mãe tenta evitar o envolvimento com o filho e o investimento emocional nele, o que, consequentemente, dificulta a identificação da mãe com o papel materno. As reações de negação e distanciamento encontradas na pesquisa foram compreendidas como mecanismos de defesa diante da gravidade do estado de saúde do bebê e da necessidade de assumir a maternidade em uma condição mais complicada que a esperada e desejada.

A vivência traumática que envolve a experiência do parto prematuro também parece estar por trás da representação da maternidade impotente. Se considerarmos que, nos primeiros dias de vida do bebê, a mãe pode vivenciar outras experiências traumáticas (visão do corpo frágil do bebê, do bebê entubado e da realização de outros procedimentos, piora no quadro de saúde do bebê, morte de um dos bebês gêmeos), as reações de trauma podem permear os primeiros contatos mãe-bebê e se estender a muitos dias depois do parto, dificultando a ativação dos comportamentos de cuidado e a conexão com o filho.

CONSIDERAÇÕES FINAIS

AS REPRESENTAÇÕES DE MATERNIDADE foram compreendidas como reflexo da elaboração dos lutos e aceitação da experiência da prematuridade. Foi possível notar que esta afeta o mundo presumido das mães, gerando uma crise vital e perda do senso de controle, que requerem uma grande reorganização emocional e busca de recursos para lidar com essa necessidade. Assim, é possível afirmar que o enfrentamento da crise gerada pela prematuridade implica um trabalho psíquico de elaboração da experiência, que inclui a elaboração dos lutos em relação às perdas vivenciadas por essas mães, tais como: brusca separação inicial, perda do tempo de gestação, impossibilidade de ser mãe conforme o planejado, bebê distante do idealizado.

O processo de elaboração do luto na prematuridade visa à aceitação da nova realidade que se apresenta no lugar daquilo que foi idealizado e planejado, o que inclui o reconhecimento do bebê e da maternidade tais como são. Sob essa perspectiva, a mãe pode encontrar significados para sua experiência, reorganizar seu papel nesse novo cenário e conectar-se às aquisições e aos ganhos da maternidade. Durante esse processo de elaboração, os modelos internos de cuidado precisam ser reatualizados para poder incluir os novos significados diante da experiência vivida.

Apesar de concordar com Kersting *et al.* (2004) a respeito da possibilidade de haver um processo de retraumatização contínua ocasionado pela presença de sequelas e dúvidas sobre o desenvolvimento do filho prematuro, penso que é mais adequado afirmar que a elaboração da experiência de prematuridade pode permanecer em estado ativo. Assim, a atividade da elaboração da experiência como um todo fica destacada, incluindo a questão traumática, mas não se restringindo a ela.

A experiência da prematuridade não elaborada pode colocar em risco o funcionamento saudável do sistema de cuidado e de apego, cujo equilíbrio entre a necessidade de proximidade e de afastamento, tanto da mãe quanto do filho, é necessária. Uma vez que o sistema de cuidado foi acionado prematuramente e em condições extremas, foi possível perceber a existência de uma tendência da mãe a manter-se em estado de alerta, mesmo depois de o filho não estar mais em condição de risco. A avaliação de que existe um estado de vulnerabilidade em seu filho tem potencial para provocar na mãe a dificuldade de desligar o sistema de cuidado: o psiquismo materno fica de prontidão, temendo que algo volte a acontecer. Essa consequência da experiência da maternidade prematura pode estar por trás dos comportamentos de superproteção.

Se a desativação do comportamento de cuidado é resultado da elaboração e significação da experiência da prematuridade, a não desativação, portanto, indica uma dificuldade de elaboração. Tomemos como exemplo a experiência de ir para casa sem o bebê durante o período de internação, situação vivida com dificuldade por muitas mães participantes de nosso estudo (Tinoco, 2013). Ir embora para casa diariamente era um penoso exercício de lidar com as angústias de abandono, tanto do filho quanto da função materna. Segundo Borghini *et al.* (2006), se os pais temem que o longo período de hospitalização tenha deixado sequelas na criança, podem passar a vida com medo de deixá-la sozinha para que não se sinta abandonada. Assim, os comportamentos maternos, e depois da própria criança, podem ficar atrelados não só à necessidade de manter-se em contato constante, mas, principalmente, à aflição e ao temor das consequências de uma separação. O significado de abandono que não for superado pode, portanto, gerar graves consequências aos sistemas de cuidado e apego.

A não elaboração do sentimento de culpa também pode favorecer a atividade constante do sistema de cuidado, uma vez que se manter 24 horas cuidando do filho, como disseram algumas mães (Tinoco, 2013), pode ser uma forma de aliviar a sensação de fracasso inicial e a tentativa de garantir a proteção do bebê.

De modo geral, é possível associar a representação de maternidade potente à elaboração da experiência da prematuridade e a representação de maternidade impotente às dificuldades de elaboração. Porém, uma vez que a elaboração é um processo dinâmico e não linear, os significados de potência e de impotência podem ser vividos alternadamente e durante um longo período pela mesma pessoa.

Essa discussão possibilita afirmar que as representações de impotência podem dar lugar a outras mais positivas e menos defensivas, na medida em que a mãe tem condições de construir um novo significado para a experiência da maternidade.

Os profissionais de saúde que trabalham com essa população devem reconhecer que se trata de uma experiência individual, com sentido e significado únicos para as perdas vividas e, consequentemente, reconhecer a individualidade do processo de elaboração do luto.

Sabemos por outros estudos (Mazorra, Franco e Tinoco, 2002; Tinoco, 2007) que os processos de elaboração e enfrentamento do luto podem ser facilitados ou dificultados por fatores presentes e ausentes no decorrer da experiência de perda, bem como podem estar relacionados a questões individuais, familiares e ambientais.

Durante nossa pesquisa (Tinoco, 2013), levantamos os fatores de proteção e de risco que parecem ter facilitado e dificultado o enfrentamento da vivência da maternidade prematura pelas mães estudadas. Destacamos aqui os fatores que estão relacionados ao reconhecimento – ou à falta dele – da experiência tal como foi retratada neste capítulo, seja por parte da mãe, da família, dos profissionais de saúde ou da sociedade.

FATORES QUE FACILITARAM A ELABORAÇÃO DA EXPERIÊNCIA DE PREMATURIDADE
- Ter informação a respeito da condição de saúde do bebê durante a hospitalização.
- Apoio do cônjuge e cumplicidade do casal.
- Apoio da própria mãe e de outros familiares.
- Permissão para ficar 24 horas dentro da UTI e participar da rotina de cuidados do bebê.
- Receber informação sobre os cuidados e a rotina com o bebê prematuro.
- Percepção de bom atendimento pela equipe médica.
- Contato com outras mães prematuras dentro do hospital.
- Leitura de blogues de mães prematuras e sites informativos sobre prematuridade.
- Apoio psicológico recebido na UTI.
- Apoio do banco de leite para conseguir manter a produção de leite materno.
- Relação estabelecida com funcionários do hospital, em especial as enfermeiras da UTI.
- Sentir-se útil ajudando outras mães prematuras.

FATORES QUE DIFICULTARAM A ELABORAÇÃO DA EXPERIÊNCIA DE PREMATURIDADE
- Não ter informações prévias a respeito da prematuridade.
- Falta de apoio do cônjuge.
- Postura médica indiferente às necessidades maternas.
- Permanência da mãe na UTI restrita a poucos horários, mesmo que proibido por lei.
- Falta de apoio psicológico no hospital.
- Julgamento e crítica de familiares, amigos e sociedade acerca dos cuidados com o filho.

Por meio do conhecimento a respeito da grandeza da experiência da maternidade prematura e dos processos psíquicos envolvidos, os profissionais de saúde que acompanham a mãe e seu bebê após o parto têm a possibilidade de regular suas ações e as práticas hospitalares para ajudá-los no processo de enfrentamento e adaptação à nova vida.

Se a compreensão e o cuidado das necessidades psicossociais das mães fizerem parte da prática hospitalar, a equipe de saúde também será beneficiada com uma mãe mais participativa e colaborativa durante o período de cuidado do bebê no hospital. A equipe também poderá ajudar o cônjuge e familiares a ser efetivos no apoio oferecido.

Ao reconhecermos, legitimarmos e compreendermos o processo de luto na maternidade prematura, temos a possibilidade de desenvolver uma postura que favoreça a reorganização materna, contribuindo diretamente para a segurança do apego. Essa é, portanto, uma questão de promoção de saúde, que deve ser continuamente estudada e aprimorada.

REFERÊNCIAS

AINSWORTH, M. D. S. "Infant-mother attachment". *American Psychologist*, v. 34, n. 10, 1979, p. 932-37.
_____. "Attachments and other affectional bonds across life cycle". In: PARKES, C. M.; STEVENSON-HINDE, J.; MARRIS, P. *Attachment across the life cycle*. Londres: Routledge, 1991.
BORGHINI, A. et al. "Mother's attachment representations of their premature infant at 6 and 18 months after birth". *Infant Mental Health Journal*, v. 27, n. 5, 2006, p. 494-508.
BOWLBY, J. [1969]. *Trilogia Apego e Perda – Vol. 1: Apego*. São Paulo: Martins Fontes, 1993.
BOZZETTE, M. "A review of research on premature infant-mother interaction". *Newborn and Infant Nursing Reviews*, v. 7, n. 1, 2007, p. 49-55.
BRASIL. Ministério da Saúde, Fundação Nacional de Saúde. Centro Nacional de Epidemiologia. *Sistema de informações sobre nascidos vivos*.

2004. Disponível em: <http://portal.saude.gov.br/>. Acesso em: 14 abr. 2011.

BRAZELTON, T. B.; CRAMER, B. G. *The earliest relationship: parents, infants and the drama of early attachment*. Londres: Karnac, 1991.

BRITO, M. H. A.; PESSOA, V. L. M. P. "Um perfil da mãe prematura". In: MELGAÇO, R. G. *A ética na atenção ao bebê: psicanálise, saúde e educação*. São Paulo: Casa do Psicólogo, 2006.

CASELLATO, G. [2005]. (org.). *Dor silenciosa ou dor silenciada? Perdas e lutos não reconhecidos por enlutados e sociedade*. 2. ed. São Paulo: Polo Books, 2013.

CASERIO S. C.; PALLAS C. R. A. "Seguimiento del prematuro/gran prematuro en Atención Primaria". *Revista de Pediatría en Atención Primaria*, v. 11, n. 17, 2009, p. 443-50.

CRAMER, B. *Profissão bebê*. São Paulo: Martins Fontes, 1993.

DIAS, M. M. "Uma escuta psicanalítica em neonatologia". In: MELGAÇO, R. G. *A ética na atenção ao bebê: psicanálise, saúde e educação*. São Paulo: Casa do Psicólogo, 2006.

FAVARO, M. S. F.; PERES, R. S.; SANTOS, M. A. "Avaliação do impacto da prematuridade na saúde mental de puérperas". *Psico-USF*, v. 17, n. 3, 2012.

FERRARI, A. G.; DONELLI, T. M. S. "Tornar-se mãe e prematuridade: considerações sobre a constituição da maternidade no contexto do nascimento de um bebê com muito baixo peso". *Contextos Clínicos*, v. 3, n. 2, 2010, p. 106-12.

FORCADA-GUEX, M. et al. "Prematurity, maternal posttraumatic stress and consequences on the mother-infant relationship". *Early Human Development*, v. 87, n. 1, 2011, p. 21-26.

FRAGA, I. T. G.; PEDRO, E. N. R. "Sentimentos das mães de recém-nascidos prematuros: implicações para a enfermagem". *Revista Gaúcha de Enfermagem*, v. 25, n. 1, Porto Alegre, 2004, p. 89-97.

GEORGE, C.; SOLOMON, J. "The caregiving system: a behavioral systems approach to parenting". In: CASSIDY, J.; SHAVER, P. R. (eds.). *Handbook of attachment: theory, research and clinical applications*. Nova York: Gilford, 2008.

GOLDBERG, S. *Attachment and development*. Londres: Arnold, 2000.

HOUZEL, D. "As implicações da parentalidade". In: SOLIS-PONTON, L. (org.). *Ser pai, ser mãe. Parentalidade: um desafio para o terceiro milênio*. São Paulo: Casa do Psicólogo, 2004.

KERSTING, A. et al. "Maternal posttraumatic stress response after the birth of a very low-birth-weight infant". *Journal of Psychosomatic Research*, v. 57, 2004, p. 473-67.

Klein, V. C.; Gaspardo, C. M.; Linhares, M. B. M. "Dor, autorregulação e temperamento em recém-nascidos pré-termo de alto risco". *Psicologia: reflexão e crítica*, v. 24, n. 3, 2010, p. 504-12.

Korja, R. et al. "Attachment representations in mothers of preterm infants". *Infant Behavior and Development*, v. 32, 2009, p. 305-11.

Levy, T. M.; Orlans, M. *Attachment, trauma, and healing: understanding and treating attachment disorder in child and families*. Washington: CWLA Press, 1998.

Mayseless, O. "Studing parenting representations as a window to parents' internal model of caregiving". In: Mayseless, O. (org.). *Parenting representations: theory, research and clinical implications*. Nova York: Cambridge: University Press, 2006.

Mazorra, L.; Franco, M. H. P.; Tinoco, V. "Fatores de risco para luto complicado numa população brasileira". In: Franco, M. H. P. (org.). *Estudos avançados sobre o luto*. Campinas: Livro Pleno, 2002.

Ortiz, L. P.; Oushiro, D. A. "Perfil da mortalidade neonatal no estado de São Paulo". *São Paulo em Perspectiva*, Fundação Seade, v. 22, n. 1, 2008, p. 19-29.

Parkes, C. M. *Luto: estudos sobre o pesar na vida adulta*. São Paulo: Summus, 1998.

_____. *Amor e perda: as raízes do luto e suas complicações*. São Paulo: Summus, 2009.

Piccinini, C. A.; Moura, M. L. S. (orgs.). *Observando a interação pais-bebê-criança*. São Paulo: Casa do Psicólogo, 2007.

Pinto, E. B. et al. "A criança prematura: implicações da parentalidade". In: Solis-Ponton, L. (org.). *Ser pai, ser mãe. Parentalidade: um desafio para o terceiro milênio*. São Paulo: Casa do Psicólogo, 2004.

Rapoport, A.; Piccinini, C. A. "Maternidade e situações estressantes no primeiro ano de vida do bebê". *Psico-USF (Impr.)*, Itatiba, v. 16, n. 2, 2011.

Schmidt, E. B.; Argimon, I. I. L. "Vinculação da gestante e apego materno fetal". *Paideia Ribeirão Preto*, v. 19, n. 43, Ribeirão Preto, 2009.

Scochi, C. G. S. et al. Incentivando o vínculo mãe-filho em situação de prematuridade: as intervenções de enfermagem no Hospital das Clínicas de Ribeirão Preto. *Revista Latino-Americana de Enfermagem*, v. 11, n. 4, 2003, p. 539-43.

Schonhaut B. L.; Perez, R. M. "Estudio de 258 prematuros en el primer año de vida". *Revista Chilena de Pediatría*, v. 81, n. 3, Santiago, 2010.

Solis-Ponton, L. (org.). *Ser pai, ser mãe. Parentalidade: um desafio para o terceiro milênio*. São Paulo: Casa do Psicólogo, 2004.

Souza, N. L. et al. "Domestic maternal experience with preterm newborn children". *Rev. Salud Pública*, v. 12, n. 3, Bogotá, 2010.

Steinberg, D. R.; Pianta, R. C. "Maternal representations of relationships assessing multiple parenting dimensions". In: Mayseless, O. (org.). *Parenting representations: theory, research and clinical implications*. Nova York: Cambridge: University Press, 2006.

Sweet, L. "Expressed breast milk as 'connection' and its influence on the construction of 'motherhood' for mothers of preterm infants: a qualitative study." *International Breastfeeding Journal*, v. 3, n. 30, 2008.

Tinoco, V. *O luto em instituições de abrigamento: um desafio para cuidadores temporários*. Dissertação (Mestrado em Psicologia Clínica), Pontifícia Universidade Católica de São Paulo, São Paulo, 2007.

_____. *Maternidade prematura: repercussões emocionais da prematuridade na vivência da maternidade*. Tese (Doutorado em Psicologia Clínica), Pontifícia Universidade Católica de São Paulo, São Paulo, 2013.

Winnicott, D. W. [1958]. *Da pediatria à psicanálise: obras escolhidas*. Rio de Janeiro: Imago, 2000.

_____. [1988]. *Os bebês e suas mães*. São Paulo: Martins Fontes, 2006.

Who – World Health Organization. March of Dimes, PMNCH, Save the Children. *Born too soon: the global action report on preterm birth*. Ed. C. P. Howson, M. V. Kinney e J. E. Lawn. Geneva, 2012.

3. As perdas ambíguas e a infidelidade conjugal
Ana Cristina Costa Figueiredo
Rosane Mantilla de Souza

> A morte não é a maior perda da vida.
> A maior perda da vida é o que morre dentro
> de nós enquanto vivemos.
> (Pablo Picasso)

O CASAMENTO É UM ato tanto público quanto privado. Envolve um procedimento civil e/ou religioso central para a manutenção da ordem social, mesmo que seja celebrado de modo diferente entre as culturas e ao longo do tempo. Construir um casal, por outro lado, é um ato privado de compromisso voluntário entre dois adultos que esperam compartilhar um projeto de vida futura, no qual haverá amor, cuidado, segurança recíproca e... fidelidade.

Com a força da lei, o casamento ocidental é monogâmico: não é possível o vínculo legal com duas pessoas ao mesmo tempo. A exclusividade sexual é outra coisa, tem força moral e significado histórico.

Ao longo do tempo, e mesmo hoje, como veremos nas histórias relatadas mais adiante, os relacionamentos extraconjugais masculinos são mais tolerados. Sua ocorrência é naturalizada, ou seja, é justificada como ato quase ou totalmente involuntário, dado que decorre da condição masculina, que se traduz em maior necessidade de relações sexuais e variedade de parceiras. As mulheres infiéis, ao contrário, sempre foram reprovadas, criminalizadas ou vitimadas. E, na atualidade de nosso país, quando temos leis mais severas e a violência contra a mulher é mais visível, persiste um número alarmante dos crimes denominados passionais, que redimem a honra masculina ferida pela infidelidade, ou mesmo a suspeita dela.

Assim, dados os significados diversos atribuídos ao comportamento e às necessidades sexuais de homens e mulheres e suas implicações na recuperação e no atendimento, neste capítulo trataremos das perdas ambíguas envolvidas na vivência da infidelidade conjugal pelas mulheres. Parte da discussão é baseada na pesquisa de mestrado de Ana Cristina Costa Figueiredo (2013), enquanto outra se repousa nas reflexões de ambas as autoras diante do trabalho em psicologia clínica.

O CONCEITO DE INFIDELIDADE

Exclusividade sexual, adultério, infidelidade e deslealdade têm significados públicos e privados diversos.

A exclusividade sexual é autoevidente: limita o ato sexual ao parceiro, mas não trata de sentimentos.

O adultério é um termo jurídico; o *Código Civil de 2002, no artigo 1573, limita-o a "quando ocorrem relações carnais fora do casamento", ou seja, envolve a "cópula propriamente dita"* (Diniz, 2002, p. 259). Não contempla relacionamentos afetivos nos quais não haja relação sexual. É importante destacar também que, embora no Código Civil a fidelidade seja dever matrimonial, o adultério não se constitui em crime desde 2005 com o advento da Lei n. 11.106, que revogou o artigo 240 do Código Penal, no qual o adultério se encontrava tipificado.

Sobre a infidelidade paira muita polêmica. Podemos mencionar o conflito entre ser fiel ao parceiro e ao próprio desejo tanto quanto os limites ao sexual e/ou afetivo. Goetz e Causey (2009) diferenciam a infidelidade sexual da infidelidade emocional, que não envolve o sexo. A concepção de infidelidade que considera aspectos emocionais e não sexuais tem ganhado destaque na atualidade (Allen *et al.*, 2005), especialmente devido às práticas de relacionamento on-line ou virtual, que não envolvem contato físico. Brand *et al.* (2007, p. 4) definem infidelidade como "qualquer forma de envolvimento romântico e/ou sexual, de curto ou longo período enquanto o indivíduo está num relacionamento com outra pessoa". Trabalhamos com essa definição porque ressalta o envolvimento emocional que permite enquadrar a infidelidade on-line, cada vez mais presente no cotidiano brasileiro; porque entendemos que a concepção de infidelidade é subjetiva; e, principalmente, porque o envolvimento emocional "retira" o parceiro da relação, gerando ambiguidade no relacionamento.

A infidelidade depende de expectativas e limites individuais, mas representa o afrontamento ao contrato relacional, implícito nos votos do casamento ou explícito nas conversas dos casais. Há cônjuges para os quais a exclusividade sexual é secundária ou desnecessária, enquanto a fidelidade afetiva é fundamental, como é muito frequente entre relacionamentos homoafetivos masculinos (Sant'anna, 2002; Defendi, 2010). Mas, no geral, é importante considerar a ambas, pois a infidelidade envolve a violação da confiança e, como tal, traz consigo o segredo: a ocultação de algo em que o outro está implicado, o que pode ser considerado a quebra da lealdade (Welter-Enderlin, 1994).

A infidelidade na conjugalidade produz impactos físicos, psicológicos e psicossociais. Entre eles, doenças sexualmente transmissíveis (Goetz e Causey, 2009); violência ao parceiro, ideação suicida, sintomas muito semelhantes aos do transtorno de estresse pós-traumático, ansiedade (Cano e O'Leary, 2000); depressão (Buunk e Van Driel, 1989; Cano e O'Leary, *ibidem*); e dissoluções de relacionamentos (Jablonski, 1991; Goetz e Causey, *ibidem*). Ter sido traído(a) pode trazer um amargado sentimento de rejeição, angústia e humilhação (Buunk e Van Driel, *ibidem*).

A fidelidade é o símbolo da suficiência do sujeito como objeto amoroso para o parceiro. Assim, a infidelidade ameaça tanto a relação quanto o eu. Questiona a norma romântica de que o amor conduz à felicidade estável e segura. Com a análise dos casos da pesquisa realizada (Figueiredo, 2013), foi possível perceber como a infidelidade do cônjuge realmente acarreta perdas múltiplas: de si, do relacionamento e dos parceiros idealizados. Trata-se geralmente de perdas ambíguas, de complexa tomada de consciência e elaboração, mas não necessariamente devastadoras, podendo levar ao amadurecimento, ao autoconhecimento, à aceitação de limitações e ao investimento criativo em novos objetos e/ou objetivos. Mas, para que essa vivência seja propulsora de reflexão e mudanças, a compreensão e elaboração de perdas precisam ser realizadas.

AS PERDAS AMBÍGUAS NA CONJUGALIDADE

CASAR É FREQUENTEMENTE ASSOCIADO ao júbilo da consolidação de um vínculo, nem sempre se considerando as limitações e perdas que o matrimônio também traz consigo – que vão muito além da restrição de parceiros sexuais –, na medida em que a maioria dessas perdas é ambígua.

Segundo a definição clássica de Boss (1999), ausência psicológica com presença física, assim como ausência física com presença psicológica, é uma característica delimitadora das perdas ambíguas. Durante o casamento, há muitas situações em que as perdas ambíguas se manifestam. Conheçamos a história de Mariana e Luciano relatada na pesquisa de Figueiredo (*ibidem*).

Luciano veio para a vida de Mariana logo após ela ter rompido o namoro com um rapaz de quem gostava muito, mas lhe era infiel. Luciano seduziu-a e conquistou-a de modo romântico, mandando-lhe flores e bilhetes, procurando-a todos os dias, indo buscá-la no trabalho, demonstrando seu carinho diariamente.

O casamento ocorreu após menos de um ano de namoro, e Mariana estava grávida. Foi muito complicado ter de se adaptar ao jeito de Luciano. Pequenas situações do cotidiano revelavam grandes diferenças entre eles, e por motivos banais ele reagia explosivamente.

Embora anteriormente trabalhasse e desejasse uma carreira como professora, com o casamento e a gravidez Mariana abandonou seus planos profissionais. Ao mesmo tempo, Luciano trabalhava durante o dia e também à noite, tendo pouquíssimo tempo para a família. Passados cerca de quatro anos, a vida conjugal estava muito ruim. Foi nesse momento que Luciano foi infiel.

Muitas Marianas procuram-nos em nossos consultórios, deprimidas ou angustiadas com o casamento, havendo ou não infidelidade. Expressam sua dor e frustração perguntando "Onde está o homem com quem me casei?", ou afirmando: "Não foi com esse homem que eu me casei".

Mariana, logo após o rompimento de um namoro no qual havia ocorrido infidelidade, vivenciava o luto pelo objeto amado, e seu sofrimento era amplificado pelos sentimentos de insuficiência ou rejeição, angústia e humilhação associados à infidelidade (Buunk e Van Driel, 1989), quando foi conquistada por um homem que a fez sentir-se desejada novamente, o que favoreceu a idealização de um relacionamento caracterizado pelo romantismo. Esse novo estilo de relacionamento, comparado à conjugalidade fria e conflituosa de seus pais e a seus próprios relacionamentos anteriores, gerou em Mariana a expectativa de que com Luciano tudo seria diferente.

Como é muito frequente em casos de conflito conjugal nos quais se verifica a idealização do parceiro e do relacionamento, o namoro durou pouco e foi rapidamente seguido por gravidez e casamento. Hazan e Zeifman (1994) descrevem que a fase de atração na formação de apego entre parceiros amorosos acaba por volta de um a dois anos de envolvimento. Depois desse período, o relacionamento começa a se deteriorar ou se transformar em um laço de apego duradouro. Com respeito aos componentes do apego envolvidos no relacionamento amoroso, a fase de atração é marcada apenas pela busca de proximidade, e os componentes psicobiológicos da paixão preponderam, como ocorreu com nosso casal. Já a fase do apego, além de abranger a busca de proximidade, inclui o protesto de separação e ter o outro como porto seguro e base.

O sistema de apego pode gerar esperança de cuidado e apoio, assim como medo de desaprovação e rejeição. Mas, para que se desenvolva um vínculo de apego conjugal adulto, é necessário que os envolvidos sejam capazes de trazer para o relacionamento seus projetos e expectativas, revelar desejos mais íntimos e negociar diferenças, o que, em geral, não ocorre no início. O amor conjugal implica diferenciação, completude e oposição, relacionamento íntimo com o diferente e, assim, oportunidade segura para contrabalançar a idealização com a realidade, aprendendo a sobreviver às decepções (Souza, 2008).

A função biológica da fase de atração é manter o casal junto tempo suficiente para garantir a continuação da espécie, e a do apego, mantê-lo para gerar e criar os filhos (Mikulincer e Shaver, 2007). Consideramos que a função psicossocial do namoro, e mesmo do morar junto, é permitir a experimentação, a autoexposição e o distanciamento, a negociação de valores e o estilo de vida. A construção criativa do nós envolve dois níveis de adaptação: o interpessoal (conjugal) e o pessoal relativo, ou seja, a elaboração interna das perdas que o ser nós acarreta, nem sempre reconhecidas ou frequentemente negadas (Simões e Souza, 2010).

Com nosso casal, as fases de construção de um vínculo de austeridade, de adaptações à vida conjugal e de transição para a parentalidade ocorreram juntas, tornando todo o processo extremamente difícil, devido ao estresse multiplicado pelas transições sobrepostas, o que é frequentemente verificado na prática clínica, com ou sem infidelidade em questão. Sem a possibilidade de realizar adaptações gradativas, como confrontar a imagem do parceiro romântico perfeito (que a satisfaria totalmente) com a realidade dos limites humanos, apegando-se a um homem concreto com aspectos positivos e negativos; e sem ter tempo de enlutar-se por si, a pessoa que não fizera novamente a escolha certa, nem pelos planos profissionais interrompidos, Mariana se envolvia cada vez mais com outra relação amorosa: com o filho.

Há muitos Lucianos que, principalmente quando têm um filho, voltam-se para o papel masculino tradicional na família, o de provedor, e dirigem para o trabalho um vigor exacerbado, fazendo-o em nome do cuidado da parceira e da prole. Estão presentes e ausentes, ausentes e presentes. De fato, nem a presença física nem a ausência psicológica demonstram exatamente quem está dentro e quem está fora da vida de alguém. Nós não nos desligamos de uma pessoa simplesmente porque ela se foi fisicamente, e nem sempre nos conectamos com alguém apenas por ela estar fisicamente presente em nosso dia a dia (Boss, 2006). Perdas ambíguas podem acarretar ansiedade, depressão e sintomas psicossomáticos. A persistência da ambiguidade bloqueia a cognição, congelando o processo de luto (Boss, 1999).

É importante caracterizar a diferença entre ambiguidade e ambivalência, ponto de partida dos estudos sobre as perdas ambíguas de Pauline Boss, pois favorece compreender muitos dos indivíduos ou casais que nos procuram. Enquanto a ambivalência refere-se a um conflito entre sentimentos contraditórios ou opostos em relação a uma pessoa ou situação, nem sempre conscientes, a ambiguidade baseia-se no processamento cognitivo de pistas que se contradizem, com ou sem implicação afetiva. Em situações ambíguas, é difícil dar sentido aos elementos dissonantes. É simples pensar em figuras ambíguas como a velha e a moça, o pato ou o coelho, para entender como a percepção e o processamento cognitivo não são estáveis e ambas as imagens (ou elementos) tomam o campo da consciência sucessiva e contraditoriamente.

Ao se voltar, como tantos homens, para o papel de provedor, Luciano estava cada vez mais ausente, afastando-se das expectativas desenvolvidas a partir da conquista. A situação toda torna-

-se ambígua para Mariana; as pistas opostas e a situação não fazem sentido, e ela, como outras em seu lugar, é emocionalmente puxada em direções opostas: "Ama e odeia a mesma pessoa; aceita e rejeita seu papel de cuidador; afirma e nega sua perda" (Boss, 1999, p. 62). Além disso, como Mariana poderia se permitir reclamar, sofrer, lamentar ou se enlutar pela perda do parceiro idealizado quando ele desempenhava tão bem o papel de provedor? Sua dor deveria ser silenciada (Casellato, 2005).

Quando trabalhamos com casais, é importante considerar a retroalimentação de comportamentos e sentimentos. Onde estava a Mariana *sexy* e autônoma que Luciano tanto se esforçou para conquistar? Muitas mulheres presentes em casa deixam de ser as companheiras amorosas e dirigem seu interesse e afetividade para os filhos. Elas também se fazem presentes e ausentes. Repletas de ambiguidade, tais perdas não podem ser verificadas, delimitadas ou esclarecidas, produzindo alto nível de estresse e, frequentemente, imobilização (Boss, 2006). Os conflitos se congelam.

A ambiguidade da perda traz incerteza sobre ações, identidade, papéis e sobre o relacionamento. Ao sofrer essa perda, a pessoa não sabe se deve ter esperança ou desistir. Nesse sentido, o enquadre tradicional da parceria provedor-mãe/dona de casa fornece um referente para comparar à própria experiência, dificultando ainda mais a percepção da ambiguidade. Faz-se o que se deve fazer, todos sofrem e a dor se cronifica. Ou algo, geralmente externo, desestabiliza o sistema.

A INFIDELIDADE CONJUGAL

OS ESTILOS DE APEGO relacionam-se à infidelidade conjugal. O estilo evitativo é citado como um dos possíveis preditores da infidelidade (Josephs e Shimberg, 2010; Dewall *et al.*, 2011). Segundo Josephs e Shimberg (*ibidem*), pessoas com estilo de apego evitativo tendem a ter atitudes mais permissivas referentes ao sexo de maneira geral e são mais propensas a ter relações sexuais fora do relacionamento, o que está associado à pouca capacidade de empatia ou culpa. Já pessoas com estilo de apego ansioso sentem-se mais motivadas a relações extraconjugais quando se sentem sozinhas ou negligenciadas, procurando cuidado e atenção externos (Allen e Baucom, 2004). Na mesma direção, mas não na perspectiva de apego, Costa (2006) verificou que a infidelidade é mais frequente quando o cônjuge se sente excluído, quando a esposa está grávida ou se dedicando exclusivamente ao filho, o que o autor chama de triângulo amoroso por competição, o que nos remete à Mariana e ao Luciano.

Mariana soube do relacionamento extraconjugal por uma parente que viu a foto de Luciano na carteira de uma mulher, a qual, inquerida, explicou que ele estava se separando da esposa. Mariana foi ao trabalho de Luciano no fim do expediente e pegou-o indo para seu carro com a namorada/amante, que trabalhava no mesmo lugar. Não falou nada à moça ou na sua presença, considerando que ambas estavam sendo enganadas. Conversou com o marido apenas quando ficaram sozinhos. Ele negou o relacionamento, fazendo promessas de amor e de mudanças na vida do casal.

Ela ficou profundamente magoada e entristecida, mas não contou a ninguém o ocorrido. Pensava que não merecia passar por aquela experiência, já que era uma mulher tão boa. Embora sua intenção inicial fosse vingar-se do cônjuge ou separar-se dele, ponderou questões financeiras. Luciano ainda não ganhava bem, e, mesmo com metade do que ele recebia, provavelmente Mariana teria de voltar para a casa dos pais. Ele, por outro lado, tornou-se mais presente, afetuoso e foi se aproximando do filho, o que a ajudou a refletir sobre seu envolvimento exclusivo com a maternidade.

Afinal, Luciano conseguiu reconquistá-la, e o relacionamento conjugal cresceu. Passo a passo, foram sendo feitas conquistas profissionais, econômicas e sociais. Mas Mariana explica que só depois de muito tempo recuperou a confiança no marido.

Não temos informações suficientes para nos certificar do estilo de apego de Luciano, mas podemos afirmar que ele vivera as mesmas transições abruptas que Mariana e provavelmente também deparava com a ambiguidade das perdas no relacionamento conjugal. Podemos compreender seu comportamento por meio do modelo de investimento que com frequência tem sido usado internacionalmente para analisar a infidelidade. Tal modelo é baseado em princípios da teoria da interdependência (Kelley e Thibaut, 1978, *apud* Rusbult, 1980) e afirma que, de maneira geral, as pessoas são motivadas a maximizar as recompensas e minimizar os custos (Rusbult, *ibidem*) das ações em um relacionamento.

A força central dos relacionamentos amorosos é o compromisso, que envolve vínculo psicológico e motivação para continuar na relação (Rusbult, *ibidem*; Drigotas, Safstrom e Gentilla, 1999). Indivíduos comprometidos, ao tomarem decisões sobre um envolvimento extraconjugal, tendem a avaliar tanto as consequências em longo prazo quanto os benefícios imediatos de suas ações. Por também estarem interessados no bem-estar de seus parceiros, costumam ponderar as consequências da infidelidade para si mesmos, para o relacionamento e para o outro.

Três elementos estão inter-relacionados e trabalham juntos para manter alguém mais ou menos comprometido em seu relacionamento: satisfação conjugal, investimento e alternativas disponíveis. Pessoas menos comprometidas, menos satisfeitas, com menor investimento no relacionamento atual e mais alternativas disponíveis apresentam maior probabilidade de ser infiéis (Rusbult, *ibidem*; Drigotas, Safstrom e Gentilla, *ibidem*).

Luciano parecia insatisfeito e Mariana também, além de pouco comprometida com a conjugalidade e muito com a parentalidade ou família. Ele também podia se dizer comprometido com a família, como provedor tradicional, mas isso lhe permitia apropriar-se dos lucros da naturalização da sexualidade e masculinidade. Seu trabalho contínuo oferecia alternativas.

A suspeita ou a notificação da infidelidade altera o imobilismo. A nova informação desequilibra o funcionamento cognitivo e precisa ser acomodada. De fato, a nova informação rompe com a ambiguidade, dando contornos mais ou menos claros à situação, descongelando os conflitos. No nosso casal, o par complementar da boa mãe-bom provedor foi desequilibrado pela sexualidade externalizada fora do casamento que invadiu a conjugalidade. Frequentemente, o que se vê é que a informação tira o indivíduo da posição passiva para a ativa. E, mesmo que a solução final possa ser nada fazer ou negar o fato, trata-se de uma ação explicável pelo mesmo modelo de investimento: maximização dos lucros e redução de custos.

Para Janoff-Bulman (1985), três grandes suposições podem ser ameaçadas em casos de perda: a suposição da invulnerabilidade; a suposição do mundo como dotado de sentido, o que inclui a crença de que as pessoas merecem o que recebem e recebem o que merecem; as suposições positivas sobre si mesmo, como a de que se é bom e decente. Perdas ameaçam essas suposições, e Mariana sentia não ser merecedora de tanto sofrimento.

Algumas pessoas agem por impulso diante da infidelidade (ou suspeita); outras, mais ponderadamente e outras, de forma vingativa. Quase todas, um misto de tudo. O comportamento está mais associado a características de estilo de apego, personalidade e história de vida. Mariana opta pela ação e, inicialmente, identifica ela própria e a namorada/amante como vítimas de seu cônjuge sedutor. Confirmar suas crenças infantis e adolescentes, justificadas pela naturalização do comportamento sexual de Luciano, coloca-o na categoria de um homem como os outros, criando a oportunidade de rompimento com a idealização. Há profunda dor, mas material menos ambíguo em que se apoiar em busca de elaboração.

A ameaça de perda mobiliza a ambos. Luciano, como muitos outros, retoma o investimento no relacionamento e na cônjuge, como desejado por ela. A ameaça estimula o processamento cognitivo, e Mariana pondera opções. A infidelidade, paradoxalmente, conecta e permite um funcionamento conjugal mais dinâmico. Outras mulheres, mais vulneráveis, congelam novamente na depressão ou no alheamento.

Com a vivência da infidelidade conjugal, Mariana passou por um processo de enlutamento pela perda daquilo que esperava do parceiro, do relacionamento e de si própria, mas pôde criar, com ele, uma base nova, por meio da participação mais clara ante objetivos, valores e desejos comuns como homem e mulher e pais. Foi, então, necessário um trabalho de reconstrução do significado da vida e de suposições sobre o mundo e sobre si mesma (Neimeyer *et al.*, 2002).

Ainda cabe mencionar o segredo. Na maioria das vezes, a infidelidade é mantida em segredo, o que diminui a possibilidade de reconhecimento da perda e de apoio social. Mas, para alguns casais, frequentes em terapia conjugal, a opção pelo segredo, quando escolha conjunta, estabelece um elo de ligação, a guarda do segredo, que define uma fronteira entre quem está dentro ou fora do sistema (Welter-Enderlin, 1994) e acaba funcionando como promotor de coesão e recuperação da confiança.

A INFIDELIDADE EM RELACIONAMENTOS DE LONGA DURAÇÃO

EMBORA A INFIDELIDADE, ASSIM como outros problemas conjugais, seja favorecida por dificuldades iniciais, ela também ocorre em relações estáveis que poderiam ser descritas por sua qualidade. Nessas condições, o grau de ambiguidade e ausência afetiva do cônjuge pode produzir um estado confusional complexo.

O casamento de Marta e Luís, que moraram em três países diferentes e tiveram dois filhos, depois de 16 anos juntos, era prazeroso. Eram companheiros, amavam-se e, e aos finais de semana e férias, dedicavam-se totalmente à vida familiar. Comparando-se a outros casais, Marta considerava que ela e seu marido tinham uma parceria altamente bem-sucedida: a vida sexual, afetiva e parental era muito feliz.

No quarto ano da última expatriação, a empresa em que Luís trabalhava resolveu subitamente repatriá-lo. Era meio de semestre letivo, e o casal decidiu que seria melhor que ele voltasse primeiro para o Brasil. Nas primeiras duas semanas, falavam-se bastante, mas depois Luís dificilmente era encontrado. Ele justificou a comunicação difícil, mesmo nos finais de semana, além do fuso horário, como decorrência de seu cansaço.

Cinco meses depois, Marta e os filhos chegaram. Ela tinha muitas expectativas positivas quanto a voltar ao Brasil, embora não fossem viver na cidade de seus familiares. Estranhou que Luís tivesse comprado um apartamento sem consultá-la, sentiu-se excluída e confusa, mas calou-se porque o imóvel traria uma melhor qualidade de vida para todos; fazia, afinal, parte do projeto comum. Era bonito, na orla marítima.

Como sempre, Luís dedicava-se horas e horas ao trabalho. Diferentemente do que ocorrera nos anos anteriores, no entanto, fazia-o também aos sábados; quando chegava em casa, raramente desejava compartilhar algo com a família. Comunicava-se pouco com Marta, isolando-se no escritório do apartamento em frente ao computador. Marta pensava que era devido ao fato de, sempre que conversavam, ela falar das dificuldades dos filhos de se adaptar ao país, à língua e à escola.

A vida sexual, sempre ativa e satisfatória, foi se limitando. Comparava-se com as mulheres brasileiras bronzeadas e de corpo perfeito e sentia-se feia, gorda, pouco desejável e sem disposição. Tentou academia, bronzeamento artificial, pintou o cabelo. Agora, tinha auxílio nos serviços domésticos, mas achava que Luís a culpava porque a casa não funcionava bem e porque não podia mais contar com ela.

A escola enviou uma solicitação de reunião com os pais, pois ambos os filhos estavam apresentando problemas. Marta sentiu isso como mais um fracasso. Depois de muito pedir, Luís acompanhou-a. No meio da conversa, a orientadora perguntou se havia algo de novo na vida familiar. Marta narrou o estresse que seus filhos estavam vivendo com a volta ao país. Quando a orientadora perguntou a Luís se na sua vida algo mudara, para surpresa de ambas, ele respondeu que se apaixonara por alguém que conhecera duas semanas após chegar ao Brasil e ia sair de casa na semana seguinte. Marta perguntou: "Você pretendia me contar?"

Com Marta, podemos compreender a diferença entre infidelidade e deslealdade. Marta sentia-se segura em seu relacionamento conjugal satisfatório e não tivera evidências anteriores que a ajudassem a dar um contorno para a ambiguidade do comportamento do parceiro. O trabalho dele sempre havia sido muito importante, e mesmo a sua maior ausência física não a impactou tanto quanto a ausência psicológica.

Quando as perdas são ambíguas, como ocorreu com Marta, sentimo-nos incompetentes. Nossa capacidade para enfrentar as situações vai se corrompendo e destruindo nossas crenças de que o mundo é um lugar acolhedor e organizado (Boss, 1999).

Aprendemos a contar com a estabilidade do mundo e a regularidade do comportamento e da resposta dos outros. Também aprendemos a antecipar o que acontecerá e o que resultará de nossas ações. Procuramos ordem e constância em nosso ambiente. Desejamo-nos sentir confortáveis e seguros (Attig, 2002).

Na perspectiva de Parkes (2009), essas certezas, tudo que consideramos garantido faz parte do nosso "mundo presumido". Sem ele, ficamos perdidos, pois se trata de nosso principal recurso de orientação para alcançarmos objetivos. O mundo presumido é uma fonte de segurança muito importante, qualquer coisa que o mine também minará nossa segurança. Com a perda da continuidade dos pressupostos, ficamos confusos e frustrados, nossa vida perde o ritmo ao qual estávamos acostumados e sentimos a necessidade de mudar de direção.

Mulheres autônomas, competentes e com uma história de adaptação bem-sucedida a mudanças, como é o caso de Marta, podem ficar muito tempo buscando dar sentido à ambiguidade, tentando analisar e mudar o próprio comportamento. De fato, seus recursos cognitivos podem funcionar como uma armadilha, pois testam hipóteses quando o caso é de mudança do pressuposto (casamento bom e companheiro leal). A revelação do segredo da infidelidade traduz-se em crise, mas, como já foi descrito no caso anterior e em muitos que já atendemos, traz um novo contorno à ambiguidade do outro e da situação, transformando-se no divisor de águas. Há um grande sentimento de traição, dor e desespero, mas, ao mesmo tempo, de libertação.

A experiência profissional com mulheres como Marta leva-nos a concordar com Boss (1999, p. 107): "Se queremos lidar com a incerteza da perda, devemos primeiro controlar a nossa fome de competência". Isso implica um novo paradoxo. É necessário ajudar essas mulheres a abrir mão de uma solução definitiva e redefinir gradativamente a relação com a pessoa "perdida", por quem se tem sentimentos ambivalentes.

Não é raro que homens como Luís, depois da revelação, busquem reparar o dano sendo mais cuidadosos e carinhosos com a cônjuge, o que pode novamente aumentar a ambiguidade, pois já não se sabe se "ele, aquele familiar, afinal, voltou". Alguns voltam mesmo; outros, por pouco tempo. A maioria busca sentir-se melhor e não muda a decisão tomada, embora sua ambiguidade possa aumentar o desastre.

Então, torna-se central que a mulher perceba que a confusão que sente é decorrente da ambiguidade, e não de algo que ela fez ou deixou de fazer. Diz Boss (*ibidem*): "À medida que sabemos qual é a fonte de nosso desamparo, estamos livres para começar o processo de enfrentamento", buscando novos significados.

Frequentemente, uma pessoa de fora, um familiar ou um amigo intervém e coloca limite na situação, pedindo que os Luíses se decidam. Mas há mulheres como Marta, distantes de sua família de origem, com pouco apoio social e/ou cujos relacionamentos são exclusivamente associados à vida profissional do cônjuge. Algumas tentam magoá-lo tanto quanto se sentem magoadas, revelando rapidamente o que está acontecendo aos filhos. Outras tentam colocar dificuldades na vida profissional dele ou destruí-la, revelando a infidelidade no contexto de trabalho. A maioria das que conhecemos tende a suportar a ambivalência afetiva do amor e do ódio, com capacidade de escolha suficientemente íntegra para não investir na vingança, mas na recuperação.

ENLUTAMENTO E RECUPERAÇÃO

SENTIR-SE INSUFICIENTE PARA ALGUÉM que se ama é angustiante. Certificar-se é devastador, embora não irrecuperável. Com a infidelidade conjugal, o parceiro "anterior" é perdido, mas partes dele continuam presentes. A identidade de esposo fiel se vai, mas nem tudo é perdido, visto que a infidelidade não apaga o que foi vivenciado, nem as boas nem as más experiências.

As perdas exigem reorganização de ordem emocional, cognitiva e material para que ocorra adaptação à nova realidade. Se a relação conjugal perdura, a confiança e segurança são abaladas por anos. A perda que traz a mácula da infidelidade, seja permanecendo junto ou havendo divórcio, ainda envolverá ambiguidade, pois, apesar de sonhos e expectativas morrerem, o parceiro permanece vivo ou em algum nível presente, produzindo sintomas de ansiedade que se prolongam por longos períodos.

Com a permanência matrimonial, o infiel não é visto da mesma maneira, ocorrendo mudanças em seu papel na família. Com o divórcio ou a separação física, principalmente se há filhos, alguma ambiguidade sempre permanecerá, pois a parentalidade colocará as fronteiras da relação sob demanda de serem continuamente confirmadas. Quando o cônjuge fica presente no casamento, mas apaixonado por (ou se relacionando com) seu novo objeto amoroso, a ausência psicológica é destrutiva porque a ambiguidade e ambivalência cronificam-se dando lugar à amargura. Em casos de perda ambígua não há um processo linear de enfrentamento e não há encerramento. O que pode ocorrer é uma aceitação do paradoxo da ausência e presença da pessoa (Boss, 2006).

As expectativas referentes ao casamento e ao parceiro da pessoa traída se frustram. A promessa realizada na cerimônia matrimonial de fidelidade "até que a morte os separe" é quebrada. Assim é com o divórcio, assim é com a infidelidade. Ambos implicam desilusão com o projeto social do casamento, o parceiro e consigo mesmo, por não ter sido capaz de evitá-los, o que remete ao luto, ao lamento pela perda.

Parkes (2009, p. 41) argumenta que "o luto é um processo de mudança pelo qual as pessoas passam". Para o autor, uma definição satisfatória de luto deve distingui-lo de outros acontecimentos psicológicos. Os componentes do luto são a experiência da perda e a ansiedade de separação. O luto tem especificidades em função do tipo de perda, que, no caso da infidelidade conjugal, pode ser considerada ambígua.

Perdas ambíguas geram emoções ambíguas e podem se tornar traumáticas porque a inabilidade de resolver a situação causa dor, confusão, choque, estresse e, frequentemente, imobilização (Boss, *ibidem*).

O trabalho de luto implica a compreensão de que o objeto não existe mais ou está inacessível. É a aceitação dessa nova realidade que possibilita a desistência da relação e o redirecionamento afetivo para outros objetos, inclusive o eu. Consequentemente, o indivíduo pode se reorganizar diante do vínculo rompido e prosseguir com a sua vida (Casellato, 2004).

Em casos de perda ambígua, ela não é oficialmente validada e ritualizada, o que dificulta o processo da elaboração, trazendo risco de luto complicado (Franco, 2002; Walsh, 2005; Boss, 1998), enquanto em casos de morte os rituais estão presentes, atestando o direito de se enlutar; quando o luto não é reconhecido, esse direito é negado ao enlutado.

A infidelidade masculina é naturalizada socialmente e, quando desvelada, é possível que não ocorra empatia com (ou compreensão para) o sofrimento feminino. É comum escutarmos "Ele não merece suas lágrimas", "Todo homem trai" ou "Toda mulher passa por isso", o que pode inibir a expressão dos sentimentos pela mulher, não havendo reconhecimento de seu pesar. Ademais, podem ocorrer situações como as citadas por Corr (2002), como a não legitimação de reações físicas acarretadas pela infidelidade conjugal ou, ainda, a crença de que a lamentação durará um período de tempo específico, com a consequente não validação quando este é ultrapassado.

O não reconhecimento pode produzir o adiamento ou a inibição do luto, traduzindo-se em dificuldade de aceitação da realidade e/ou impossibilitando a busca de outros relacionamentos ou figuras de apego que possam atender às necessidades afetivas.

Ademais, casos de infidelidade conjugal são frequentemente mantidos em segredo e regidos por sentimentos de culpa, raiva, medo e vergonha. A não expressão da dor pode provocar um sofrimento adicional ao que já é doloroso. Muitas vezes, a revelação no próprio processo terapêutico é bastante demorada, ou há uma revelação inicial rápida e resistência forte e sistemática de voltar ao assunto.

Após uma perda ambígua, o processo de reconstrução de identidade requer a abrangência da mudança com a manutenção de continuidade histórica. A reconstrução da identidade exige a revisão de "ex-identidades", por exemplo, de (ex-)esposa ou (ex-)cônjuge fiel, e dos papéis e *status* deixados para trás. Integrar a identidade passada à presente é essencial (Boss, 2006).

Embora a perda ambígua seja frequentemente fundamentada como uma tragédia pessoal, ela não tem de ser necessariamente devastadora. No caso da infidelidade, as participantes de nossa pesquisa (Figueiredo, 2013) recuperaram-se, e a prática clínica também demonstra isso. A maioria dos indivíduos consegue lidar com o estresse e se recuperar da crise, realizando transformações na própria vida que superam suas próprias expectativas. Apoiar a superação da infidelidade conjugal implica considerar a validade e a necessidade de lidar com os sentimentos contraditórios, a recuperação da confiança nos outros e na capacidade própria de perceber e pensar as situações, bem como poder reorganizar a vida profissional, afetiva, social e sexual.

Muitas pessoas apropriam-se da experiência das perdas ambíguas para aprender a viver em outras circunstâncias difíceis que passam pela vida (Boss, 2006). É possível pensar que o mesmo pode ocorrer com as mulheres que vivenciam a infidelidade conjugal e conseguem equilibrar o que perderam com o reconhecimento da dor e das alternativas que a vida oferece.

REFERÊNCIAS

ALLEN, E. S.; BAUCOM, D. H. "Adult attachment and patterns of extradyadic involvement". *Family Process*, v. 43, 2004, p. 467-88.
ALLEN, E. S. et al. "Intrapersonal, interpersonal, and contextual factors in engaging in and responding to extramarital involvement". *Clinical Psychology: Science and Practice*, v. 12, 2005, p. 101-30.
ATTIG, T. "Questionable assumptions about assumptive worlds". In: KAUFFMAN, J. *Loss of the assumptive world: a theory of traumatic loss*. Nova York: Routledge, 2002.
BOSS, P. "A perda ambígua". In: WALSH, F.; MCGOLDRICK, M. *Morte na família: sobrevivendo às perdas*. Porto Alegre: Artmed, 1998, p. 187-97.
_____. *Ambiguous loss: learning to live with unresolved grief*. Cambridge: Harvard University Press, 1999.
_____. *Loss, trauma, and resilience: therapeutic work with ambiguous loss*. Nova York: Norton and Company, 2006.
BRAND, R. J. et al. "Sex differences in self-reported infidelity and its correlates". *Sex Roles*, v. 57, maio 2007, p. 101-09.
BUUNK, B.; VAN DRIEL, B. *Variant lifestyles and relationships*. Londres: Sage, 1989.

CANO, A.; O'LEARY, D. "Infidelity and separations precipitate major depressive episodes and symptoms of nonspecific depression and anxiety". *Journal of Consulting and Clinical Psychology*, v. 68, 2000, p. 774-81.

CASELLATO, G. *Luto por abandono: enfrentamento e correlação com a maternidade*. Tese (Doutorado em Psicologia Clínica), Pontifícia Universidade Católica de São Paulo, São Paulo, 2004.

_____. "Luto não reconhecido: um conceito a ser explorado". In: CASELLATO, G. (org.). *Dor silenciosa ou dor silenciada? Perdas e lutos não reconhecidos por enlutados e sociedade*. Campinas: Livro Pleno, 2005, p. 19-34.

CORR, C. A. "Revisiting the concept of disenfranchised grief". In: DOKA, K. (org.). *Disenfranchised grief: new directions, challenges, and strategies for practice*. Champaign, IL: Research Press, 2002, p. 265-74.

COSTA, G. P. *Conflitos da vida real*. Porto Alegre: Artmed, 2006.

DEFENDI, E. L. *Homoconjugalidade masculina, revelação e redes sociais: um estudo de caso*. Dissertação (Mestrado em Psicologia Clínica), Pontifícia Universidade Católica de São Paulo, São Paulo, 2010.

DEWALL, C. N. et al. "So far away from one's partner, yet so close to romantic alternatives: avoidant attachment, interest in alternatives, and infidelity". *Journal of Personality and Social Psychology*, v. 101, n. 6, 2011, p. 1302-16.

DINIZ, M. H. *Curso de direito civil brasileiro, v. 5: direito de família*. 18 ed. aum. e atual. de acordo com o novo Código Civi (Lei n. 10.406, de 10-1-2002). São Paulo: Saraiva, 2002.

DRIGOTAS, S. M.; SAFSTROM, C. A.; GENTILLA, T. "An investment model prediction of dating infidelity". *Journal of Personality and Social Psychology*, v. 77, n. 3, 1999, p. 509-24.

FIGUEIREDO, A. C. C. *Os lutos da mulher diante da infidelidade conjugal*. Dissertação (Mestrado em Psicologia Clínica), Pontifícia Universidade Católica de São Paulo, São Paulo, 2013.

FRANCO, M. H. P. "Uma mudança no paradigma sobre o enfoque da morte e luto na contemporaneidade". In: FRANCO, M. H. P. (org.). *Estudos avançados sobre o luto*. Campinas: Livro Pleno, 2002.

GOETZ, A. T.; CAUSEY, K. "Sex differences in perceptions of infidelity: men often assume the worst". *Evolutionary Psychology*, v. 7, n. 2, 2009, p. 253--63.

HAZAN, C.; ZEIFMAN, D. "Sex and the psychological tether". In: BARTHOLOMEW, K.; PERLMAN, D. (eds.). *Attachment processes in adulthood* (org.). Bristol: Jessica Kingsley Publishers, 1994, v. 5. p. 151-78.

JABLONSKI, B. *Até que a vida nos separe: a crise do casamento contemporâneo*. Rio de Janeiro: Agir, 1991.

JANOFF-BULMAN, R. "The aftermath of victimization: rebuilding shattered assumptions". In: FIGLEY, C. (org.). *Trauma and its wake: the study and treatment of post-traumatic stress disorder*. Nova York: Brunner/Mazel, 1985.

JOSEPHS, L.; SHIMBERG, J. "The dynamics of sexual fidelity: personality style as a reproductive strategy". *Psychoanalytic Psychology*, v. 27, n. 3, 2010, p. 273-95.

MIKULINCER, M.; SHAVER, P. *Attachment in adulthood: structure, dynamics, and change*. Nova York: The Guilford Press, 2007.

NEIMEYER, R. A. *et al.* "The meaning of your absence: traumatic loss and narrative reconstruction". In: KAUFFMAN, J. *Loss of the assumptive world: a theory of traumatic loss*. Nova York: Routledge, 2002.

PARKES, C. M. *Amor e perda: as raízes do luto e suas complicações*. São Paulo: Summus, 2009.

RUSBULT, C. "Commitment and satisfaction in romantic associations: a test of the investment model". *Journal of Experimental Social Psychology*, v. 16, 1980, p. 172-86.

SANT'ANNA, M. S. *A influência dos padrões sexuais e afetivos de gênero na construção dos relacionamentos do mesmo sexo: masculino*. Dissertação (Mestrado em Psicologia Clínica), Pontifícia Universidade Católica de São Paulo, São Paulo, 2002.

SIMÕES, J. F.; SOUZA, R. M. "Antes do sim: rituais, celebrações e práticas pré-nupciais". In: GARCIA, A. (org.). *Relacionamento interpessoal: uma perspectiva interdisciplinar*. Vitória: ABPRI, 2010.

SOUZA, R. M. "Começar de novo: as mulheres no divórcio". In: MEIRELLES, V. (org.). *Mulher do século XXI*. São Paulo: Roca, 2008, p. 51-66.

WALSH, F. *Fortalecendo a resiliência familiar*. São Paulo: Roca, 2005.

WELTER-ENDERLIN, R. "Segredos dos casais e terapia conjugal". In: IMBER-BLACK, E. *Os segredos na família e na terapia familiar*. Porto Alegre: Artmed, 1994, p. 57-75.

4. Aposentadorias masculinas e perdas ambíguas
Rosane Mantilla de Souza
Plínio de Almeida Maciel Jr.

O FOCO PRIMÁRIO DA vida da maioria dos homens adultos é ter um bom trabalho e conseguir mantê-lo. O trabalho é mais do que uma atividade remunerada, é um elemento central da identidade masculina, sendo o ambiente de trabalho o contexto no qual ela é testada, ampliada e confirmada. Voluntária ou compulsória, a aposentadoria demandará a renúncia a um objeto amado que continuará existindo – o trabalho "afastado, amputado, adorado". Portanto, trata-se de uma perda ambígua.

Perdas ambíguas são estranhas e inquietantes, e dificultam o luto (Boss, 1999, 2006). Não é incomum em nosso cotidiano e em nossos consultórios depararmos com homens aposentados que parecem desvitalizados, desanimados, melancólicos e deprimidos. Osborne (2012) cita estudos que mostram que mais da metade dos homens tem um ajustamento pobre à aposentadoria e um nível de satisfação com a vida rebaixado, ou seja, evidências de luto complicado. Por isso, pensar nas quatro palavras do título juntas pareceu-nos bastante coerente. No entanto, só encontramos referências bibliográficas para os dois termos em separado. Além disso, as perdas apontadas pela literatura científica e leiga concentram-se quase exclusivamente nas econômicas e de vigor físico.

Teorias são instrumentos que nos ajudam a dar sentido à realidade. O que se segue é nossa tentativa de identificar e discutir particularidades das vivências masculinas da aposentadoria, tomando como base a teorização sobre as perdas ambíguas.

MASCULINIDADE E TRABALHO

Ao longo da vida, desempenhamos vários papéis e funções, e organizamos nossa história para ter um quadro coerente de quem somos, do que deixamos de ser e mesmo de quem desejamos ser no futuro. Ao mesmo tempo, somos muitos e apenas um. A identidade pessoal refere-se à imagem mental que temos de nós e implica alguma semelhança com outras pessoas em aspectos específicos. A identidade social, por outro lado, diz respeito a como os outros nos percebem. Cada indivíduo tem certo número de identidades sociais: étnica, religiosa, cultural/nacional, de gênero. Na percepção que cada pessoa tem de si própria, há um elemento de estabilidade, ao mesmo tempo que essa percepção muda devido a demandas externas e/ou internas (imigração, aposentadoria, paternidade, envelhecimento).

A identidade de gênero é aspecto central na construção do sujeito, pois o senso de ser homem ou mulher orienta parte significativa de suas ações no mundo. Mas o sexo biológico não garante a masculinidade ou feminilidade. O conceito de gênero deve ser entendido de forma relacional e dinâmica, constituindo-se em algo que os seres sociais *fazem* e não algo que eles *têm*: "Gênero não é uma propriedade dos indivíduos, uma 'coisa' que se tem, mas um conjunto específico de comportamentos que são produzidos em situações sociais específicas" (Kimmel, 2013, p. 90).

A identidade de gênero faz parte da identidade social e envolve um processo psicológico duradouro, estando associada à organização de significados e à posição dos indivíduos na vida social. A masculinidade e feminilidade são projetos em aberto, sendo fundamental compreender a integração em grupos de pertinência ou referência diversos na formação do processo identitário. Família, escola, igreja, exército, empresa ou ambiente de trabalho e mídia reforçam e reproduzem as definições dominantes de masculino ou feminino e disciplinam os desvios.

Ser masculino ou feminino produz um conjunto de sensações corporais, ritmos, tensão muscular, posturas, movimentos e possibilidades sexuais. Mas, para além do corpo, os indivíduos de ambos os sexos têm de encontrar um lugar para si numa ordem de gênero que define o que é apropriado para homens e mulheres em cada época e lugar (Connell, 2005).

Entre nós, o trabalho é elemento fundamental definidor do masculino. Afinal, não perguntamos aos nossos meninos se pretendem trabalhar quando crescerem; isso é tácito na sua condição masculina. Eles podem, com maior ou menor liberdade, escolher o que fazer. Assim, o desemprego, o declínio da capacidade produtiva e a aposentadoria terão produtos e impactos específicos na definição dos homens como homens.

Messner (1991) estudou a construção da masculinidade na década de 1990. Em uma de suas entrevistas com homens que haviam sido atletas profissionais, ele explicava a um deles que procurava entender a vida de ex-atletas quando o entrevistado estremeceu. Perguntado sobre o que acontecera, ele explicou que só porque sua carreira tinha encerrado não significava que ele não era mais um atleta. O autor conta que, a partir dali, começou a entender a intensidade e o sentido de identificação que muitos homens têm com seu *status* de atleta: "Chamando-o de ex-atleta é como se o estivesse chamando de ex-homem" (*ibidem*, p. 53). Hamilton (2006) relata fato semelhante entre aposentados: sentir-se um ninguém ou meio homem.

Se a família e a escola, o esporte e o exército esforçam-se para fazer dos meninos homens, é no trabalho que eles encontram o terreno mais fértil para manifestar sua masculinidade. O trabalho é oportunidade direta de reconhecimento social por meio do sucesso profissional, e indireta de confirmação da (heteros)sexualidade, porque facilita constituir família e provê-la. De fato, mesmo com um contingente enorme de mulheres no mercado de trabalho atual, mede-se socialmente um homem por sua capacidade de ser provedor, ou, mais que isso, de ser um bom provedor.

Praticamente todas as sociedades têm uma divisão de trabalho baseada em gênero, mas modelos de carreira e de ambiente de trabalho são recentes. O ambiente de trabalho atual pode ser caracterizado como um local de reprodução da masculinidade (Kimmel, 2013). Mesmo que contenha mulheres, baseia-se no funcionamento que favorece a masculinidade desejável: racionalidade, autocontrole (na expressão das próprias emoções e sentimentos), força, poder, virilidade e capacidade de decisão, sucesso lido pelo saldo bancário, capacidade de competir e ultrapassar limites (Maciel Jr., 2013).

O ambiente de trabalho desenvolve uma sociabilidade e um modo de ser, atesta disposição para ação, controle e superação a fim de garantir o exercício de uma função central na definição da masculinidade contemporânea: a provisão da família, com o *status* social conquistado como consequência dela. Mas a fábrica, o escritório, ou mesmo a arena esportiva, com seus respectivos uniformes (o macacão, o terno etc.), não favorecem a diferenciação e raramente oferecem oportunidade para os homens falarem da própria vida, de seus sentimentos e necessidades. E, mesmo que hoje haja ambientes de trabalho mais flexíveis, os homens que deles participam ainda demorarão a se aposentar.

Embora se descreva a masculinidade pelo poder, e este não possa ser desconsiderado nos domínios políticos, a maioria dos homens não tem fome de poder; eles têm pouco ou nenhum poder (Hamilton, 2006). O ambiente de trabalho é um local para se adaptar e se sacrificar em nome da vida familiar e, quanto mais bem-sucedido um homem se torna para sua família, mais se afasta dela.

Dar um sentido às próprias ações e sobreviver ao estresse, bem como às intermináveis horas de trabalho, atesta que o homem é homem, forte e competente, não se deixa abater. Se nem todas as carreiras são institucionais, e se muitos homens podem negociar maneiras mais flexíveis de masculinidade e investimento profissional sem se sentir menos homens, parar de trabalhar desafia-os a encontrar um sentido para a masculinidade quando seu principal contexto está perdido.

MASCULINIDADE E APOSENTADORIA

A APOSENTADORIA É UM benefício conquistado pelos trabalhadores nas primeiras décadas do século XX, com a organização das condições do trabalho e o desenvolvimento de leis trabalhistas (Homci, 2009). Aposentar-se é um ganho ambíguo porque desafia o homem a se manter homem em um contexto ao qual ele no geral está pouco habituado, cujas normas pouco compreende e cuja lógica raramente favorece tudo que pautou sua condição masculina enquanto trabalhava.

Legisladores e governos de todo mundo têm se preocupado com o tema da aposentadoria. A maior parte das leis trabalhistas e previdenciárias foi criada quando a expectativa de vida humana era bem menor, de modo que o panorama atual é alarmante. Há escassez de recursos da previdência social e de saúde para manter um contingente crescente de aposentados que vivem cada vez mais.

Pessoas mantêm-se trabalhando porque não conseguem viver de forma digna com o que ganhariam se parassem (Costa e Soares, 2009), e só muito recentemente começou a se popularizar a ideia das previdências privadas, ainda inacessíveis para a maioria dos trabalhadores. A permanência no mercado de trabalho ocupa postos que produzem problemas na outra ponta do espectro vital: o imenso desemprego de jovens. Segundo dados do Ipea, um jovem brasileiro tem três vezes mais riscos de ficar desempregado do que um adulto ou mesmo um idoso. Economistas de todo mundo têm se detido sobre o tema, sem encontrar muitas saídas, deixando no ar um clima pessimista.

Embora não possamos desconsiderar nem minimizar as questões políticas e macroeconômicas, tampouco os efeitos desse contexto de insegurança mundial sobre a tomada de decisão e vivência dos homens, observamos entre aqueles que recebem aposentadoria integral (como é o caso de muitos funcionários públicos, CEOs e outros participantes de grandes fundos de pensão), para quem não há declínio expressivo de proventos, que ainda assim há diminuição da qualidade de vida e da satisfação com ela.

O estudo de Kim e Moen (2002), realizado com homens em condições semelhantes às mencionadas acima, verificou o mesmo, além de frequentes quadros de abuso de álcool e depressão. Com ou sem declínio, outros indivíduos começam novas carreiras ou trabalhos nos quais se satisfazem mais, ou muito mais que anteriormente (Isaksson e Johansson, 2000; Giardino e Cardozo, 2009). Nessas circunstâncias, não estamos mais tratando de questões macroeconômicas e de proventos. Então, no que esses indivíduos se diferenciam?

A maioria dos homens da atualidade divide sua vida em três etapas: antes de começar a trabalhar, durante a vida ativa de trabalho e após a aposentadoria (Moris, 2002; Loureiro, 2009; Maciel Jr., 2013). A estrutura de vida poderá ser severamente traumatizada pela perda do papel ocupacional, a menos que a pessoa tenha formado uma identidade composta por diversos papéis (Osborne, 2012), o que é bastante difícil para os homens, dada a combinação da centralidade do trabalho na confirmação da identidade de gênero com a forma como o ambiente de trabalho restringe drasticamente as oportunidades de desenvolvimento de potenciais que não sejam os adaptativos à organização.

Knoll (2011) analisou os motivos e processos psicológicos associados à aposentadoria antes ou depois dos limites legais de idade, verificando que as pessoas com melhor condição de saúde, que apreciam o que fazem e têm nível socioeconômico mais alto tendem a trabalhar por mais tempo. Indivíduos que estão insatisfeitos com o que fazem tendem a se aposentar mais rápido (Helman *et al.*, 2008), bem como aqueles que exercem funções altamente estressantes (Wang, 2007). A aposentadoria traz angústia e também alívio (Fragoso, 2013). Porém, o trabalho é a base da identidade, e o lazer não lhe é um substituto consistente (Salami, 2010; Osborne, 2012).

O significado da aposentadoria é socialmente ambíguo. Em alguns dicionários etimológicos, o termo aparece como proveniente da palavra latina *pausare*, com o sentido de parar para descansar. Também há os que referem que a palavra teria evoluído de "aposento", como lugar, com a ideia de recolhimento ao interior da habitação, aos aposentos da casa – uma casa que muitos dos homens pouco frequentaram no cotidiano e uma família com a qual podem ter relacionamentos contraditórios.

Gonçalves (2006) entrevistou homens e mulheres brasileiros, moradores de Florianópolis, tendo também obtido significados opostos para a aposentadoria como resultado de sua pesquisa. Para alguns dos participantes, a falta de uma identidade valorizada e aceita pela sociedade, a relação com a inatividade e a condição de estar excluído das relações de produção dão conta das experiências a ser vividas na aposentadoria, enquanto para outros ela é considerada um espaço de autonomia, independência, liberdade, oferecendo oportunidade para fazer aquilo de que gosta e ter prazer com a vida. Os sentidos de inutilidade, ociosidade, envelhecimento e instabilidade e o medo de ser descartado também estavam presentes nas falas, ao lado da ideia da aposentadoria como férias muito prolongadas.

A pausa da aposentadoria não alude ao retorno, embora possa permitir novos investimentos libidinais. A decisão de se aposentar é uma das mais centrais no ciclo vital. Quando o indivíduo entra no mercado de trabalho, sua perspectiva é construtiva. Pretende, por meio dele, conseguir um lugar na sociedade, adquirir bens, casar, ter filhos e desfrutar de uma vida confortável. Vislumbra um longo futuro pela frente, aberto a possibilidades de revisão e alternativas. Além disso, o trabalho é mais do que produção: é um organizador das relações, acarretando o desligamento da atividade profissional, uma ruptura social e da sociabilidade, com uma perspectiva temporal diversa.

A dificuldade da solução não repousa na pobreza de recursos psicológicos ou nos problemas do indivíduo, mas na situação externa a ele. É necessário dar sentido à situação e mudar, embora a ambiguidade continue existindo, o que, por si, é paradoxal: "Transformar uma situação que não muda" (Boss, 1999, p. 119).

APOSENTADORIA: PERDAS E GANHOS AMBÍGUOS

PARA MUITOS HOMENS, o desafio psicológico mais importante na aposentadoria refere-se à perda da estrutura de vida baseada no trabalho e à tarefa de construir uma nova em seu lugar. A decisão lenta ou planejada nem sempre prepara o homem para a "volta ao lar" (Van Solinge e Henkens, 2005) e, embora venha se dando muita ênfase a essa preparação, tudo que se refere ao relacionamento familiar é pouco considerado. De Vries (2003) trata da "síndrome da aposentadoria" para se referir à dificuldade de indivíduos em posições de poder deixarem o trabalho, mas a literatura popular começa a trazer o tema da "síndrome da esposa do aposentado", fazendo referência ao pânico de mulheres que não sabem o que fazer com "ele" em suas vidas (Goodman, 2011).

VILMA, CHEGUEI!

Se o leitor lembrou do Fred Flintstone, a intenção era essa. Mais de uma geração foi socializada com esse desenho animado. Fred e Vilma representavam a família típica ou desejável dos anos do pós-Segunda Guerra Mundial: ele trabalhava e ela cuidava da casa, formando a eficiente parceria provedor-dona de casa, com seus domínios prescritos e bem delimitados. No final do dia, Fred voltava para o conforto do lar e os cuidados da esposa. Sua vida no mundo do trabalho garantia a qualidade de vida familiar. No mundo ideal daquele casal, o tempo do trabalho era bem menor do que o da convivência conjugal e social: voltar para casa era o objetivo de Fred e de seu amigo Barney.

No mundo real, a presença e o envolvimento masculino no lar são variáveis contínuas. Quanto mais um homem se orienta por um modelo rígido de masculinidade voltada para o sucesso profissional, mais o cuidado com a família será indireto, por meio do provimento, e mais estará ausente física e/ou psicologicamente. De fato, Boss (2006) trata os *workaholics* como um exemplo de perda ambígua. As famílias sempre trabalham com algum grau de ambiguidade entre presença e ausência. A perda ambígua se tornará um problema quando produzir ambiguidade de fronteiras, ou seja, um estado no qual as pessoas têm dúvidas sobre sua percepção acerca de quem faz parte ou não da família, e de quem está desempenhando quais papéis e tarefas e tomando decisões no sistema familiar (Boss, 2007).

Faber *et al.* (2008) analisaram a presença-ausência em famílias de militares quando estes voltavam após passar um tempo mobilizados fora do país. Segundo os pesquisadores, o curso longitudinal da perda ambígua nesses casos ocorre em duas fases. Na primeira, quando o indivíduo está mobilizado, a família vivencia uma ausência ambígua (ausência física, mas presença psicológica). Nesse caso, os membros das famílias entrevistadas indicavam a preocupação com a segurança do ausente e com a ambiguidade das fronteiras, incluindo paralisia em tomar decisões. A segunda fase da perda ambígua ocorria quando da reunião. O reservista e os membros da família procuravam voltar à vida normal que conheciam anteriormente, mas, embora envolvidos na adaptação, prevaleciam muitos sentimentos de perda. Os reservistas relataram ter se sentido psicologicamente desconectados, e muitos familiares também consideravam que, embora agora estivessem fisicamente presentes, eles pareciam estar psicologicamente ausentes (Faber *et al.*, *ibidem*). O estudo deixa claro o quanto era difícil delimitar novas tarefas e redistribuir papéis, e os pesquisadores afirmam que, para os filhos, o engajamento de seus pais em um novo trabalho lhes propiciava um grande alívio.

Boss (2002) sugere que as famílias frequentemente têm um membro ausente por algum período de tempo devido ao trabalho e aprendem a tolerar a ambiguidade da perda sem ambiguidade nas fronteiras. De fato, concordamos que tal processo pode ocorrer com famílias de militares e trabalhadores de plataformas de petróleo, como ela exemplifica, mas também é o caso com caminhoneiros, pilotos de avião, CEOs, donos de grandes empresas familiares, atletas, e ainda médicos, homens de carreira em geral... Trata-se de uma questão de grau de presença-ausência.

Sem informação para clarificar as perdas, as pessoas não têm escolha a não ser viver com o paradoxo da ausência e da presença. Boss (2007, p. 106) sugere que é útil para os membros da família pensarem dialeticamente de forma prática, a despeito da ambiguidade envolvida na situação: "Ele não está aqui, mas também está; eu posso aprender a tolerar o stress da ambiguidade".

O REINO DO CÉU AQUI NA TERRA

Aos 14 anos, Paulo foi trabalhar na construção civil e, com 18, serviu o exército, onde aprendeu a dirigir caminhões. Ao sair, engajou-se novamente na construção civil, trabalhando numa estrada de rodagem perto de sua casa. Com 22 anos, estava casado e tinha um bom padrão de vida, se comparado com sua infância. No dia em que sua mulher lhe contou que estava grávida, Paulo tinha sido despedido, pois a obra em que trabalhava estava finalizada. Ele ficou desesperado e voltou a procurar a empresa. Não havia alternativas por ali, mas foi-lhe oferecido trabalho em outra estrada, em outro estado. Paulo precisava sustentar sua família e não queria que eles vivessem a penúria de sua infância. Trabalhou durante 25 anos deslocando-se pelo Brasil afora. Teve quatro filhos que puderam estudar e dois deles fizeram faculdade. Construiu uma casa e preparou-se para a aposentadoria comprando um sítio: era um modelo de sucesso. Finalmente, o dia chegou. Paulo achava que fizera tudo que devia e agora "merecia o reino dos céus aqui na Terra". Tinha 47 anos e ia aproveitar a vida.

Passados seis meses, Paulo procurou um projeto universitário de atendimento à disfunção erétil. Contou que a volta para casa não tinha sido o que imaginara. Sentia que não tinha lugar para si e queria ir para o sítio, mas a esposa não se propunha a acompanhá-lo porque não queria se afastar dos filhos e do neto. Paulo sentia-se distante deles. Achava que os filhos tinham outro nível de educação. Ressentia-se da falta do que fazer, da convivência com os colegas de trabalho e até da exaustão no final do dia. Não sentia prazer em estar no sítio, embora tivesse tanta coisa para fazer lá. Disse que nos procurou porque estava impotente.

Há casais que desenvolvem uma conjugalidade rica com parceria e envolvimento social conjunto, mas há muitos que se afastam sem se aperceber disso, principalmente quando os papéis de gênero estão estratificados, como no caso acima. Boss (1999) afirma que perdas graduais são mais difíceis de ser reconhecidas. A família tende a se organizar, quando não a se cristalizar, ante a ambiguidade da presença-ausência. Quando um homem como Paulo, e outros muito voltados para o trabalho, se aposenta e "volta para casa", ocorre um ganho ambíguo.

Lloyd e Stirling (2011) descrevem um ganho ambíguo como um suposto benefício que, embora não intencionalmente, resulta em aumento da incerteza, com consequente redução da capacidade de agenciamento ou bem-estar no nível pessoal e/ou coletivo. A presença compulsória desequilibra o indivíduo e o sistema que havia desenvolvido uma adaptação rígida.

Passado um período inicial de "lua de mel" com o lar, em que o homem arruma coisas, vai para a praia ou congêneres, a excitação do começo passa. No geral, as atitudes e características de personalidade e de enfrentamento selecionadas ao longo do tempo para o sucesso no mercado de trabalho não são as mesmas para a aposentadoria (Osborne, 2012) e não dão sentido para a dinâmica da casa e da família. Muitos homens nessas condições apresentam sintomas de adoecimento físico, e a disfunção erétil é o sintoma mais comum apenas do ponto de vista simbólico (Aleotti, 2004).

Quando a esposa trabalha fora de casa, são frequentes os sentimentos de solidão, ciúmes, inveja. Caso contrário, é surpreendente descobrir como a mulher tem a vida cheia de ações, relações e lazer e não quer incluir o marido. Quando ambos se aposentam juntos, têm no mínimo de dar conta do "excesso de convivência", o que nem sempre é fácil. As fronteiras novamente se tornam ambíguas (Van Solinge e Henkens, 2005; Osborne, 2012).

Carroll, Olson e Buckmiller (2007) ampliaram a classificação das possibilidades de ambiguidade de fronteiras familiares. A primeira e a segunda referem-se ao que já foi descrito segundo as perdas propostas por Boss (1999). O terceiro tipo refere-se à inclusão (por exemplo, por ocasião da vinda de um padrasto ou de um cuidador domiciliar para um idoso), enquanto o quarto tipo diz respeito à intrusão e emerge quando as fronteiras familiares são invadidas pelo contexto extrafamiliar. Consideramos que a ambiguidade das fronteiras na "volta ao lar" do homem aposentado implica uma mescla de inclusão e intrusão. A ambiguidade das fronteiras poderá trazer alto nível de estresse, insatisfação conjugal e individual, atitudes negativas e baixo nível de bem-estar (Khaw, 2010).

Se pensarmos na aposentadoria não somente como transição individual, mas também familiar, ela se assemelhará à imigração: há de se adaptar a uma nova cultura, adquirir novos códigos, fazer adaptações, enfrentar o estresse, criar uma nova base para a identidade. Filha de imigrantes, Pauline Boss, em todos os seus livros, trata das perdas ambíguas da imigração. Descreve como nela estão envolvidas emoções conflitantes, como tristezas e alegrias, perdas e restituições, ausência e presença.

Falicov (2001), ela mesma imigrante, argumenta que a imigração compreende pelo menos quatro tipos de desenraizamento: o dos significados, o social, o cultural e o físico. Transpondo a ideia para a aposentadoria, podemos pensar que o desenraizamento de sentido se relacionaria à ruptura de significados e à forma de resolução de problemas usuais no cotidiano de trabalho, ou seja, na base segundo a qual cada trabalhador sustenta suas relações com os outros. A saída do sistema de trabalho afeta tanto a estabilidade quanto a maneira de interpretar ações e relações. O desenraizamento social refere-se à perda da convivência ou do apoio da rede social anterior (no trabalho), bem como à percepção da recepção, da marginalização ou do isolamento social vivenciado no "novo" local (a casa). Já o desenraizamento cultural tem que ver com a história pessoal e a concepção de realidade e relacionamentos, que é mais ou menos diferente em casa. Finalmente, o desenraizamento físico conduz ao nível de familiaridade e confronto com o ambiente atual, tanto quanto à tristeza, às saudades ou à nostalgia relativas ao ambiente anterior (trabalho), onde havia a familiaridade de colegas, de níveis de poder, de sensações físicas rotineiras, e até mesmo ansiedade e estresse.

O homem que se aposenta tem de levar parte da cultura organizacional consigo e conseguir se despedir dessa pátria anterior com toda sua familiaridade, que deve ser deixada para trás. Quando se trabalha com imigração, sabemos que os membros da díade conjugal exercerão funções não realizadas antes e não planejadas; o mesmo será necessário para delimitar as novas fronteiras familiares. Segundo Daure e Reveyrand-Coulon (2009), para que o imigrante se mostre flexível à sua identidade cultural, aprendendo os novos códigos da sociedade de adoção, é preciso que ele experimente de forma positiva as três fases do movimento migratório: preparação para a partida, viagem e chegada.

De Vaus *et al.* (2007) avaliaram o efeito da aposentadoria gradual e abrupta, considerando que não há respostas simples nem previsões lineares acerca de seus produtos, mas ter a possibilidade de controlar o quando e o como favorece o bem-estar – ou, segundo nossa metáfora, o quando partir e como viajar. A chegada ao país hospedeiro refere-se à família e ao relacionamento familiar e, como em qualquer transição, traz instabilidade, mas também oportunidade de mudança. Nesse sentido, pensamos que não só o homem deveria ter a possibilidade de se preparar para se aposentar, mas toda a família precisaria estar preparada pelo menos para sua chegada!

DO QUE VOCÊ GOSTA?

A aposentadoria é uma transição psicossocial na qual há perda de um aspecto central da identidade: o trabalho e/ou profissão, e tudo o mais que lhe é agregado: uma rotina de vida, uma maneira de se vestir, um vocabulário, um *status* e papel na sociedade (sou psicólogo, empresário, bombeiro), um tipo de reconhecimento, relacionamentos, ambiente. No entanto, a perda é ambígua, pois o que o indivíduo foi e aquele lugar no qual viveu, bem como as pessoas com as quais conviveu, permanecem existindo, lá e no sujeito. Não há um fechamento possível. Tem-se de lidar com o paradoxo da presença-ausência.

A aposentadoria implica olhar para trás e para a frente. Quer se trate de um idoso ou não, a aposentadoria traz consigo a finitude. Carreiras podem acabar cedo como a dos atletas, compulsoriamente por limite de idade em vários contextos, ou podem ser prolongadas e moduladas pelas limitações físicas, como no caso dos profissionais liberais ou proprietários de empresas e negócios. Se a lógica do trabalho implica desenvolver aspectos das identidades sociais, a finitude associada à aposentadoria poderá trazer questionamentos sobre a identidade pessoal.

Bianchi (1991, p. XIV) considera que o trabalho identitário diante da finitude é *sui generis*, pois implica "renunciar a uma certa forma de continuidade e inventar formas substitutivas" na medida em que o eu é confrontado com uma exigência contraditória, "a da conservação de um sentido dado à própria vida, até o fim, e a da prova de realidade do fim dessa vida".

Com isso, voltamos ao paradoxo da perda ambígua e à pergunta de Boss (2006, p. 4): "O que acontece quando a pessoa é confrontada com uma perda ambígua que pela sua própria natureza é irresolúvel?" Ela deve dar sentido à situação e mudar, mesmo que a ambiguidade perdure. Para Bianchi (1991), torna-se necessário avaliar a própria história e enlutar-se por ela, a fim de manter o fluxo de investimento fora do eu, integrar o limite em uma manutenção do desejo e manter a continuidade por novas vias.

Paulo passou a fazer parte de um grupo de apoio no qual todos os participantes eram aposentados. Seu comportamento tendia ao negativismo. Um dia, chegou ao encontro do grupo bastante irritado. Um dos participantes perguntou-lhe qual era o problema. Ele grunhiu, mas vários insistiram. Ele explicou que estava muito ofendido com sua filha mais nova que lhe afirmara que ele só reclamava. Ela dissera que ele precisava fazer alguma coisa e lhe perguntara: "Pai, o que você gosta de fazer?" Ele saíra furioso e viera para o atendimento. Alguém lhe perguntou de chofre: "Mas, então, do que você gosta?" Houve um longo silêncio e ele então respondeu: "De trabalhar". Todos explodiram em risadas.

Um dos participantes resolveu ser mais acolhedor, porque ele parecia estar à beira de explodir, e explicou-lhe: "Amigo, parar de trabalhar é como ser abandonado por uma mulher de que você gosta muito: ou você cai na bebedeira, ou se arrasta, sofre, percebe seus erros e seus acertos e segue em frente, mas dói, pode doer sempre". Outro completou: "Além disso, companheiro, o trabalho é uma amante muito cara, tem hora que não dá mais para sustentar". Outro interveio construtivamente: "Eu gosto de cantar e agora vou à igreja evangélica porque lá eles cantam; eu continuo católico, vou à missa e depois ao culto!" Outro ainda insistiu: "Mas você deve gostar de mais alguma coisa, nem que seja um pouquinho: o quê?" Ele respondeu: "Dirigir". De início, a resposta não pareceu promissora porque dirigir era o que ele fazia antes, mas foi.

De fato, as comparações usadas pelos participantes do grupo nos surpreenderam, pois pareciam muito com o que caracteriza o divórcio emocional, ou seja, separar-se de alguém afetivamente, desejando ou não. Significa desinvestir na relação e no outro e reinvestir no eu, descolar as partes do outro dentro de si; reorganizar a própria vida, lidar com as perdas e realizar uma mudança de identidade para poder construir novos projetos, despedir-se do outro internamente (Souza, 2008). "Não levar consigo a mortalha do amor"; enlutar-se para poder seguir em frente.

Não se deixa de ser trabalhador de um momento para o outro. Há um modo de se comportar, e a perda do estresse e da premência do tempo não compensa a perda das rotinas, da sociabilidade, do modo de se vestir e da maneira de resolver problemas. Nada disso se vai de um dia para o outro. Proporcionar-se mais lazer só tem sentido quando há produção. O trabalho é um tema central na vida masculina porque ele traz tudo isso consigo, além da possibilidade de contribuir para o bem-estar de alguém, geralmente a família.

Paulo contou-nos que, após voltar para casa, reencontrou a filha, que lhe pediu desculpas por tê-lo ofendido. Ele disse que, pela primeira vez na vida, conversou com ela, contou-lhe o que acontecera. Ela aproveitou para dizer que, se ele gostava de dirigir, poderia se oferecer para ir buscar o neto na creche, já que sua irmã estava tendo enorme dificuldade de conciliar o horário de trabalho com o da escola da criança. E foi assim que Paulo começou sua nova história... até virar o avô da perua escolar: com horário tranquilo e cuidando de crianças, algo de que ele descobriu gostar muito.

A possibilidade de contribuir é fundamental para manter a atração pela vida. Contribuir é central na vida masculina. Ser avô também traz imensa oportunidade de envolvimento familiar, embora não seja incomum traduzir-se em conflito, principalmente com filhos homens que se ressentem pelo fato de o seu filho receber o que lhe foi negado. Propor-se a um novo trabalho também não é infrequente quando se acaba adquirindo menos medo de fracassar.

A dor pela perda ambígua pode imobilizar, mas pode também impulsionar a mudança (Boss, 2006). Vivenciar perdas ambíguas pode ser uma oportunidade de amadurecimento. Tais situações possibilitam às pessoas conseguir depender menos da estabilidade e passar a contar mais com a espontaneidade e as trocas de experiências (Boss, *ibidem*). A aposentadoria traz a liberdade de ser indivíduo, sem deixar de ser parte.

REFERÊNCIAS

ALEOTTI, R. *Disfunção erétil e sua teia de significados*. Tese (Doutorado em Psicologia Clínica), Pontifícia Universidade Católica de São Paulo, São Paulo. 2004.

BIANCHI, H. *O eu e o tempo: psicanálise do tempo e do envelhecimento*. São Paulo: Casa do Psicólogo, 1991.

BOSS, P. *Ambiguous loss: learning to live with unresolved grief*. Cambridge: Harvard University Press, 1999.

_____. *Family, stress, management: a contextual approach*. 2. ed. Thousand Oaks: Sage Publication, 2002.

_____. *Loss, trauma and resilience: therapeutic work with ambiguous loss*. Nova York/Londres: W. W. Norton & Company, 2006.

_____. "Ambiguous loss theory: challenges for scholars and practitioners". *Family Relations*, v. 56, n. 2, 2007, p. 105-11.

CARROLL, J. S.; OLSON, C. D.; BUCKMILLER, N. "Family boundary ambiguity: a 30-year review of theory, research, and measurement". *Family Relations*, v. 56, n. 2, 2007, p. 210-30.

CONNELL, R. W. *Masculinities*. 2. ed. Berkeley: University of California Press, 2005.

COSTA, A. B.; SOARES, D. H. P. "Orientação psicológica para a aposentadoria". *Psicologia: Organizações e Trabalho*, v. 9, n. 2, 2009, p. 97-108. Disponível em: <http://submission-pepsic.scielo.br/index.php/rpot/index>. Acesso em: 12 jan. 2014.

DAURE, I.; REVEYRAND-COULON, O. "Transmissão cultural entre pais e filhos: uma das chaves do processo de imigração". *Psicologia Clínica*, v. 21, n. 2, 2009, p. 415-29.

DE VAUS, D. et al. "Does gradual retirement have better outcomes than abrupt retirement? Results from an Australian panel study". *Ageing and Society*, v. 27, n. 5, 2007, p. 667-82.

DE VRIES, M. "Síndrome da aposentaria". *Revista HSM Management*, v. 8, n. 41, 2003, p. 182-90.

FABER, A. et al. "Ambiguous absence, ambiguous presence: a qualitative study of military reserve families in wartime". *Journal of Family Psychology*, v. 22, n. 22, 2008, p. 222-30.

FALICOV, C. J. "Migración, pérdida ambígua y rituales". *Perspectivas sistémicas: la nueva comunicación*. 2001. Disponível em: <http://www.redsistemica.com.ar/migracion2.htm>. Acesso em: 8 ago. 2011.

FRAGOSO, N. M. do R. M. *Influência da autopercepção do envelhecimento e dos traços de personalidade na satisfação com a reforma*. Dissertação (Mestrado em Psicologia Clínica e da Saúde), Universidade de Lisboa, Lisboa, 2013.

GIARDINO, A.; CARDOZO, J. C. *O melhor vem depois: desvendando o enigma da longevidade*. São Paulo: Saraiva, 2009.

GONÇALVES, R. C. A. *A trajetória laboral de homens e mulheres no processo de desligamento das relações de trabalho pela aposentadoria*. Dissertação (Mestrado em Serviço Social), Universidade Federal de Santa Catarina, Santa Catarina, 2006.

GOODMAN, M. *Too much togetherness: surviving retirement as a couple*. Springville: Bonneville Books, 2011.

HAMILTON, M. *What men don't talk about*. Queensland: Penguin Books, 2006.

HELMAN, R. et al. "EBRI 2008 recent retirees survey: report of findings". *EBRI Issue Brief*, n. 319, July 2008. Disponível em: <http://www.ebri.org/pdf/briefspdf/EBRI_IB_07-2008.pdf>. Acesso em: 22 fev. 2014.

HOMCI, A. L. "A evolução histórica da previdência social no Brasil". *Jus Navigandi*, abr. 2009. Disponível em: <http://jus.com.br/artigos/12493/a-evolucao-historica-da-previdencia-social-no-brasil>. Acesso em: 12 dez. 2013.

IPEA – INSTITUTO NACIONAL DE ESTUDOS E PESQUISAS EDUCACIONAIS ANÍSIO TEIXEIRA. *Organização para a Cooperação e Desenvolvimento Econômico (OCDE)*. Disponível em: http://portal.inep.gov.br/estatisticas-gastoseducacao-indicadores_financ_internacionais-ocde>. Acesso em: 27 nov. 2014.

ISAKSSON, K.; JOHANSSON, G. "Adaptation to continued work and early retirement following downsizing: long-term effects and gender differences". *Journal of Occupational and Organizational Psychology*, v. 73, n. 2, 2000, p. 241-56.

KHAW, L. B. L. *Leaving an abusive partner: exploring mothers's perceptions of boundary ambiguity using the stages of change model*. Doctor (Philosophy in Human and Community Development), University of Illinois at Urbana-Champaign, 2010.

KIM, J. E.; MOEN, P. "Retirement transitions, gender, and psychological well-being: a life-course, ecological model". *Journals of Gerontology, Series B: Psychological Sciences & Social Sciences*, v. 57B, n. 3, 2002, p. 212-22.

KIMMEL, M. *The gendered society*. 5. ed. Nova York: Oxford Uni. Press, 2013.

KNOLL, M. A. Z. "Behavioral and psychological aspects of the retirement decision". *Social Security Bulletin*, v. 71, n. 4, 2011, p. 15-32.

LLOYD, B.; STIRLING, C. "Ambiguous gain: uncertain benefits of service use for dementia carers". *Sociology of Health & Illness*, v. 33, n. 6, set. 2011, p. 899-913.

LOUREIRO, R. C. R. *A função parental masculina na perspectiva de um bisavô*. Dissertação (Mestrado em Psicologia Clínica), Pontifícia Universidade Católica de São Paulo, São Paulo, 2009.

MACIEL JR., P. A. *Tornar-se homem – Projetos masculinos na perspectiva de gênero*. São Paulo: Livre Expressão, 2013.

MESSNER, M. "The life of a man's seasons". In: KIMMEL, M. (org.). *Changing men – New directions in research on men and masculinity*. Newbury Park: Sage, 1991, p. 53-67.

MORIS, V. L. *Um amor e uma cabana: a função conjugal masculina na perspectiva do homem pobre*. Dissertação (Mestrado em Psicologia Clínica), Pontifícia Universidade Católica de São Paulo, São Paulo, 2002.

OSBORNE, J. W. "Psychological effects of the transition to retirement". *Canadian Journal of Counselling and Psychotherapy*, v. 46, n. 1, 2012, p. 45-58.

SALAMI, S. O. "Retirement context and psychological factors as predictors of well-being among retired teachers". *Europe's Journal of Psychology*, v. 2, 2010, p. 47-64.

SOUZA, R. M. "Começar de novo: as mulheres no divórcio". In: MEIRELLES, V. (org.). *Mulher do século XXI*. São Paulo: Roca, 2008, p. 51-66.

VAN SOLINGE, H.; HENKENS, K. "Couple's adjustment to retirement: a multi-actor panel study". *Journals of Gerontology, Series B: Psychological Sciences & Social Sciences*, v. 1, n. 60, 2005, p. 11-20.

WANG, M. "Profiling retirees in the retirement transition and adjustment process: examining the longitudinal change patterns of retirees' psychological well-being". *Journal of Applied Psychology*, v. 92, n. 2, 2007, p. 455-74.

5. Luto por perda de animal
Déria de Oliveira
Maria Helena Pereira Franco

UMA RELAÇÃO EXISTENTE HÁ milhares de anos é a observada entre o ser humano e os animais não humanos. Essa interação intensificou-se na sociedade contemporânea, com mudanças influenciadas pela cultura e por outros fatores, tais como a mobilidade e as novas organizações familiares, gerando necessidades individuais e fortalecendo o vínculo entre seres humanos e animais domésticos, que se tornaram integrantes das famílias.

Por outro lado, quando um animal de estimação morre, abre-se uma lacuna na vida de seu tutor, e emerge o sofrimento, a dor pela perda. O enlutado pela morte de seu animal, amiúde, não encontra espaço para expressar seus sentimentos pela perda desse ser significativo, que fez parte de sua vida. Quando esse sofrimento não encontra lugar, é classificado na literatura entre as perdas não reconhecidas pela sociedade ou mesmo pelo enlutado, definido na categoria dos lutos não autorizados. Sendo assim, o enlutado, não encontrando acolhimento para sua dor, pode reprimi-la, desenvolver doenças psicossomáticas que expressam o não dito e até mesmo vivenciar um processo de luto complicado.

A perda do animal inclui-se entre os lutos não autorizados, que ocorrem quando o pesar foge às normas estabelecidas "que tentam especificar quem, quando, onde, como, quanto e por quem pessoas deveriam lamentar" (Doka, 1989, p. 4, em tradução livre). Meyers (2002) e Ross e Baron-Sorensen (2007) fazem referência à perda não reconhecida na morte do animal de estimação e ao termo cunhado por Doka (*ibidem*) de luto não autorizado.

O processo de luto diante da ruptura de um vínculo é natural e saudável. Se na interação entre o ser humano e o animal de estimação existia vínculo, diante do rompimento deste o processo de luto terá início. Para Bromberg (1996), somente haverá luto se um vínculo tiver sido rompido.

A teoria do apego foi desenvolvida por John Bowlby, psiquiatra inglês, baseada na etologia, entre outras ciências, e, principalmente, nos trabalhos de Lorenz. O *imprinting* é um fenômeno que consiste na dinâmica pela qual uma ave ou mamíferos jovens apresentam comportamento de apego a uma ou mais figuras discriminadas (Bowlby, 2002). O luto também é observado em outras espécies, com reações similares às dos seres humanos, tais como "ansiedade e protesto, desespero e desorganização, desligamento e reorganização" (Bowlby, 1997, p. 77). Se o luto também pode ser observado no mundo dos animais irracionais, por que o ser humano não apresentaria um processo de luto pela perda de um animal de estimação ao qual se vinculou?

Parkes (2011) escreve que o luto é o preço que pagamos pelo amor. Nossa reação pela separação de uma pessoa à qual estamos vinculados ocorre também porque perdemos o amor dessa pessoa, deixamos de ser amados por ela.

Com a morte do animal de estimação, perdem-se o seu amor e seu convívio. Uma das principais vantagens dessa convivência, para Fuchs (1987), é a disponibilidade de afeto previsível e ininterrupta.

Segundo Beck e Katcher (1996), Fuchs (*ibidem*) e Quackenbush e Graveline (1988), a sociedade não é continente com o sofrimento dos adultos que perdem seus animais. Stroebe *et al.* (2008) citam o luto pela morte de uma pessoa como um processo individual e público. Os rituais de despedida, que trazem suporte social e público, geralmente ajudam no processo de luto, mas sua ausência na morte do animal e a falta de reconhecimento da perda podem propiciar um luto complicado (Ross e Baron-Sorensen, 2007).

As pessoas, em resposta ao estilo de vida imposto pelo mundo contemporâneo, passaram a, muitas vezes, ter a companhia do animal por mais tempo do que a de outro ser humano. A partir do momento em que esse vínculo se torna significativo, aflora-se também o sofrimento decorrente da morte do animal de estimação, o que requer atenção para a saúde física e mental do enlutado. Essa perda poderia passar a ser reconhecida pela sociedade.

Foi a partir dessa inquietação que se realizou o estudo sobre o luto pela morte do animal de estimação e o reconhecimento da perda (Oliveira, 2013), do qual as autoras fazem um recorte para apresentar aos leitores.

Realizou-se uma pesquisa quantitativa on-line para investigar o reconhecimento da perda dos participantes enlutados e das pessoas que os cercavam, há menos de cinco anos, contando da data do preenchimento do questionário. O estudo contou com 360 participantes, sendo 305 mulheres e 55 homens. Da amostra, 80% residiam em São Paulo, 50% eram casados, 82% tinham curso superior completo e, destes, 38% concluíram cursos de pós-graduação, 56% tinham uma renda mensal entre seis e 20 salários mínimos. Para 56%, o animal representava um membro da família e, para 51%, a convivência com animais significava ter amor incondicional. O cachorro tinha sido o animal que mais marcou a vida de 83% dos enlutados na população estudada.

Efetuou-se também uma pesquisa qualitativa, com realização de entrevista gravada, buscando descrever o luto de seis pessoas pela morte de seus animais até no máximo um ano da data da entrevista, na busca de compreender o vínculo formado com eles.

A maioria dos participantes não considerava que o luto pela morte do animal de estimação fosse aceito pelas pessoas (52,5%). O resultado não tem significância estatística, mas segue a definição de luto não autorizado, por ser uma perda não reconhecida, como citado por Doka (1989), e também por não ser um relacionamento reconhecido (Doka, 2002, *apud* Casellato, 2005).

Por outro lado, confirmou-se que o luto é semelhante ao que ocorre quando morre uma pessoa querida, com respostas muito similares. Ao se perder o ente querido animal ou humano, perdas secundárias estão presentes; resta saber o que do mundo presumido do enlutado também perece. O estilo de vida do tutor de um animal será alterado com sua morte.

O significado da perda será compreendido ao se saber o que foi perdido (Parkes, 1998). Identificar os sentimentos que envolviam a presença do ente querido falecido é relevante para o processo de luto, e trará tristeza e outras reações ao detectar quais necessidades eram preenchidas, quais eram as crenças de mundo presumido e quais desejos foram perdidos (Rando, 1993).

LUTO ANTECIPATÓRIO

Um paradoxo é ressaltado por Rando (1986) como implicado no termo "antecipatório", pois este não é um luto exclusivo de uma perda futura sofrida previamente, após a constatação da presença de uma doença sem prognóstico de cura. Abrange ainda outras perdas oriundas da enfermidade citadas por Franco (2008) e Kovács (2008), com modificações de papéis e funções dos familiares, ou seja, a morte social precede a biológica (Helman, 2003). É um processo que envolve três tempos: passado, presente e futuro, com as respectivas perdas secundárias decorrentes.

Quando o tutor recebe um diagnóstico em que não há perspectiva de cura ou boa qualidade de vida para seu animal de estimação, inicia-se um processo de luto antecipatório. Ele depara com as perdas de como era o animal antes da doença, com as decorrentes do tratamento e as da iminente morte do animal. Surgem sentimentos de impotência perante a perda da saúde, de forma similar ao que ocorre quando familiares e amigos têm conhecimento de que seu ente querido humano apresenta uma doença crônica.

No consultório, quando o médico veterinário dá o diagnóstico de uma doença grave – por exemplo, ao dizer: "Infelizmente é câncer" –, um silêncio paira no ar, talvez rompido apenas pela cauda do paciente que bate na mesa (Azevedo, 2008). O animal é o único envolvido alheio ao que está acontecendo.

Ao sair do consultório, o cliente, atordoado, sabe que passará por um doloroso processo para evitar que o animal sofra, com tratamentos, cuidados e tempo despendido, similares aos dos relatos dos participantes da entrevista, que descreviam o sofrimento com o padecimento do animal e traziam questionamentos sobre a qualidade de vida que eles teriam nas condições em que se encontravam. Dois participantes da pesquisa on-line, que vivenciaram o luto antecipatório, descreveram como foi a despedida:

Ao longo da doença, já fomos conformando-nos com sua morte. Já foi uma despedida. (PV4)

Eu escrevi uma carta para ele, com tudo o que estava sentindo. Embora ele estivesse doente, a morte foi inesperada, pois ninguém sabia que a doença estava tão avançada. (PV119)

A relevância de estudar o luto antecipatório, como citada por Rando (1986), está em possibilitar a intervenção primária ao cuidador familiar sobrevivente, além de intervenções com o paciente e cuidadores profissionais.

Considerando os cuidadores profissionais dos animais, observou-se, pelos relatos dos participantes da pesquisa on-line e das entrevistas, que havia uma relação de confiança dos clientes nos médicos veterinários. Esse princípio norteia e favorece a adesão ao tratamento para o animal, por meio do cliente, comparativamente com a relação médico-paciente ser humano. Muitas vezes, o cliente espera receber apoio do médico veterinário quando seu animal morre ou está na iminência da morte. Onze participantes da pesquisa on-line responderam que receberam apoio do médico veterinário. Nesse contexto, se ele não puder dar esse suporte, é a pessoa mais indicada para encaminhar o cliente para acompanhamento psicológico, quando tiver a percepção de que essa conduta é necessária.

REAÇÕES DIANTE DA MORTE DO ANIMAL

O LUTO É UM processo com um aparato de reações diante de uma perda significativa (Bromberg, 2000), que não devem ser pensadas como fases, com ordem de manifestação e obrigatórias, como citado por Parkes (2009). Foram arroladas as reações a seguir, resultantes dos relatos dos participantes, que corroboram com as constantes no luto pela morte de pessoas.

ENTORPECIMENTO

Vinte e seis participantes virtuais que não se despediram de seus animais descreveram que os motivos, entre outros, foram: terem entrado em choque; sentirem-se perdidos, abalados, desesperados, atordoados; não terem tido coragem de ver o animal morto; estarem sofrendo muito; a dor sofrida, para fugirem da situação; a tristeza imensa que sentiam; não saberem o que fazer; por estarem chorando muito.

Esses enlutados estavam diante da perda de um ser significativo que amavam e do rompimento de um estilo de vida. Garantias não existem nesse momento; restam afloradas a insegurança e a dor.

Para Parkes (*ibidem*), além da perda do ente querido, o enlutado frequentemente deparará com ameaças à segurança e mudanças relevantes na vida e na família, ou seja, terá de rever seu mundo presumido.

Muitos participantes escreveram que não quiseram ver o corpo do animal. Para Sife (1993), a ideia de ver o corpo para alguns é inconcebível. Vê-lo é deparar com a realidade da perda sofrida, que não tem mais volta. O vínculo somente poderá ter continuidade de outra maneira, o que gera no enlutado ansiedade de separação.

ANSIEDADE DE SEPARAÇÃO

A ansiedade de separação pela perda de um ente querido humano é considerada por Parkes (2009) uma das principais reações do enlutado. Amiúde está presente como reação do processo de luto depois da perda ou, de acordo com Rando (1986), quando a pessoa fica diante da iminência do rompimento do vínculo. A pessoa nega o que ouve ou vê, alimenta esperanças que, muitas vezes, não existem. Isso porque é muito difícil lidar com a perda.

Considerando-se o vínculo do ser humano com o animal de estimação, essa condição pode ser pensada também para o tutor do animal. Observam-se nos relatos dos entrevistados aspectos relacionados à ansiedade de separação, principalmente quando a perda permanente do animal estava associada com a decisão pela eutanásia.

Nesse processo, estão envolvidos o animal, que está sofrendo em demasia, o tutor, com sua família, e o médico veterinário, que é responsável pela sentença e execução da morte daquele bicho de estimação. Esse momento é muito delicado também para o profissional, pelos próprios sentimentos e por ter de lidar com os clientes enlutados.

CULPA

Uma particularidade na morte do animal de estimação é que esta pode ocorrer legalmente, por meio da eutanásia. No Brasil, quando se vai realizá-la, é dito popularmente que o animal será sacrificado. Esse termo por si só traz uma conotação de sofrimento. Contudo, o termo "eutanásia" tem outro sentido, de uma morte sem sofrimento, sem dor, suave. A palavra "eutanásia" é de origem grega e significa literalmente "morte fácil", "boa morte".

Essa prática é legalizada, e considerada a última generosidade que o proprietário pode fazer para seu animal de estimação por autores como Lagoni (2011), McNicholas e Collis (1995), Ross e Baron-Sorensen (2007) e Sife (1993).

Nas duas situações citadas em que houve a necessidade de realizar o procedimento da eutanásia, encontra-se referência à culpa. Uma das entrevistadas, em certos momentos, não menciona a palavra "eutanásia", porém comenta sobre o episódio hipertensivo. Um agravante para a decisão difícil que tomou foi o fato de ela não ser de consenso com o marido.

Nessa direção, Stewart, Thrush, Paulus (1989) citam manifestações psicossomáticas de proprietários de animais ao depararem com uma doença sem prognóstico de cura ou boa qualidade de vida, razão pela qual precisam decidir pela eutanásia. O sentimento de culpa também foi associado por outra entrevistada, em relação aos cuidados dirigidos ao animal.

Ross e Baron-Sorensen (*ibidem*) alertam que o procedimento da eutanásia deve ser esclarecido, com moderado tempo de espera para que a decisão seja tomada com clareza e evitar o arrependimento. Os sentimentos de culpa podem agravar o processo de luto (Hart, 2000). Esse é um momento em que o cliente necessita de apoio (Fuchs, 1987).

RAIVA/PROTESTO

O enlutado pode ficar irritado, revoltado e até mesmo furioso com familiares, amigos ou com o médico veterinário que cuidou de seu animal. Nessa circunstância de dor, ele está inconformado, sentindo-se abandonado. Muitas vezes, comentários e atitudes na tentativa de consolar o enlutado pela morte do animal são extremamente ofensivos. Por exemplo, quando se diz: "Era só um cachorro", assim como ocorre na morte de pessoas, quando dizem: "Pelo menos [...]".

O comentário "Era só..." quando morre um animal, na maioria das vezes, não quer dizer que a pessoa não gosta de animais ou não entende a dor do enlutado. Antes, ao não saber lidar com o sofrimento do outro, ela não consegue ver aquela pessoa por quem tem afeto em luto e, na tentativa de atenuar o pesar de seu amigo ou familiar, provoca um padecimento maior.

Para Quackenbush e Graveline (1988) e Sife (1993), os enlutados deveriam procurar pessoas que possam compreender seu sofrimento, que tenham animais e gostem deles, para poder falar mais livremente de sua dor.

DEPRESSÃO

Nas respostas que foram fornecidas à questão referente às reações após a morte do animal, alguns participantes da pesquisa on-line escreveram que ficaram deprimidos após o ocorrido. No entanto, não se sabe se houve diagnóstico clínico feito por um psiquiatra. As reações de luto podem ser confundidas com sintomas de depressão, como citado por Bowlby (2004).

MODELO DE PROCESSO DUAL DE LUTO

PARA LIDAR COM AS perdas, as pessoas utilizam-se das chamadas estratégias de enfrentamento ou adaptação. Neste estudo, usou-se o modelo de processo dual de luto de Stroebe e Schut (1999, 2001) para identificar sua dinâmica nos relatos dos participantes.

PENSAMENTOS VOLTADOS PARA A PERDA

P.U.: *"Desde que ele foi embora eu fiquei nesta tristeza, no começo que ele morreu, meu coração doía... doía... [...]. Era assim minha vida com o Pluto, sofro tanto, sofro tanto a perda deste animal, às vezes acho que vou morrer de saudade [...]. Sinto muita saudade do meu cachorro... [choro]"*

P.U.: *"Ele, sei que não volta mais [...]."*

P.Y.: *"No mês passado, ele ia fazer 11 anos. Foi assim, a primeira vez que ele não tava junto... [choro]"*

A oscilação presente no processo de luto é uma dinâmica que permite a reorganização do enlutado, conforme citado por Parkes (1998). Foi possível observar a oscilação nos discursos referentes às atitudes e aos pensamentos voltados para a perda, como saudade, tristeza, dor, impacto da ausência, consciência da perda e atitudes voltadas para a restauração, apresentadas a seguir.

ATITUDES E PENSAMENTOS VOLTADOS PARA A RESTAURAÇÃO

P.Z.: *"Hoje, os filhotes ocupam um pouco este lugar [do animal falecido]."*

P.U.: *"Orei tanto pra Deus e ele me ajudou muito... aquela dor passou, graças a Deus."*

P.Y.: *"[...] Até por ter outros bichos, você tem de levantar e cuidar, não dá para ficar deitada e chorando. Você tem de... eles precisam de você, você tem de acordar para a vida e cuidar deles que estão aí."*

P.W.: *"Mantenho [outros animais] e estou sempre renovando, para substituir também estes animais que a gente perde. [...] Todo mundo sentiu, mas a gente procura colocar outra coisa no lugar [...]."*

Verificam-se, nos trechos citados, a busca de outras atividades, novas relações com outros animais, conforto na religião e motivação pela existência dos outros animais que precisam dos cuidados do enlutado. Em outros relatos, apareceram mudança de residência e convivência com netos.

Uma nova aquisição, cuja decisão é por vontade do próprio enlutado, pode favorecer a oscilação do modelo de processo dual de luto. O enlutado se lembrará do animal falecido algumas vezes (orientação para a perda) e se envolverá com as atividades com o animal recém-adquirido (orientação para a restauração), mantendo, portanto, a oscilação do processo.

NOVA AQUISIÇÃO: ANÁLISE PELO MODELO DE PROCESSO DUAL

ADQUIRIR UM NOVO ANIMAL posteriormente à perda do primeiro é uma atitude que pode tanto estar voltada para a restauração quanto para a perda, principalmente quando a opção não é do próprio enlutado. A seguir, alguns relatos que apresentam esse contexto, primeiramente positivos para a atitude.

Gostamos muito de animais, e não quisemos ficar sem um novo amigo. (PV 56, 216)

Gostamos muito de cachorro e adotamos um filhote. (PV 249)

Depois de um mês, vi um cachorro e me apaixonei, fiquei com ele, mesmo jurando que nunca mais teria outro cachorro. (PV 337)

Duas participantes da entrevista que tinham apenas o animal falecido não queriam mais animais. Um participante tinha filhotes da que faleceu e três tinham animais e adquiriram outros. Dos 360 participantes virtuais, 130, na data da pesquisa, tinham adquirido outro animal (36%), 124 tinham outros animais quando o citado na pesquisa faleceu (34%), 104 não tinham animais na data em que responderam à pesquisa (29%) e dois não responderam.

Para McNicholas e Collis (1995), proprietários de animais desde a infância podem adquirir um estilo de vida incompatível com ficar sem um animal em casa. O convívio com um animal faz parte de seu mundo presumido.

A aquisição de um novo animal é muito válida no caso de o enlutado e sua família manifestarem esse desejo. Representa uma atitude orientada para a restauração; nesse caso, o enlutado comparará os comportamentos do animal atual com os do falecido, apresentando apenas a oscilação. Também pode ser uma tentativa de evitar lidar com o luto, quando a aquisição ocorre quase que imediatamente ou por imposição de terceiros. Muitas vezes, ela não possibilita a oscilação, e o enlutado, nessas condições, fica voltado para a perda, com comparações de que o animal falecido era muito melhor do que o atual, inclusive com casos de rejeição total e abandono.

Oferecer um novo animal ao enlutado pode ser avaliado como insensibilidade, pois não houve aceitação da morte (Fuchs, 1987; Sife, 1993). Para ilustrar a interpretação fornecida a essa atitude, seguem algumas das respostas de participantes que consideram que o luto pela morte do animal de estimação não é reconhecido:

As pessoas [...] não podem imaginar a tristeza que se sente e acham que rapidamente é possível substituir por outro animal ou esquecer. (PV1)

As pessoas acham que é exagero, que é "apenas" um animal que pode ser substituído, e não entendem esse vínculo. (PV80)

Muitas pessoas, ainda hoje, veem bichos como objetos, que simplesmente podem ser substituídos ou trocados, não entendem que tem sentimento envolvido. (PV131)

Principalmente as pessoas que não possuem animais de estimação não conseguem entender esse sentimento, pensam que é só substituir e pronto. (PV222)

Além do tempo necessário para lidar com a perda, essa recusa, algumas vezes, se dá por medo de sofrer novamente com outra perda, motivo considerado por Azevedo (2008), Beck e Katcher (1996) e Quackenbush e Graveline (1988). Outro motivo é que a nova aquisição pode ser considerada desleal ao animal falecido (Sife, 1993).

Porque ter outro animal em seguida pareceria uma substituição vulgar, desconsiderando o vínculo com o animal anterior. (PV190)

Ter outros animais em casa também não ameniza o luto. Beck e Katcher (*ibidem*), Fuchs (1987) e Sife (*ibidem*) citam que os vínculos são individualizados. As relações são únicas, como apontado pelos participantes virtuais a seguir:

Porque [...] é insubstituível e único. Cada animal tem sua personalidade, sua própria identidade, sua própria linguagem. (PV24)

Muitos consideram o animal como uma coisa [um objeto que é facilmente substituído] e não um ser muito importante na vida dos donos. Quando perdi [...] me falavam que eu tinha outro e que eles eram todos iguais. (PV105)

Renunciar ao vínculo com o falecido, considerando a morte de pessoas, sem processar as perdas decorrentes de sua ausência "é colocar a carroça na frente dos bois. Em ambos os casos, não haverá movimento para a frente" (Rando, 1993, p. 426, em tradução livre). Essa condição é equivalente para a perda do animal de estimação. A aquisição de um novo animal deve ser feita, de acordo com Quackenbush e Graveline (*ibidem*), pelo próprio enlutado, no momento em que se sentir preparado para a nova convivência.

Quando houver a aceitação de que o animal não mais voltará e o enlutado deixar de se conectar somente com os pensamentos e as atitudes voltados para a perda, reorganizando-se para a restauração, por meio da dinâmica da oscilação, vínculos com outros animais poderão ser formados. Será possível viver uma nova história a partir desse momento, posteriormente ao vínculo com o animal falecido ter se transformado com o vínculo contínuo, favorecendo a disposição ao novo vínculo, para amar e sentir-se amado novamente.

VÍNCULO CONTÍNUO APÓS A MORTE DO ANIMAL DE ESTIMAÇÃO

Ao mencionar a morte de pessoas e os vínculos formados que são insubstituíveis, Parkes (2009) afirma que enfrentar o processo de luto não é se esquecer do ente querido falecido, mas incluir esse tesouro perdido com outro significado na reconstrução e remodelação do mundo presumido.

Algumas sensações percebidas após a morte do animal são consideradas por Quackenbush e Graveline (1988) decorrentes do hábito, tais como ouvi-lo latindo ou fazendo barulho e vê-lo no lugar em que ficava. Bowlby (1997) relata essa condição com enlutados que ouvem barulhos característicos do horário em que o falecido voltava para casa. Posteriormente à perda, muitos costumes diários persistem por algum tempo (Parkes, 1998).

Após a perda do animal de estimação, leva-se um tempo para que o enlutado reconstrua esse vínculo de outra maneira. Escolhe-se o que abandonar e o que manter em relação à memória do animal, que podem ser fotos que marcam momentos felizes da convivência, pertences do animal que simbolizam algo gratificante, visitas ao local onde se encontram os despojos do animal, ter um filhote do animal falecido, entre outros. Um participante virtual escreveu:

Revelamos muitas fotos dele e montamos um álbum para guardar junto com seus pertences, como forma de lembrança e homenagem. (PV16)

Do total da população estudada, 281 participantes tinham fotos dos animais (78%), que foi a maneira mais escolhida para preservar a memória do animal. Salienta-se que se trata de um dado numérico. Não se pode dizer que esse foi o principal motivo para manterem as fotos; outros membros da família podiam estar nelas, ou a fotografia poderia marcar uma fase de desenvolvimento dos filhos, entre outras possibilidades.

Os objetos guardados podem ter muitas representações para cada díade. Os motivos são diversos. Para exemplificar, temos os seguintes:

O que fica é o valor sentimental do bem que ele proporcionou, não há um objeto que represente isto. (PV7)

Foram guardados como recordação/lembrança. (PV37, 106, 109)

Na esperança de posteriormente ter uma nova gata, guardamos seus potinhos, bem como a caixa de areia. (PV56)

Guardamos a caixinha de transporte, que servia também de caminha, e os potinhos de água e comida. Sabíamos que eventualmente poderíamos ter outro cachorro. (PV253)

Os mais importantes estão exatamente no mesmo lugar e não consigo mexer. [...]. Alguns brinquedos dela estão no mesmo lugar, desde o dia em que ela se foi [...] e não deixo ninguém mexer. (PV70)

Ele tinha uma gaveta na minha sala e esta não foi mexida desde a sua partida. (PV235)

Algumas coisas mais significativas eu guardei e ninguém toca. (PV334)

Para Field (2008), o vínculo contínuo será exclusivamente interno. Na interação entre pessoas e animais, Carmack e Packman (2011) levam em conta se o enlutado acredita que reencontrará seu animal após sua própria morte.

Crenças religiosas, guardar objetos que pertenceram ao animal ou fotos são características que facilitam o vínculo contínuo interno.

[...] Acredito que, se houver algo depois da vida, eu possa revê--lo, assim como todos de que gosto e que morreram. (PV180)

O enlutado pode ter muita dificuldade para lidar com a perda e descartar todos os pertences rapidamente. Alguns enlutados guardam todos eles, mantendo-os intocados por muitos anos, pois há pessoas que necessitam de um tempo maior para lidar com suas perdas. Outros fatores precisariam ser considerados, porém pode-se levar em conta a possibilidade de luto complicado.

CONSIDERAÇÕES FINAIS

MUITAS PESSOAS NÃO CONHECEM a dimensão da interação entre o animal de estimação e seu tutor nem a comunicação não verbal que ocorre entre eles. Nesse sentido, o enlutado tem perdas em seu mundo presumido, que é individual e a sociedade não conhece. O próprio enlutado é que melhor pode reconhecer essas perdas; outras pessoas podem fazê-lo por identificação, pois vivenciaram seu luto, remetendo-se então à própria perda, ou, no caso de pessoas que não tenham vivido um processo de luto por animais, reconhecê-lo por empatia.

Observou-se que muitos participantes usaram a pesquisa on--line para escrever sobre sua perda e o sofrimento decorrente dela. Não fazia parte dos objetivos, mas foi um instrumento que forneceu um espaço, deu "voz" para que alguns dos enlutados pela morte do animal de estimação pudessem falar de sua dor, escrevendo seus depoimentos, mesmo da maneira mais superficial permitida pela pesquisa virtual. Alguns participantes agradeceram pela oportunidade de "falar" sobre seu animal, experiência que se mostrou emocionante e prazerosa. Sendo assim, confirma-se a necessidade de um espaço para que os enlutados pela morte do animal de estimação possam falar de sua perda e torná-la reconhecida. Espera-se, com este estudo, contribuir no sentido de possibilitar um novo olhar (de reconhecimento) sobre a morte do animal de estimação e sobre algumas pessoas que não tinham a oportunidade e, agora, podem pensar ou repensar sobre o tema.

REFERÊNCIAS

AZEVEDO, S. C. S. *Percepção do câncer pelos proprietários e sua influência na terapia de cães (Canis familiaris) com neoplasias malignas*. Dissertação (Mestrado em Ciências), Instituto de Veterinária, Universidade Federal Rural do Rio de Janeiro, Rio de Janeiro, 2008.

BECK, A.; KATCHER, A. *Between pets and people: the importance of animal companionship*. Ed. rev. West Lafayette: Purdue University Press, 1996.

BOWLBY, J. *Formação e rompimento dos laços afetivos*. Trad. Álvaro Cabral. São Paulo: Martins Fontes, 1997.

_____. *Apego e perda – Vol. 1: Apego*. Trad. Álvaro Cabral. 3. ed. São Paulo: Martins Fontes, 2002.

_____. *Apego e perda – Vol. 3: Perda: tristeza e depressão*. Trad. Valtensir Dutra. 3. ed. São Paulo: Martins Fontes, 2004.

BROMBERG, M. H. P. F. "Luto: a morte do outro em si". In: BROMBERG, M. H. P. F. *et al.* (orgs.). *Vida e morte: laços da existência*. São Paulo: Casa do Psicólogo, 1996, p. 99-122.

_____. *A psicoterapia em situações de perdas e luto*. Campinas: Livro Pleno, 2000.

_____. "A família em psico-oncologia". In: CARVALHO, Vicente Augusto de *et al.* (orgs.). *Temas em psico-oncologia*. São Paulo: Summus, 2008, p. 358-61.

CARMACK, B. J.; PACKMAN, W. "Pet loss: the interface of continuing bonds research and practice". In: NEIMEYER, R. A. *et al.* (eds.). *Grief and bereave-*

ment in contemporary society: bridging research and practice. Nova York: Routledge, 2011, p. 273-84.

CASELLATO, G. "Luto não reconhecido: um conceito a ser explorado". In: CASELLATO, G. (org.). *Dor silenciosa ou dor silenciada? Perdas e lutos não reconhecidos por enlutados e sociedade*. Campinas: Livro Pleno, 2005, p. 19-33.

DOKA, K. J. *Disenfranchised grief: recognizing hidden sorrow*. Nova York: Lexington Books, 1989, p. 3-11.

FIELD, N. P. "Whether to relinquish or maintain a bond with the deceased". In: STROEBE, M. S. *et al.* (eds.). *Handbook of bereavement research and practice: advances in theory and intervention*. Washington: American Psychological Association, 2008, p. 113-32.

FUCHS, H. *Um estudo no sentido de des-velar o significado psicológico do animal de estimação*. Tese (Doutorado em Psicologia), Instituto de Psicologia, Universidade de São Paulo, São Paulo, 1987.

HART, L. A. "Psychosocial benefits of animal companionship". In: FINE, A. *Handbook on animal-assisted therapy: theoretical foundations and guidelines for practice*. San Diego: Academic Press, 2000, p. 59-78.

HELMAN, C. G. "Ritual e manejo do infortúnio". In: HELMAN, C. G. *Cultura, Saúde & Doença*. Trad. Cláudia Buchweitz e Pedro M. Garcez. Porto Alegre: Artes Médicas, 2003, p. 205-375.

KOVÁCS, M. J. "A criança em situação de luto: separação e morte". In: ASSUMPÇÃO JUNIOR, F. B.; KUCZYNSKI, E. *Situações psicossociais na infância e na adolescência*. São Paulo: Atheneu, 2008, p. 213-24.

LAGONI, L. S. "Family-present euthanasia: protocols for planning and preparing clients for the death of a pet". In: BLAZINA, C.; BOYRAZ, G.; SHEN-MILLER, D. (eds.). *The psychology of the human-animal bond*. Nova York: Springer, 2011, p. 181-202.

MCNICHOLAS, J.; COLLIS, G. M. "The end of a relationship: coping with pet loss". In: ROBINSON, I. *The Waltham book of human-animal interaction: benefits and responsibilities of pet ownership*. Oxford: Pergamon, 1995, p. 127-43.

MEYERS, B. "Disenfranchised grief and loss of an animal companion". In: DOKA, K. J. *Disenfranchised grief: new directions, challenges, and strategies for practice*. Champaign: Research Press, 2002, p. 251-64.

OLIVEIRA, D. de. *O luto pela morte do animal de estimação e o reconhecimento da perda*. Tese (Doutorado em Psicologia Clínica), Pontifícia Universidade Católica de São Paulo, São Paulo, 2013.

PARKES, C. M. *Luto: estudos sobre a perda na vida adulta*. Trad. Maria Helena Pereira Franco Bromberg. 3. ed. São Paulo: Summus, 1998.

_____. *Amor e perda: as raízes do luto e suas complicações*. Trad. Maria Helena Pereira Franco. São Paulo: Summus, 2009.

_____. "Recent developments in loss theory and practice: individual, family, national, and international implications. Grief Matters". *The Australian Journal of Grief and Bereavement*, 2011, p. 36-40.

QUACKENBUSH, J.; GRAVELINE, D. *When your pet dies: how cope with your feelings*. Nova York: Pocket Books, 1988.

RANDO, T. A. *Loss & antecipatory grief*. Nova York: Lexington Books, 1986, p. 3-37.

_____. *Treatment of complicated mourning*. Champaign: Research Press, 1993, p. 393-450.

ROSS, C. B.; BARON-SORENSEN, J. *Pet loss and human emotion: a guide to recovery*. 2. ed. Nova York: Routledge, 2007, p. 1-30.

SIFE, W. *The loss of a pet*. Nova York: Howell Book House, 1993.

STEWART, C. S.; THRUSH, J. C.; PAULUS, G. "Disenfranchised bereavement and loss of a companion animal: implications for caring communities". In: DOKA, K. J. (org.). *Disenfranchised grief: recognizing hidden sorrow*. Nova York: Lexington Books, 1989, p. 147-59.

STROEBE, M.; SCHUT, H. "The dual process of coping with bereavement: rationale and description". *Death Studies*, v. 23, 1999, p. 197-224.

_____. "Models of coping with bereavement: a review". In: STROEBE, M. S. *et al.* (eds.). *Handbook of bereavement research and practice: consequences, coping and care*. Washington: American Psychological Association, 2001, p. 375-403.

STROEBE, M. S. *et al.* "Bereavement research: contemporary perspectives". In: STROEBE, M. S. *et al. Handbook of bereavement research and practice: advances in theory and intervention*. Washington: American Psychological Association, 2008, p. 3-25.

6. Na trilha do silêncio: múltiplos desafios do luto por suicídio
Daniela Reis e Silva

COM BASE EM MEU intenso envolvimento profissional com enlutados por diversos tipos de perda, desenvolvi particular interesse pelo tema do suicídio e sua crescente ocorrência em todo mundo e, em especial, pelos múltiplos desafios enfrentados no processo de luto nesses casos. Apesar dos danos sociais frequentemente assinalados na bibliografia pesquisada, percebi a imediata necessidade de atenção e cuidados especiais com essa demanda negligenciada, uma vez que pouca ou nenhuma atenção tem sido dada aos sobreviventes[1].

A exemplo de Casellato (2013), que testemunha a escassez de literatura nacional e internacional a respeito do luto não reconhecido, também encontrei bastante dificuldade em encontrar referências acerca do enlutamento por suicídio desde o início de meus estudos sistemáticos sobre luto. Situação que tem mudado significativamente nos últimos tempos, indicando uma preocupação crescente com o acolhimento adequado das pessoas enlutadas por esse tipo de perda em diferentes seguimentos, dos quais destaco o trabalho de Clark (2007), Fontenelle (2008), Silva (2009), Cândido (2011), Jordan e McIntosh (2011), Bertolote (2012) e Fukumitsu (2013).

---

1. O termo "sobrevivente" aqui utilizado refere-se a alguém que experimenta um alto nível de alteração autopercebida em termos psicológicos, físicos e/ou sociais por um período de tempo considerável após ter sido exposto ao suicídio de outra pessoa (Jordan e McIntosh, 2011).

O convite para escrever sobre o luto por suicídio como um luto não reconhecido instigou-me a refletir a respeito de importantes aspectos que na maior parte das vezes passam despercebidos. Na morte por suicídio, acontece o que Casellato (2013, p. 23) destacou como uma "[...] sobreposição de diferentes aspectos de não franqueamento social, comprometendo ainda mais o enfrentamento e a elaboração da perda". É exatamente essa sobreposição que pretendo trilhar como uma proposta inicial de reflexão sobre o tema, de maneira a ampliar nossa compreensão daquela que é considerada o pior tipo de perda. Ela "[...] não apenas representa a culminância de um sofrimento insuportável para o indivíduo, mas também significa uma dor perpétua e um questionamento torturante, infindável, para os que ficam" (De Leo, 2012, p. 7).

A seguir, concordando com a ideia apresentada por Lukas e Seiden (2007) de que o suicídio tem um profundo e traumático efeito nos sobreviventes que ainda é pouco reconhecido pela comunidade científica e sociedade em geral, abordarei o luto por suicídio com base nas características do luto não reconhecido apontadas por Hocker (1990 *apud* Gilbert, 1996/2007) e nos motivos pelos quais as regras do luto culturalmente definidas não são reconhecidas (Doka, 2002).

ESTIGMA SOCIAL

O SUICÍDIO É SABIDAMENTE um ato complexo e bastante estigmatizado, envolvido em tabus culturais, sociais e religiosos que podem amplificar o processo do luto, contribuindo para que seja uma experiência dolorosa, devastadora e traumatizante (Silva, 2009). Sua história é também a história da humanidade, com estimativa de mais de 4 mil anos de existência (Bertolote, 2012).

Especialmente na sociedade ocidental, é entremeado por intenso preconceito, o que facilita o embaraço dos sobreviventes e provoca um efeito desconfortável desde os mais remotos tempos até os dias atuais, trazendo sentimentos de vergonha, culpa, entre muitos outros (Meleiro e Bahls, 2004).

O suicídio é proibido ou desencorajado na maior parte das religiões, chegando a ser considerado uma transgressão em algumas delas e muitas vezes comparado ao assassinato. Ao longo da história, suicidas e seus familiares receberam os mais diversos tipos de punição e condenação, incluindo privação de funerais, de bens ou deixando marcas do ocorrido (Werlang e Asnis, 2004).

Algumas exceções estão relacionadas à manutenção da honra, como sacrifício, um ato em memória a um ancestral falecido, por amor ou por vergonha, sendo cultural ou religiosamente aceito, como acontece no Japão[2] (Werlang e Asnis, *ibidem*).

Não mais considerado crime, passou ao interesse da psiquiatria, com importantes contribuições da sociologia, psicologia, psicanálise e de outras áreas. Assim, temos observado recentes mudanças positivas nas atitudes da religião e da sociedade de maneira geral, mas o ranço do estigma ainda é presente, interferindo de forma significativa na jornada dos sobreviventes, ao colaborar para que o luto por suicídio não encontre espaço concreto e simbólico para sua expressão, validação e intervenção, alguns aspectos do luto não reconhecido (Casellato, 2013), como veremos a seguir.

SEGREDO

POR AINDA SER FORTE a presença de preconceito e julgamento, como visto anteriormente, muitas famílias escondem o acontecimento, e seus integrantes podem ser assolados por sentimentos de vergonha, embaraço ou culpa (Silva, 2009).

De acordo com Mason (2002), com frequência os segredos envolvem tabus culturais e acontecimentos dolorosos presentes

---

[2]. Rituais *seppuko*, *harakiri* e *kamikase* representam atos de heroísmo, protesto e honra.

ou passados, conhecidos ou não. Assim, é possível inferir a existência de dupla motivação para a construção e manutenção dos segredos diante da ocorrência de suicídios: os tabus relacionados à morte em si e os relacionados ao suicídio. Por estarem atrelados intimamente ao seu contexto cultural, qualquer violação da "lei social" ou do "código moral" pode proporcionar o sentimento de vergonha, acionando o sistema de fidelidade familiar ou lealdades invisíveis.

É muito comum a existência de segredos especialmente em famílias com crianças e adolescentes, que percebem que existe algo errado, podendo gerar uma quebra de confiança no sistema cuidador. Às vezes, os próprios adultos, assolados com o acontecimento traumático, não sabem o que fazer, o que pensar, o que sentir.

Muitos enlutados nem sequer admitem que foi suicídio, buscando estratégias de escamotear a verdade para si mesmos ou para algum dos integrantes da família, considerado mais "frágil". Às vezes, o fato é comentado dentro da família, mas sempre há um constrangimento com o que dizer ou explicar em diferentes esferas da sociedade.

Muitas famílias não querem expor a culpa e a vergonha que sentem, e o segredo, seguido do silêncio, pode tornar-se uma tentativa de controlar terríveis acusações entre os integrantes de uma família. Assim, uma das dificuldades impostas pelo segredo é o isolamento social para evitar a quebra de sigilo.

Nem sempre é a existência do segredo que impedirá ou complicará o processo de luto, mas o próprio processo familiar que se desdobra a partir do ocorrido. Se o sistema familiar é aberto e possui comunicação fluida, de maneira a tornar o fato um dado da história familiar, há menor probabilidade de seus integrantes unirem-se na vergonha. No entanto, famílias fechadas, leais às regras de não falar, não sentir e não confiar, podem criar mitos ou histórias falsas para encobrir segredos (Mason, 2002).

FALTA DE RITUAIS DE LUTO

HISTORICAMENTE, EM ÉPOCAS DIFERENTES e por vários motivos, os rituais funerários foram proibidos. Hoje, em função do estigma arraigado, muitas vezes os elos são velados, pois o suicídio é considerado socialmente uma traição por parte da pessoa que morreu, indo em direção oposta ao instinto de preservação da vida (Puente, 2008).

A situação traumática em si pode colaborar para a não realização dos rituais necessários para o processo de luto, muitas vezes realizados de forma apressada. Dependendo do método empregado, o corpo pode apresentar-se desfigurado e impondo a necessidade de velório com urna lacrada.

Por vezes, há a recusa deliberada por parte do enlutado em participar desses momentos iniciais, seja por negação, mecanismo de defesa ou, ainda, real impossibilidade de comparecimento, o que pode impedir o recebimento do adequado apoio social com o qual teria a possibilidade de expressar crenças e valores relacionados à perda, que contribuem para a construção dos significados associados à experiência.

PESAR NÃO EXPRESSADO NO MOMENTO DA PERDA

COM FREQUÊNCIA, A CONFUSÃO é estabelecida desde antes da confirmação do suicídio, quando há conflitos anteriores imediatos, ou no momento em que o corpo é encontrado, geralmente em meio a situações traumáticas, incluindo a presença de diferentes atores sociais, tais como socorristas, vizinhos e/ou desconhecidos, polícia e jornalistas.

Apesar de a morte ser a única certeza da vida, ela ainda surpreende a todos por ser tão escondida no mundo ocidental. No entanto, Marquetti (2011) pondera que o suicídio traz a morte para o cenário do cotidiano, em residências, locais de trabalho, vias públicas, tornando público o que é privado, dificultando esconder a realidade.

Em meio ao choque da notícia, pode também haver preocupações em relação ao julgamento de atitudes, por estas serem alvo de diferentes olhares sociais. Em função do estigma que envolve o suicídio, muitos sobreviventes são alvo de manifestações hostis e/ou completo isolamento por parte da sociedade, o que pode impedir as reações de luto a partir do momento da perda. Casellato (2013) lembra que a cultura influencia o luto, podendo impedir a expressão do pesar.

PROBLEMAS LEGAIS E ECONÔMICOS

Todo suicídio (ou suspeita de sua ocorrência) é considerado morte violenta e imediatamente envolvido em trâmites legais de investigação para afastar outras possíveis causas. Portanto, é imediato o contato com socorristas e/ou bombeiros, equipe médica (quando há sobrevida), policiais e investigadores, e consequente envolvimento com os Institutos de Medicina Legal (locais de realização das autópsias e emissão do atestado de óbito), com Delegacias de Investigação Criminal (há abertura de inquérito policial para averiguação da causa da morte e investigação de possível crime) e até jornalistas.

Despesas não previstas com o sepultamento, advogados e outras necessidades imediatas podem trazer sérias sequelas financeiras. Algumas situações obrigatórias e fonte de desconforto para os enlutados são: prestação de depoimentos, confisco de provas e até impedimento de acesso à residência, busca de informações sobre o que aconteceu, abertura de inventário e todos os seus entraves legais e partilha de bens – em especial quando os herdeiros são menores de idade –, recebimento do laudo cadavérico em momento posterior, entre muitos outros trâmites.

Se a pessoa que morreu era o provedor da família, pode haver sérias dificuldades financeiras e necessidade de realocamento de recursos, com mudança imediata de prioridades. Por vezes o sobrevivente passa a ter conhecimento de dificuldades financeiras graves preexistentes, ou até da perda de emprego, situações que podem ter sido um dos fatores precipitantes[3] do suicídio.

Fontenelle (2008) afirma que a subnotificação é fruto da falta de regularidade de órgãos governamentais, estigma que envolve a família, problemas para pagamento de seguro em casos de suicídio e o registro de atestados de óbito a partir da natureza da lesão provocada e não a partir da causa. Complementando, Bertolote e Fleischmann (2004) ponderam que, em alguns casos, pode haver falseamento da notificação em virtude de motivos religiosos, sociais, culturais, políticos ou econômicos, implicando uma distorção da realidade.

Todo trabalho de posvenção[4] deve levar em conta os anos potenciais perdidos, com seu consequente custo financeiro e em capital humano.

PROBLEMAS EMOCIONAIS

EM FUNÇÃO DO ESTIGMA, muitas das reações são mantidas sob sigilo, como nos dizem Lukas e Seiden (2007), em uma "conspiração do silêncio", em que há o sufocamento das emoções advindas da morte autoinfligida. Como afirma Casellato (2013), experiências dolorosas e/ou traumáticas são consideradas fatores de risco para adoecimento físico, psicológico e social, em especial se ignoradas ou sufocadas.

---

3. Bertolote (2012) usa esse termo em contraponto com o termo "fator predisponente", ambos considerados fatores de risco para o suicídio.
4. Conceito da suicidologia usado para as intervenções realizadas após um acontecimento autodestrutivo (Martínez, 2007).

No suicídio, em função do estigma, há uma falha no suporte social ao enlutado trazendo uma mágoa por não poder, não querer ou não conseguir expressar os sentimentos. Tavares (2008) preocupa-se com essa falta de expressão imposta por uma tendência social, que pode intensificar o sofrimento e transformá-lo em estagnação. Casellato (2013) lembra ainda que é possível haver também uma intensificação e um prolongamento das reações de luto, que também são características do luto complicado: tristeza, culpa, raiva, solidão e desesperança.

Ao menos a metade dos sobreviventes com quem Lukas e Seiden (2007) conversaram ao longo de seu trabalho com enlutados por suicídio estava deprimida ou apresentava problemas psicológicos ou físicos aparentemente relacionados ao papel de sobrevivente e às cicatrizes do trauma.

O RELACIONAMENTO NÃO É RECONHECIDO

O NÚMERO DE AFETADOS pelo suicídio de uma pessoa é variável de acordo com o contexto no qual a morte está inserida. De Leo (2012) indica que no mínimo de cinco a seis pessoas são profundamente afetadas no mundo ocidental. Para ele, existem sociedades menos individualistas em que a partilha de emoções pode afetar comunidades inteiras. No entanto, não há pesquisa epidemiológica sobre o assunto, embora alguns estudos cheguem a sugerir o número de 14 pessoas afetadas (Jordan e McIntosh, 2011).

Quem são então os enlutados por suicídio?

A maior parte dos estudos, segundo Jordan e McIntosh (*ibidem*), refere-se a uma primeira definição de sobrevivente relacionada à exposição ao suicídio, que parte dos pressupostos de que todos os atos são semelhantes em seu impacto e de que o grau de impacto está relacionado diretamente à proximidade com a pessoa que morreu, o que torna muito difícil identificar um sobrevivente em função dos diferentes fatores que podem predispor alguém a enlutar-se após um suicídio.

Assim, esses mesmos autores propõem a ideia de que um sobrevivente seja aquele que experimenta alto grau de alteração autopercebida em termos psicológicos, físicos e/ou sociais, após um tempo considerável da exposição ao suicídio de outra pessoa. Uma das vantagens apontadas por Jordan e McIntosh (2011) dessa definição proposta por eles é que qualquer pessoa, independentemente da relação social com o morto, pode apresentar alterações após um suicídio e tornar-se um sobrevivente. O que corrige o que consideram um dos maiores equívocos nos estudos iniciais sobre os critérios escolhidos para definir um sobrevivente: o parentesco ou a proximidade psicológica. Nesse grupo, tal como proposto, podem ser incluídos indivíduos que nem sequer conheciam a pessoa que morreu, mas pode ter alguma identificação com ela. Apenas algumas pessoas expostas ao suicídio serão severamente afetadas por um período considerável de tempo. Saber quem são essas pessoas é essencial para diminuir os efeitos danosos do suicídio.

O ENLUTADO NÃO É RECONHECIDO

SEMELHANTE AO QUE ACONTECE em outras perdas, há diversos enlutados que não são reconhecidos, dos quais é importante ressaltar a exclusão de crianças e adolescentes do contexto de qualquer perda, sendo intensificada diante da ocorrência de um suicídio. Algumas dúvidas que pairam nas famílias e até para profissionais são: o que contar? Como contar? As crianças serão capazes de compreender? É necessário envolver crianças e adolescentes nos rituais?

Esses questionamentos talvez camuflem a própria dificuldade dos adultos de lidar com o sofrimento e expressá-lo (Casellato, 2013). Assim, crianças e adolescentes são excluídos e isolados do contexto da perda, aumentando a probabilidade de se tornar enlutados não reconhecidos. Muitas vezes estão envolvidos por um luto não reconhecido porque a própria perda nunca foi conhecida.

Os adolescentes e, em especial, as crianças parecem ter "visão de raios X" e funcionar como "esponjas", observando e absorvendo o entorno familiar, especialmente seus cuidadores, e, ao sentir a dor escondida, tentam minimizá-la afastando-os dela ou ainda escondendo a sua própria. Para Mason (2002), desde cedo eles aprendem a funcionar dentro dos parâmetros do conforto familiar a fim de protegê-lo, especialmente diante da existência de regras que isolam a dor e o desconforto, trazendo injunções explícitas sobre o que é permitido ver, ouvir, sentir e comentar.

Todos se sentem mobilizados pela perda, e tanto o choque inicial quanto a percepção do estigma podem fazer que os adultos não se sintam capazes de conversar sobre o assunto com os menores. Estes precisam ser ativos em sua própria história e, para isso, torna-se crucial que recebam informações precisas em conversas verdadeiras, claras, simples e abertas, em linguagem apropriada a cada idade.

O luto do profissional e mesmo da equipe que perde um paciente por suicídio também não é reconhecido (Parkes, 1998; Campos *et al.*, 2013). Esses profissionais não possuem permissão para enlutar-se e, muitas vezes, recebem uma sobrecarga negativa dos familiares, culpando-os e responsabilizando-os pela perda, direta ou indiretamente. Também podem ser acometidos de intenso sentimento de culpa por não terem conseguido impedir a morte do paciente, interpretada como um fracasso profissional e pessoal, além dos sentimentos e reações esperados diante desse tipo de perda, também passíveis de não ser expressos.

A MORTE NÃO É RECONHECIDA

MARQUETTI (2011) CONSIDERA O suicídio a mais interdita das mortes, portanto proibida, não reconhecida. A negação pode ser estendida ao âmbito legal quando abordamos o tema dos registros estatísticos dos óbitos autoinfligidos e sua subnotificação.

Ao buscar dados estatísticos para a minha pesquisa (Silva, 2009), encontrei números completamente diferentes entre os órgãos responsáveis pelos registros e a percepção do alto índice de subnotificações, indicando pouca ou nenhuma atenção dada ao apontamento desses incidentes. Acrescido a isso, Marquetti (2011) ainda ressalta o registro dos óbitos por suicídio como acidentes e a modificação do local do óbito para o hospital. Complementa que a negação relacionada à morte por suicídio estende-se ao âmbito legal, no qual o atestado de óbito não registra a real causa da morte.

Uma das razões para as estatísticas sobre o suicídio serem tão imprecisas é o fato de muitas mortes (por arma de fogo, acidente de carro ou drogas, por exemplo) nem sempre possuírem clareza na intenção de morrer. A própria família e os amigos com frequência decidem chamar a ocorrência de acidente, até mesmo para fugir do estigma.

O MODO DE ENLUTAR-SE E O ESTILO DE EXPRESSÃO NÃO SÃO VALIDADOS SOCIALMENTE

Lukas e Seiden (2007) afirmam que as famílias transtornadas pelo trauma de um suicídio têm máscaras de sobreviventes usadas em silêncio. Grande parte do sofrimento experimentado é atribuída à relutância da sociedade em aceitar a sua maneira de se enlutar e o seu estilo de expressão, além da sempre presente evitação de falar a respeito do suicídio.

Sobreviventes não deveriam sentir-se envergonhados, mas são forçados a se sentir assim pela sociedade, que, por vezes, os evitam, acusam ou responsabilizam, afirmando reiteradas vezes que quem se matou é doente e quem pertence àquela família também o é. Perguntas como "Você não percebeu nenhum sinal?", "Como vocês não viram?" ou "Por que não fizeram nada?" são comuns. "Suicídio é uma admissão pública de que meu amor por meu filho não era o suficiente", comentam Lukas e Seiden (2007) representando a pressão social sentida por um sobrevivente.

Mais do que em outros tipos de perda, de acordo com Fontenelle (2008), desde o momento da morte há um incômodo expresso com o silêncio na falta do que dizer, no inconformismo e na incredulidade, que provoca um trauma mais intenso do que em outras perdas.

Para Casellato (2013), o luto por suicídio, não reconhecido por diferentes ângulos, como visto acima, pode ser um fator de risco para o desdobramento de um luto complicado, sem validação social e sem poder ser expresso, sob o risco de acirrar respostas sociais ainda mais negativas.

Adicionalmente, é considerado um luto advindo de um trauma, também um fator de risco para o luto complicado, o que torna a discussão sobre o trabalho de posvenção extremamente importante, no sentido de prevenção em saúde mental, e muito pode ser feito (Martínez, 2007). A discussão a respeito de qual a melhor forma de trabalho com o enlutado por suicídio é infindável, cabendo aqui apenas algumas considerações acerca de duas das inúmeras possibilidades e suas especificidades.

PSICOTERAPIA

SOBREVIVENTES SÃO, EM SUA maioria, pessoas saudáveis sofrendo de reações de ajustamento (Lukas e Seiden, *ibidem*). No entanto, Parkes (1998) levanta semelhanças entre as reações de luto por suicídio e outros tipos de perda, mas alerta que o risco para o desenvolvimento de luto complicado é maior.

Não existe um tratamento único para resolver os problemas das pessoas enlutadas... E nem todos os lutos precisam de tratamento. Assim, quanto mais acurada for a avaliação para identificação de possíveis complicações no luto por suicídio, mais confortável é indicar a ajuda necessária, e maior a probabilidade de as intervenções serem bem-sucedidas (Silva, 2009).

Muitos sobreviventes relutam em realizar psicoterapia; alguns apresentam dificuldade de pedir ajuda em função do estigma, outros por acharem que merecem mesmo sofrer. Podem ainda não entender que têm uma necessidade legítima desse tipo de ajuda. Um pequeno grupo pode sentir raiva e desconfiança contra profissionais de saúde mental, por não terem cuidado com eficácia de seu ente querido (Lukas e Seiden, 2007).

Lukas e Seiden (*ibidem*) afirmam que os enlutados por suicídio precisam ser ouvidos e os psicoterapeutas são treinados para ouvi-los. Mas é preciso que se estabeleça uma relação segura e de confiança. No trabalho de acompanhar os sobreviventes, incentivam a possibilidade de expressão dos sentimentos silenciados, inclusive por intermédio de uma escuta ativa, efetivando uma educação a respeito das possíveis reações, identificando e clarificando experiências, fazendo boas perguntas, corrigindo conceitos equivocados, aliviando ansiedades, ajudando o paciente a trabalhar com suas próprias respostas, ouvindo, fazendo conexões que o paciente possa não ter percebido.

A existência de conflitos anteriores à perda diante de uma possível disfuncionalidade familiar pode ser um dos dificultadores do processo de luto. Problemas anteriores, tais como dependência de substâncias químicas, transtorno psiquiátrico, violência psicológica, física e sexual, luto, entre outros, podem promover sentimentos ambivalentes, intensos, não ventilados, que podem ser exacerbados pela ocorrência de um suicídio (Silva, *ibidem*).

Particularmente, incentivo o cuidado com indivíduos e famílias, dependendo da demanda e do contexto.

GRUPOS DE APOIO

Lukas e Seiden (2007) são grandes incentivadores da participação em grupos de apoio e apontam algumas de suas contribuições como facilitadores do luto por suicídio. Grupos permitem compartilhar o luto, possibilitam superar o estigma e a vergonha, são ambientes seguros para dividir a dor, reforçam a autoestima, ensinam que se enlutar é adequado, ajudam as pessoas a saber que não estão ficando loucas, a lidar com o que poderia ter sido evitado, a chorar e expressar sentimentos.

Tavares (2008), com base em sua experiência de fundadora e coordenadora do Apoio a Perdas Irreparáveis (API), cujo objetivo é apoiar e acolher pessoas enlutadas por diferentes tipos de perda, afirma que o suporte social é um recurso eficaz para a promoção e proteção da saúde. A expressão de sentimentos, dores e esperanças de forma compartilhada cria um contexto de confiança afetiva e solidariedade.

Um enlutado que busca suporte nessa rede de encontros mensais, tão logo consiga seu objetivo, pode acolher e ajudar novos integrantes. Para a autora (*ibidem*, p. 70), a proposta do API é "[...] que a dor seja dividida, a solidariedade seja multiplicada, os esforços sejam somados e o sofrimento seja subtraído [...]. Os encontros acontecem entre lágrimas compartilhadas, alegria das lembranças e disposição para a retomada da vida".

Como coordenadora do API em Vitória, Espírito Santo, corroboro as palavras acima, complementando com meu testemunho a observação da capacidade de recuperação dos enlutados a partir de sua participação nesses encontros. A afirmação "Somos amigos que gostaríamos de nunca ter tido" demonstra a profundidade dos novos vínculos estabelecidos apesar e a partir da morte de alguém muito especial, para quem o grupo colabora de maneira a honrar e manter a memória. Por vezes os vínculos e o apoio expandem-se para além das fronteiras das reuniões, em telefonemas, visitas, celebrações de vida e morte, aproximando enlutados e suas famílias.

Um dado importante a ser registrado é que, por ser aberto, o grupo não faz nenhuma restrição quanto ao tipo de perda, ao contrário de algumas indicações de formação de grupos de apoio, franqueando o acolhimento aos enlutados por suicídio. A possibilidade de ter contato com a diversidade de lutos possibilita aos sobreviventes sentir-se livres de estigma, observando a presença de culpa, vergonha, "ses" em outros tipos de perda, podendo encontrar semelhanças e diferenças em cada depoimento. Há um cuidado especial no manejo do grupo para que não sejam feitas comparações de qual a pior perda ou o pior luto, pois não existe um "dorômetro", um medidor de dor, e cada processo precisa ser compreendido como único.

REFLEXÕES FINAIS

A PERDA POR SUICÍDIO está na categoria das mortes não reconhecidas, segundo Rangel (2008), e, a partir do estigma que sofrem, as famílias sobreviventes são rotuladas como desajustadas, desequilibradas, desestruturadas, incapazes de dar amor e cuidado.

A penalidade aplicada à família é quadruplicada: pela própria ausência da pessoa, pela falta de explicação sobre o ocorrido, pelo julgamento sofrido socialmente e pelo que faz de si mesma (Silva, 2009). A isso podemos acrescentar a experiência traumática que pode desencadear um transtorno de estresse pós-traumático, dificultando ainda mais o desdobramento do luto (Lukas e Seiden, 2007).

Trabalhar com o luto por suicídio e pesquisá-lo implica uma responsabilidade ética para com as informações buscadas, bem como o acolhimento oferecido aos indivíduos, às suas famílias e à sociedade, de maneira a proporcionar intervenções eficazes de assistência aos esforços dos sobreviventes de enfrentar e integrar a sua perda.

Algumas sugestões de intervenções incluem a criação de programas de posvenção em diversos seguimentos sociais, tais como: incentivar o surgimento e a consolidação de grupos de apoio e serviços de assistência especializados para os sobreviventes; criar, atualizar e divulgar lista desses locais de acolhimento por diferentes meios; reconhecer e incentivar a discussão a respeito do suicídio em diferentes instâncias da sociedade; usar a internet e as redes sociais como fontes de recurso e apoio aos enlutados; conscientizar profissionais de saúde, policiais, bombeiros, socorristas, médicos legistas e até mesmo os responsáveis pelo serviço funerário sobre as especificidades do luto do suicídio e os cuidados adequados com os sobreviventes. É importante estabelecer uma ampla rede de atenção aos sobreviventes que deve incluir o incentivo ao treinamento de profissionais de saúde e educação, para colaborar para a diminuição de tabus e preconceitos.

Para um problema complexo como o suicídio, a solução também é complexa.

O acolhimento aos enlutados por suicídio levando em consideração diferenças sociais, culturais e religiosas pode minimizar o problema do não reconhecimento do luto, e é responsabilidade de todos e de cada um de nós.

Assim, finalizo com a ponderação sobre a necessidade de obtermos um balanceamento entre a ética social e a profissional, a fim de não minimizar ou maximizar o luto por suicídio. Apenas enxergá-lo como ele é... cada um de uma maneira singular e incomparável.

REFERÊNCIAS

BERTOLOTE, J. M. *O suicídio e sua prevenção*. São Paulo: Unesp, 2012.
BERTOLOTE, J. M.; FLEISCHMAN, A. "Suicídio e doença mental: uma perspectiva global". In: WERLANG, B. S. G. *et al. Comportamento suicida*. Porto Alegre: Artmed, 2004, p. 45-58.

CAMPOS, C. *et al.* "Luto do profissional de saúde". In: CASELLATO, G. (org.). *Dor silenciosa ou dor silenciada? Perdas e lutos não reconhecidos por enlutados e sociedade.* 2. ed. Niterói: Polo Books, 2013, p. 111-44.

CÂNDIDO, A. M. *O enlutamento por suicídio: elementos de compreensão na clínica da perda.* Dissertação (Mestrado em Psicologia Clínica), Universidade de Brasília, Brasília, 2011.

CASELLATO, G. (org.). *Dor silenciosa ou dor silenciada? Perdas e lutos não reconhecidos por enlutados e sociedade.* 2. ed. Niterói: Polo Books, 2013.

CLARK, S. *Depois do suicídio: apoio às pessoas em luto.* São Paulo: Gaia, 2007.

DE LEO, D. "Apresentação". In: BERTOLOTE, J. M. *O suicídio e sua prevenção.* São Paulo: Unesp, 2012, p. 7-14.

DOKA, K. *Disenfranchised grief: new directions, challenges and strategies for practice.* Illinois: Research Press, 2002.

FONTENELLE, P. *Suicídio: o futuro interrompido: guia para sobreviventes.* São Paulo: Geração Editorial, 2008.

FUKUMITSU, K. O. *Suicídio e luto: histórias de filhos sobreviventes.* São Paulo: Digital Publish & Print, 2013.

GILBERT, K. *Ambiguous loss and disenfranchised grief: grief in a family context.* 1996/2007. Disponível em: <http://www.indiana.edu/~famlygrf/units/ambiguous.html>. Acesso em: 15 mar. 2014.

JORDAN, J. R.; MCINTOSH, J. L. (orgs.). *Grief after suicide: understanding the consequences and caring for the survivors.* Nova York: Routledge, 2011.

HSU, A. *Superando a dor do suicídio: como encontrar respostas e conforto quando alguém a quem amamos tira a própria vida.* São Paulo: Vida, 2003.

LUKAS, C.; SEIDEN, H. M. *Silent grief: living in the wake of suicide.* Ed. rev. Filadélfia: Jessica Kingsley Publishers, 2007.

MARQUETTI, F. C. *O suicídio como espetáculo na metrópole: cenas, cenários e espectadores.* São Paulo: FAP/Unifesp, 2011.

MARTÍNEZ, C. *Introducción a la suicidología: teoría, investigación e intervenciones.* Buenos Aires: Lugar, 2007.

MASON, M. J. "Vergonha: reservatório para os segredos na família". In: IMBER-BLACK, E. *Os segredos na família e na terapia familiar.* Porto Alegre: Artmed, 2002, p. 40-54.

MELEIRO, A. M. A. S.; BAHLS, S. "O comportamento suicida". In: MELEIRO, A. M. A. S.; TENG, C. T.; WANG, Y. P. (orgs.). *Suicídio: estudos fundamentais*, São Paulo: Segmento Farma, 2004, p. 13-36.

PARKES, C. M. *Luto: estudos sobre a perda na vida adulta.* São Paulo: Summus, 1998.

PUENTE, F. R. *Os filósofos e o suicídio*. Belo Horizonte: UFMG, 2008.
RANGEL, A. P. F. N. *Amor infinito: histórias de pais que perderam seus filhos*. São Paulo: Vetor, 2008.
SILVA, D. R. *E a vida continua... o processo de luto dos pais após o suicídio de um filho*. Dissertação (Mestrado em Psicologia Clínica), Programa de Pós-Graduação em Psicologia Clínica, Pontifícia Universidade de São Paulo, São Paulo, 2009.
TAVARES, G. R. "Reflexões sobre nossa finitude: agrupar pessoas pode gerar mudanças de atitude". In: ODDONE, H. R. B.; FUKUMITSU, K. O. *Morte, suicídio e luto: estudos gestálticos*. Campinas: Livro Pleno, 2008 p. 61-75.
WERLANG, B. S. G; ASNIS, N. "Perspectiva histórico-religiosa". In: WERLANG, B. S. G. et al. *Comportamento suicida*. Porto Alegre: Artmed, 2004, p. 58-73.
WRIGHT, L. M.; NAGY, J. "Morte: o mais perturbador segredo familiar". In: IMBER-BLACK, E. *Os segredos na família e na terapia familiar*. Porto Alegre: Artmed, 2002, p. 123- 43.

7. Onde está você agora além de aqui, dentro de mim? O luto das mães de crianças desaparecidas
Sandra Rodrigues de Oliveira

> *Para que o processo de luto se instale, é preciso, antes de tudo, reconhecer a perda para, a partir daí, transformar a experiência.*
> (Saraiva, 1999, p. 72)

PERDAS SÃO INERENTES À condição humana. Amamos e, em consequência disso, convivemos com a constante possibilidade de sentir a dor da ausência destes a quem nos vinculamos. Somos todos seres em relação e, neste ir e vir da vida, queremos e somos queridos, sofremos, perdemos.

A temática do luto sempre fez parte da minha trajetória profissional e, em 2006, ao ingressar no Mestrado em Psicologia Clínica pela PUC-RJ, buscava justamente compreender melhor esse fenômeno que, apesar de ser totalmente humano, é muitas vezes interdito, "escamoteado", temido. Entre as inúmeras possibilidades de pesquisa, estudar os temas do luto e desaparecimento mostrou-se um grande desafio desde o início de minha dissertação, e a escassez de trabalhos com as famílias de pessoas desaparecidas, em especial no Brasil, chamou minha atenção. A falta de estudos sobre o assunto no país evidencia não só a falta de preparo dos diversos profissionais envolvidos no atendimento às famílias que vivenciam esse tipo de perda, mas deflagra algo que nos remete diretamente ao tema deste livro: o não reconhecimento da perda nos casos de desaparecimento.

Não estamos afirmando que a sociedade não compreende o desaparecimento de pessoas como algo alarmante e de difícil elaboração, e sim que perdas nos remetem à fragilidade da vida, à falta de controle sobre o futuro, ao medo da morte e à nossa própria finitude. Então como lidar com um luto que pode se prolongar por meses, anos, décadas? Como apoiar as famílias se não há confirmação de vida nem de morte? O que dizer? O que fazer? Como lidar com tantas incertezas, ambiguidades, desinformação e angústia?

Ao falarmos sobre desaparecimento, deparamos com um fenômeno complexo que envolve uma série de atores – em especial, os familiares daquele(a) que está ausente. Assim como nos casos de perdas por morte, o desaparecimento de pessoas gera angústia, tristeza, medo, desamparo e impotência; no entanto, a não concretização da perda definitiva gera diversas ambiguidades, evidenciadas por sentimentos como fé, esperança do reencontro ou até mesmo negação. Diante de tantas incertezas presentes sobre o desaparecimento físico e inexplicável de um familiar, o apoio dos pares é fundamental, mas nem sempre é mantido, já que, embora a ausência do ente querido seja real, não há confirmações ou provas sobre a perda.

AUSENTE FISICAMENTE, PRESENTE NO CORAÇÃO

A perda ambígua faz com que nos sintamos incompetentes, quebra nossa sensação de sermos donos de nossa própria vida e também nossa crença de que o mundo é um lugar justo, ordenado e manejável.
(Boss, 2001, p. 106)

EM TODA PERDA DE um membro do núcleo familiar – seja esta temporária ou definitiva –, presenciamos uma desestruturação não só individual, mas também coletiva, que demanda dos integrantes remanescentes a redistribuição de papéis dentro e fora da família e o restabelecimento do equilíbrio, de forma que o sistema possa retomar um nível satisfatório de funcionamento (Parkes, 1998; 2009; Franco, 2002). Para lidar com a ausência de um ente querido, utilizamo-nos de estratégias de enfrentamento, as quais desenvolvemos ao longo de nosso processo de amadurecimento (*coping*), assim como recorremos a rituais que, além de concretizar a perda e permitir as devidas despedidas, propiciam o congraçamento das pessoas que partilhavam em vida daquele que agora se foi.

O desaparecimento de pessoas é um tipo único de perda, que difere em muitos aspectos das perdas por morte e traz implicações importantes para a saúde física e emocional dos envolvidos. Para os membros da família de uma pessoa desaparecida, as emoções diante da ausência são ainda mais intensas e contraditórias do que nos casos de falecimento, pois oscilam entre a esperança e o desespero, a angústia e a fé, enquanto aguardam, por vezes, durante anos, sem nem sequer receber novas informações sobre o paradeiro de seus amados. A família e os amigos de pessoas desaparecidas sofrem uma espera sem precedentes; ignoram se o ausente ainda está vivo e, caso esteja, onde está, em que condições e em qual estado de saúde; temem o desfecho, mas anseiam por respostas; são privados do direito de ritualizar. Sentem-se culpados por seguir em frente, mas, se ficam paralisados, são cobrados a retomar a antiga rotina; querem falar sobre sua dor, mas não encontram o suporte que desejam; por vezes, acreditam que não há mais onde procurar, mas, a cada novo indício, reacendem as expectativas, as quais, infelizmente, podem ser apenas falsas esperanças.

O desaparecimento configura-se, dessa forma, como uma ruptura sem anúncio, uma ausência sem explicação, sem fechamento. Como bem aponta Boss (2001, p. 19):

> Não se pode dizer com segurança se o ser amado está vivo ou morto, recuperando-se ou morrendo, presente ou ausente. Não só falta informação sobre o paradeiro da pessoa, mas tampouco existe a constatação oficial da sociedade de uma perda: não há certidão de óbito [...] nem funeral, nem corpo, nem algo o que enterrar.

Diversas pesquisas afirmam ser o desaparecimento de um ente querido um dos acontecimentos mais traumáticos que podem ocorrer a uma família (Gosch e Tamarkin, 1988; Henderson e Henderson, 1997; Tubbs e Boss, 2000). Todos os autores apontam fatores como a ausência do corpo e a falta de informações como complicadores para a saúde física, psíquica e social dos envolvidos. Ainda de acordo com esses pesquisadores, os sentimentos encontrados nessa população são os mesmos descritos em casos de luto por morte, porém agravados pela incerteza e pela falta de reconhecimento social do desaparecimento como uma perda. As reações mais frequentes são tristeza, angústia e desespero, assim como um número significativo de relatos de solidão e inconformismo com a falta de explicações sobre o desaparecimento.

Os familiares convivem diariamente com a dor de não saber, temendo o pior, mas, segundo as pesquisas, mantêm a esperança do reencontro, em um esforço contínuo diante da ambiguidade própria à situação. De acordo com Boss (2001), o luto complicado pode ser, nos casos de desaparecimento, uma reação normal à situação devido à sua complexidade e, em especial, porque a resolução da perda depende diretamente de fatores externos àqueles que a vivenciam. Esse dado já havia sido apresentado nos escritos de Worden (1998, p. 85), quando afirma que algumas circunstâncias

> podem impedir o luto de uma pessoa ou dificultar a sua conclusão de forma satisfatória. A primeira destas é quando a perda é incerta. Um exemplo disto seria um soldado ausente em ação. Sua mulher não sabe se ele está vivo ou morto e, consequentemente, não consegue passar por um processo de luto adequado.

Se a pessoa desaparecida for uma criança, vista como um ser extremamente frágil e dependente dos cuidados dos adultos, o impacto pode ser ainda mais avassalador, em especial nos pais. A perda de um filho (mesmo que incerta) rompe com a suposta previsibilidade do mundo e interrompe sonhos e aspirações do casal parental (Casellato, 2002). Como lidar com a dor, a angústia e o sofrimento diante do desaparecimento abrupto e indecifrável de um filho? Há elaboração possível quando a realidade daquele que não está presente é duvidosa? Como enlutar-se e, ao mesmo tempo, não se enlutar?

Segundo o Ministério da Justiça (Brasil, 2013), 35 mil ocorrências de desaparecimento de menores de 18 anos são registradas anualmente em todo o território nacional. Desses casos, de 85% a 90% são resolvidos em dias ou semanas; porém, de 10% a 15% permanecem sem esclarecimento por longos períodos de tempo, podendo até mesmo nunca ser solucionados. Sendo assim, são centenas de pessoas enlutadas todos os anos em decorrência desse fenômeno, ansiando por notícias dos amados ausentes.

A impossibilidade de enlutar-se e, ao mesmo tempo, de não se enlutar é, portanto, a principal marca nos casos de desaparecimento. A dor e a angústia pela ausência física do ente querido alternam-se diariamente com a fé e a esperança do reencontro. Essas ambiguidades dificultam e podem até impedir que o processo de elaboração do luto se inicie, já que não há efetivamente a confirmação de sua irreversibilidade. Como afirma Saraiva (1999, p. 63), quando há dúvidas em relação à perda, podem surgir

> [...] lutos não feitos, eventos não formulados e que não foram colocados em palavras que pudessem dar sentido e permitissem que fossem integrados. Isso agrava a história e sobrecarrega-a com a falta de sentidos que ressurgem na vida do indivíduo como uma parede invisível, um obstáculo incompreensível.

As principais diferenças entre o desaparecimento e a morte de um filho, segundo Boss (2001), são a duração, proporção e intensidade dos sintomas após a perda, que, nos casos de ausência indefinida, tendem a se manter por tempo indeterminado, podendo nunca ser elaborados. As incertezas e fantasias acerca da localização e do estado de saúde da criança levam a família a apresentar altos níveis de ansiedade, desespero e temor, mas não impedem que surjam sentimentos como esperança e fé. Segundo a autora (1999, p. 20),

> [...] a perda é desconcertante e as pessoas se veem desorientadas e paralisadas. Não sabem como se portar nessa situação. Não podem solucionar o problema porque não sabem se este (o desaparecimento) é definitivo ou temporário [...] a incerteza impede que as pessoas se adaptem à ambiguidade de sua perda, reorganizando os papéis e as normas de suas relações com os outros queridos [...] se agarram à esperança de que as coisas voltem a ser como eram antes [...] lhes são privados os rituais que geralmente dão suporte a uma perda clara, tais como funerais depois de uma morte na família.

Segundo Boss, as mães ainda são as principais cuidadoras dos filhos. Embora a autoridade e a autonomia femininas tenham sido conquistadas ao longo da História, as expectativas e os encargos também são maiores e mais rígidos para as mulheres. Prevalece a ideia de que a mãe deve ser perfeita, carinhosa e dedicada à família; deve saber administrar a casa, mediar conflitos e, principalmente, ser responsável pelo bom desenvolvimento dos descendentes. Consequentemente, continua a ser responsabilizada pelos "fracassos" da família e por quaisquer males que possam acontecer aos filhos.

Estudos com mães enlutadas fornecem-nos algumas pistas sobre as expectativas sociais sobre a morte de uma criança. De acordo com Casellato e Motta (2002), é comum que os pais – especialmente as mães – se questionem sobre sua contribuição na morte do filho. O sentimento de culpa é intenso e está diretamente relacionado às representações sociais sobre o papel materno de cuidado, proteção e manutenção da integridade física de sua prole. Como apontam as autoras (*ibidem*, p. 101): "A mãe que perde o filho [...] se vê cobrada em seu contexto social, como se tivesse falhado em sua função materna de proteger o filho". Ainda segundo elas, alguns mitos acerca dos pais – como a crença de que estes deveriam ser capazes de administrar completamente a vida dos filhos, proporcionando-lhes total bem-estar físico e emocional – podem aumentar ainda mais os sentimentos de culpa e impotência diante da perda.

No caso de crianças desaparecidas, alguns fatores podem ser ainda mais desestruturadores. Autores como Kordon e Edelman (1987), Boss (2001) e Alvarenga e Villaherrera (2004) apontam que a culpa é o sentimento mais arrebatador para as mães. Os autores constataram que esse sentimento surge pelo fato de a perda ser incerta, abrupta e inesperada, mas, principalmente, por essas mulheres sentirem-se julgadas pela sociedade como incapazes de cuidar do filho.

Riches e Dawson (1996) afirmam ainda que a autoestima dos pais está diretamente relacionada ao desempenho dos papéis socialmente validados de pai e mãe e, em decorrência do desaparecimento, estes apresentam maior vulnerabilidade a comentários e julgamentos morais. Corroborando com esses achados, Alvarenga e Villaherrera (*ibidem*, p. 169) afirmam ainda que

> as condições do luto que enfrentam as famílias com pessoas desaparecidas não são normais, estão sujeitas a situações extremas onde sobreviver é o primeiro mandamento [...] o luto das famílias vítimas de um desaparecimento possui características muito específicas [...] os familiares da pessoa desaparecida enfrentam o desconhecimento de seu paradeiro e, além disso, a negação social desta perda.

Franco (2002) adverte que, em casos nos quais a perda não é reconhecida socialmente ou as expectativas de como o enlutado deve portar-se são muito rígidas, o processo de elaboração da perda torna-se oneroso, podendo até mesmo impedir que o sujeito se reestruture adequadamente e possa ressignificar a relação com o objeto de amor perdido.

Se a pessoa enlutada receber pouco ou nenhum reconhecimento social para sua dor, poderá temer que seus pensamentos e sentimentos sejam anormais [...] a rede de apoio [...] dá a continência à necessidade do enlutado de expressar sua dor e se reorganizar diante da realidade da perda. Se essa rede for inexistente ou se suas regras forem impostas, desconsiderando as necessidades dos enlutados, poderá ter um efeito contrário, muito mais prejudicial do que suportivo. (Franco, 2002, p. 27)

Outra contribuição nos é dada por Riches e Dawson (1996), que constataram que os progenitores se sentem estigmatizados em seu meio social por suscitarem sentimentos como pena, embaraço e vergonha. Em estudo anterior realizado por Gosch e Tamarkin (1988), os pais de crianças desaparecidas revelaram sentimentos de medo e desesperança, além de um alto nível de frustração com as autoridades policiais envolvidas nos casos, que muitas vezes também responsabilizam os pais pela ocorrência.

Lloyd e Zogg (1997) apontam que as crises vivenciadas por uma família na qual há uma criança desaparecida podem desorganizar todo o sistema familiar. Segundo as autoras, a perda de um filho traz sentimentos de desesperança, isolamento, culpa, vergonha e falta de confiança entre os membros da família. As vidas podem ser drástica e permanentemente alteradas, e os pais de crianças desaparecidas sentem-se ignorados, pois, apesar de apresentarem sentimentos como dor, culpa e confusão, pouca ajuda psicológica e emocional está disponível para eles. Esse não reconhecimento do desaparecimento como uma perda pode ser um complicador para a família, em especial para os pais, pois somente quando uma perda é reconhecida e integrada a pessoa pode dar continuidade ao seu viver (Zimerman, 2001).

Segundo Boss (2001), a sociedade não reconhece os casos de perda ambígua também por ser esta muito distinta da perda "habitual", ou seja, dos casos de morte nos quais há uma validação social mediante os rituais como o funeral, o sepultamento ou a cremação. Quando há a morte, a perda é observável e, por ser permanente, torna possível o enlutamento. Os rituais têm como função primordial marcar a perda de alguém importante que fazia parte da família e a ela deve se juntar, facilitar a expressão de sentimentos, ajudar o enlutado a dar sentido e concretude à perda e possibilitar que o falecido seja lembrado. Como afirma a autora (1999, p. 35), "muitas pessoas necessitam da experiência concreta de ver o corpo do ente querido que faleceu porque isso faz com que a perda seja real. Muitas famílias de pessoas desaparecidas não encontram nunca esta comprovação da morte".

Dessa perspectiva, a ausência de rituais pode impedir o início do processo de elaboração da perda. Cabe a pergunta: se nos casos de desaparecimento não há confirmações, mas apenas dúvidas, como pode a rede social dar continência a essas famílias? Como fornecer o suporte aos enlutados em uma situação que pode prolongar-se por toda a vida? Se não há rituais, onde encontrar conforto para lidar com tamanha dor e angústia?

Para tentar responder a algumas dessas perguntas, contamos com os relatos emocionantes das participantes, mães com filhos desaparecidos misteriosamente. Todos os desaparecimentos ocorreram no estado do Rio de Janeiro entre os anos de 2002 e 2005. Foram realizadas entrevistas semiestruturadas, com o objetivo de investigar o impacto do desaparecimento das crianças pela ótica dessas mulheres. Diante de tantas particularidades desse tipo de perda, convido vocês, leitores, a me acompanhar nas duras e comoventes histórias dessas 11 guerreiras com as quais pude aprender um pouco mais sobre a difícil tarefa de luto e luta diários na busca de seus filhos desaparecidos.

EU SEI QUE VOU TE AMAR, POR TODA MINHA VIDA...

CONHECER AS HISTÓRIAS DE nossas entrevistadas foi uma experiência dolorosa, mas importante e inesquecível. Como pesquisadora, procurei estar atenta e disponível; como psicóloga, ouvi, refleti, validei; como mulher, emocionei-me e senti-me arrebatada por tamanha dor. Não podemos (nem devemos) sair ilesas de nossas empreitadas, e por isso compartilho com vocês um pouco destas histórias que pude testemunhar em minha dissertação.

Foi possível constatar que, diante do desaparecimento súbito e misterioso de seus filhos, todas as participantes apresentaram inicialmente reações de negação, choque, entorpecimento, desespero, angústia e medo. A negação da perda – reação mais frequente no grupo – baseava-se na crença de que aquela realidade não duraria mais do que algumas horas, dias ou meses. A ideia de reversibilidade da perda, impossível nos casos de morte, torna-se possível (e até compreensível) em situações de desaparecimento, tornando compreensível a ambiguidade a que estão expostas essas mulheres.

Após o choque inicial diante da constatação do desaparecimento das crianças, foram citados pelas entrevistadas sentimentos como ansiedade, culpa, impotência, descrença, tristeza e raiva. Todos eles, no entanto, contrastaram com a esperança, fé e determinação na busca pelos menores. A certeza do reencontro foi apontada por nossas participantes como o sentimento mais importante, que as manteve ativas na busca de informações do paradeiro de seus filhos.

Se, por um lado, "dada a falta de certezas, é compreensível que as pessoas continuem a manter a situação, pois, de certa forma, esperam que a pessoa desaparecida retorne algum dia" (Boss, 2001, p. 38), por outro lado, a ausência prolongada e indefinida do ente querido confirma diariamente a perda, gerando dor e tristeza. Os enlutados acabam estagnados, à espera de algo que pode nunca chegar, e "não podem tomar decisões, não podem atuar, nem tampouco se libertar" (*ibidem*, p. 65). Por essa razão, a formulação de hipóteses – ou "aposta da família" – mostrou-se fundamental para a manutenção da integridade psíquica dessas mulheres, que se utilizaram desse recurso para manter acesa a esperança de localizar seus filhos.

Entre os sentimentos vivenciados ao longo do primeiro ano após o desaparecimento, podemos destacar a culpa. A crença de que poderiam ter evitado o desaparecimento dos filhos e o sentimento de fracasso no cumprimento da função materna, somados ao desconhecimento do paradeiro da criança, fazem que essa culpa não possa ser superada, impossibilitando que as mães ressignifiquem a relação com o filho ausente. Por outro lado, as mulheres buscam provar, em suas falas, que não eram negligentes ou omissas com os filhos, tentando encontrar explicações que dissipem a sensação de que poderiam ter impedido o desaparecimento. Concluímos que, apesar de afirmar serem boas mães, nossas participantes, independentemente do tempo de desaparecimento dos filhos, sentem-se responsáveis por não terem sido capazes de protegê-los adequadamente (algumas mães até mesmo acreditam que poderiam ter evitado que as crianças sumissem).

Mesmo nos casos nos quais as mães afirmam não se sentir culpadas pelo desaparecimento das crianças, todas, sem exceção, buscam uma explicação, uma resposta que possa apaziguar-lhes o coração, pois sentem que não podem completar seu papel parental com a criança agora ausente. A resposta esperada é a mesma para todas: encontrar a criança ausente sã e salva, mas também retomar o senso de previsibilidade e estabilidade da vida, perdida no dia em que a criança desapareceu. Como vimos, a culpa é um sentimento ambíguo, pois, ao mesmo tempo que as mulheres a sentem, tentam eximir-se dela ao buscar outras explicações para o desaparecimento de seus filhos.

Todas as participantes demonstraram acreditar que seus filhos estavam vivos, sustentadas principalmente pela falta do corpo ou de quaisquer outros indícios de morte. Por acreditarem na vida de seus filhos, mas não conseguirem localizá-los, comumente fantasiavam que as crianças estavam presas, acuadas ou mesmo fora do país. A ideia de que as crianças estivessem sendo usadas em atividades ilegais (como pedir esmolas ou ser empregadas em redes de prostituição infantil) foi citada com frequência pelas mães.

Em nossas entrevistas, constatamos o quanto as mães aguardam por uma resolução para seus casos, mas admitir que a criança pudesse estar morta era visto como uma traição. Alvarenga e Villaherrera (2004) já haviam constatado, em trabalho com pais de crianças desaparecidas, a existência da crença de que determinados pensamentos seus seriam capazes de gerar consequências reais na vida do ente ausente, interferindo negativamente no desfecho do caso. De acordo com as autoras (*ibidem*, p. 63):

> A incerteza a respeito do paradeiro de suas filhas e filhos e não saber se estavam bem ou estavam sofrendo gerou, em alguns casos, sentimentos de impotência, angústia, dor e desespero nos familiares. Alguns temiam que se se permitissem pensar que seu ente querido poderia ter falecido, de alguma maneira o estariam traindo; neste caso, sentiam que não estavam fazendo todo o possível para encontrá-lo vivo e que, ao perder as esperanças, contribuíram para que não aparecesse... a ideia de que [...] pudessem estar mortos era mantida escondida; os familiares não se atreviam a exteriorizá-la, e se o fizessem isto gerava culpa, pois consideravam que somente com o pensamento estavam provocando sua morte [...] considerar a ideia de que [...] estavam mortos equivalia a dar-se por vencidos, abandoná-los e não cumprir o papel de pai ou mãe. Por outro lado, viver permanentemente com a expectativa de encontrá-los alimentava, de maneira contínua, a incerteza, experiência que pode ser insuportável.

S., mãe de A. M., desaparecida aos 10 anos de idade, exemplifica esse comportamento referido pelas autoras. A participante diz considerar pior a morte de um filho do que a incerteza do desaparecimento. Podemos notar que há uma grande expectativa de sua rede de apoio de que ela pudesse dar um fechamento à sua perda, mas, para essa mãe, permitir-se sentir que a filha está morta significa desistir, perder as esperanças:

> *"[...] todo mundo fala que o desaparecimento é pior que a morte porque realmente é muito ruim você não saber o que aconteceu*

com a sua filha... Às vezes as pessoas falam pra mim: 'Se pelo menos soubesse que tinha morrido seria melhor', mas não seria, não, porque nenhuma mãe quer que o seu filho morra." (S., 37 anos, mãe de A. M., desaparecida desde 2003)

A incerteza de onde e como estão as crianças foi citada pelas entrevistadas como elemento complicador para o processo de elaboração da perda e uma importante diferenciação nos casos de perda de filho por morte. Em sua fala, C., mãe de M., desaparecido aos 6 anos de idade quando brincava na pracinha do bairro, reflete bem a dificuldade de lidar com o desconhecimento do paradeiro do filho.

"[...] se eu tivesse encontrado o corpo, pelo menos eu ia saber onde ele está, ia ser: 'Tá, eu sei que ele tá morto, eu enterrei, eu vi', mas isso que eu vivo é uma incerteza, e é essa incerteza que eu não aceito! Eu tenho de ter certeza de alguma coisa... ninguém some assim!" (C., 34 anos, mãe de M., desaparecido há três anos)

Constatamos que sentimentos de culpa e de fracasso no cumprimento das funções de cuidado e proteção dos filhos apareceram de forma exacerbada no discurso das entrevistadas. Algumas mães referiram-se ao fato de a criança desaparecida ser plenamente saudável, o que não as "alertou" sobre a possibilidade de que pudessem perdê-la, além do sentimento de impotência por não saber o seu paradeiro. A imprevisibilidade da perda suscitou nessas mães perguntas como: teriam nossos filhos sofrido maus-tratos, violência física e/ou psicológica? O que teriam suportado? Teriam sobrevivido? Esses questionamentos aumentaram a sensação de fracasso e geraram mais culpa por crerem não ter protegido adequadamente a criança.

Em nosso estudo, embora algumas participantes digam não saber o que poderiam ter feito para evitar o desaparecimento, elas sentem que, se tivessem se comportado de forma diferente, a criança ainda estaria presente na família. D., mãe de L., desaparecida aos 8 anos de idade quando andava de bicicleta na praça do condomínio de sua tia, exemplifica bem, em sua fala, a dificuldade de lidar com a culpa (que lhe é atribuída por si mesma e por outros membros de sua rede), assumindo-a e negando-a ao mesmo tempo.

"Se eu soubesse que isso ia acontecer, eu nunca ia ter deixado ela lá brincando na rua de bicicleta. Eu nunca imaginei que ela ia sumir num lugar assim, com grade de um lado e do outro do condomínio, só que, infelizmente, não tinha como eu saber. Eu acredito que o desaparecimento da L. não foi relaxamento meu, não foi! As coisas acontecem na realidade, acontecem até hoje porque, além da L., sumiram outras crianças... não é porque a L. sumiu que foi culpa minha, por eu ter deixado ela ir brincar no parquinho, é que isso realmente está acontecendo, as pessoas estão levando as crianças... mas, se eu fosse adivinhar, não tinha deixado... essas coisas podem acontecer até quando a gente está junto, né? Então é uma fatalidade, que pode acontecer com qualquer pessoa, até hoje eu sinto isso. Meu ex-marido me culpa muito, acha que foi desleixo meu, mas ele não entende que não existe culpa, ninguém pode imaginar uma coisa dessas. A mulher do meu ex-marido também ficou falando que eu era culpada de a L. ter sumido! Muita gente acha isso, até gente da minha família achou quando ficou sabendo que ela tinha sumido. Eu soube de uma tia minha que falou que a L. sumiu porque eu largava ela lá e ia pro bar ficar tomando cerveja, e isso é mentira! Sempre a crítica... tem muita gente que acha que eu tava no bar enchendo a cara e que, se eu estivesse lá, não ia ter acontecido, ela não ia ter desaparecido, mas podia acontecer, sim [...] mas, às vezes, eu acho que se eu não tivesse deixado ela lá não ia ter acontecido, né? Não dá pra saber." (D., 46 anos, mãe de L., desaparecida desde 2003)

Em relato semelhante, F., mãe de P., desaparecida de forma misteriosa, aos 10 anos de idade, após ter saído para comprar jornal, fala sobre as acusações feitas pelo ex-marido e tenta responsabilizá-lo também, mesmo que indiretamente, pela sequência de eventos que levaram ao desaparecimento da menina, numa tentativa de amortizar o próprio sentimento de culpa.

"*Quando a gente ficou na casa da minha irmã, a gente podia ter ido embora, mas a P. queria ficar pra ver o Desfile das Campeãs e eu achei que ela merecia, tinha ido muito bem na escola no ano anterior. Hoje eu sei que a gente devia ter ido embora. O pai dela fica dizendo que eu sou culpada do que aconteceu, que eu devia ter ido embora pra casa, não ter deixado ela andar sozinha, que era muito perigoso, mas eu falei pra ele que eu precisava trabalhar, porque aí dava um dinheirinho bom e ela já era mocinha pra ir até a banca, era na rua de baixo! Ele também me ajudava pouco financeiramente, e eu com duas meninas pra criar com aquela mixaria de pensão... todo homem culpa a mulher de tudo, né? Eu sei que, às vezes, eu acreditei que eu era culpada, porque você fica pensando que se tivesse ido com ela, ou não tivesse deixado ir, podia mudar alguma coisa, mas não foi descuido, eu não podia saber, não tinha como.*" (F., 51 anos, mãe de P., desaparecida desde 2002)

Além da culpa relacionada ao desaparecimento das crianças, algumas mães referiram-se à culpa por não conseguir localizá-las, como se, após terem falhado em protegê-las, falhassem novamente ao não trazê-las de volta para casa, para a família. Um exemplo desse sentimento aparece na fala de O., mãe de I., desaparecida aos 9 anos de idade.

"*Depois de cinco anos, é capaz de ela estar achando que a gente nem tá mais aí pra ela, né? Isso me deixa muito mal porque eu ainda penso muito nela, só não sei onde procurar... e não quero que ela ache que eu me esqueci dela, nunca! Eu quero que ela volte, quero muito, mas não sei mais onde procurar, o que fazer, não consigo trazer ela de volta pra gente... é um sofrimento, uma culpa mesmo de não saber mais o que fazer, mas não é nunca falta de amor!*" (O., 47 anos, mãe de I., desaparecida desde 2002)

A crença de que poderiam ter evitado o desaparecimento dos filhos e o sentimento de fracasso no cumprimento da função materna, somados ao desconhecimento do paradeiro da criança, fazem que essa culpa não possa ser superada, impossibilitando que essas mães ressignifiquem a relação com o filho ausente e, como afirma Boss (2001), impedindo também o fechamento de uma etapa fundamental para o restabelecimento do equilíbrio e a continuidade da vida.

Embora a culpa seja o sentimento preponderante entre as participantes, foi possível constatar também que, para dez das 11 entrevistadas, a dor e o sofrimento pela ausência de um filho são sentidos como mais intensos nos casos de desaparecimento devido à não realização de rituais e à falta de um local onde possam prestar suas homenagens aos filhos e dividir com os demais os sentimentos suscitados por esse tipo de perda.

Na cultura ocidental, os sentimentos relacionados ao luto são expressos e acolhidos pela realização de rituais. Segundo Saraiva (1999), nos casos de falecimento, os ritos são repletos de metáforas, significados familiares e sociais e manifestações públicas que criam um sentido simbólico para a experiência da perda, além de fornecer uma rede de apoio formada pelos demais membros da sociedade. Nos casos de desaparecimento, não há rituais disponíveis para os enlutados, pois, além de não haver um corpo a ser velado, não há confirmação da morte. Como apontam Alvarenga e Villaherrera (2004, p. 65), "a morte pode ser significada, mas o desaparecimento está presente dia a dia na vida das pessoas. Somente superadas as incertezas permitem seguir adiante [...] no processo de luto. Saber a verdade é essencial para curar as feridas".

O desaparecimento, dessa forma, acaba não sendo reconhecido socialmente como uma perda. A não realização de rituais "pode prejudicar ou mesmo adiar o processo de elaboração" (Casellato e Motta, 2002, p. 119). Esse fator foi um dos mais citados pelas participantes deste estudo e merece atenção especial.

E., mãe de M., desaparecida misteriosamente aos 10 anos quando saiu para comprar pão; F., mãe de P., desaparecida aos 10 anos após ter saído para comprar jornal; e V., mãe de I., sequestrada aos 11 meses por uma mulher desconhecida em uma piscina pública, apontam que a principal diferença entre os dois tipos de perda se coloca quando, diante da incerteza da localização da criança, surgem sentimentos de medo e angústia por não saber se as meninas podem estar sofrendo, dúvida inexistente nos casos de morte:

"[...] é completamente diferente quando um filho morre. Quando morre, você enterra, você vela, você sabe onde está. Uma mãe que tem um filho desaparecido não tem sossego, não sabe onde está, com quem está, se tá comendo, se tá doente... se tá vivo, na realidade. E morrendo não; por acidente ou morte normal, você sabe onde está." (E., 32 anos, mãe de M., desaparecida desde 2006)

"Eu perdi minha filha sem saber o que aconteceu e nem que fim ela teve, se é que ela teve um fim... eu digo sempre que a minha sumiu e eu não sei onde anda... não sei se tá sofrendo, se tá presa, se tá viva ou morta... as pessoas parecem que não veem que perder um filho assim que nem eu perdi é muito pior do que a morte, né? A gente sente dos dois jeitos, mas pelo menos você sabe onde está, sabe que pode sentir saudades, mas que não vai voltar... mas assim, sem paradeiro, como é que pode aquietar? Não tem explicação, né?" (F., 51 anos, mãe de P., desaparecida desde 2002)

"[...] quando morre, com o tempo a gente supera, mas a gente que perdeu assim, que desapareceu, que não sabe se tá viva, eu acho que é muito pior, porque você não sabe o que aconteceu, se seu filho tá vivo ou se tá morto, se fizeram alguma maldade, não tem como saber, fica sem saber. Se tem um filho morto, pelo menos sabe

o que aconteceu, sabe o que fizeram com ele..." (V., 32 anos, mãe de I., desaparecida desde 2006)

Alvarenga e Villaherrera (2004) afirmam que os rituais fúnebres possuem três funções primordiais após a perda de alguém significativo: auxiliar os envolvidos a dar vazão a seus sentimentos, criar um espaço onde o sofrimento é validado socialmente e, principalmente, permitir que os enlutados entrem em contato com o corpo do falecido, concretizando/materializando a perda. As autoras (*ibidem*, p. 58) complementam ao afirmarem que os rituais cumprem uma função social fundamental pois, "[...] através deles, o entorno social oferece apoio, solidariedade, consolo e também valida e concretiza a perda". Já nos casos de desaparecimento, não há rituais socialmente construídos para dar vazão a esses sentimentos:

> O desaparecimento privou os familiares dos elementos básicos para a elaboração do luto: a certeza da morte e a possibilidade de realizar rituais religiosos e sociais, necessários para a assimilação de uma perda. Não poder ver o corpo morto do ente querido reforça o mecanismo de negação, próprio da primeira fase de impacto, e inicia-se [...] uma luta entre negação e realidade e, posteriormente, a impossibilidade de assimilar e aceitar a morte. (*Idem*)

Em todas as entrevistas, ficou evidente a dificuldade de lidar não só com a ausência da criança, mas também de respostas, de ritos e de um fechamento. Na fala de N., 59 anos, mãe de O., desaparecida aos 11 anos de idade, a importância da materialização da morte coloca-se como ponto crucial para a resolução da perda pois, segundo essa mãe, permitir-lhe-ia dar um fechamento ao seu luto:

"[...] a morte é muito melhor, porque aí você sabe que enterrou, tá vendo... se morreu, eu tenho certeza de que uma criança vai

diretamente pro Céu, e aí você sabe que tá descansando em paz, mas e a minha, que não sei onde está? Não sabe se tá sendo usada pra se prostituir, se tá sendo usada pra ficar na rua pedindo esmola... O que morreu tá lá, enterrou, pronto! Tá bem melhor que um caso desses..." (N., 59 anos, mãe de O., desaparecida desde 2002)

Z., mãe de A., desaparecida aos 9 anos, também aponta a angústia de não ter notícias da filha como um fator determinante que diferencia seu tipo de perda e acrescenta a fala sobre o papel da mãe quando a criança adoece, para contrapor com a impossibilidade de elaboração em casos como o seu:

"[...] a mãe que tem o filho sumido é pior do que quando perde morto, né? Porque, quando é o caso de quem tem um filho doente, a mãe fica lá, fazendo de tudo pra ele melhorar, mas se ele morrer ela ficou com ele até o último suspiro dele... No dia em que ela querer desabafar, ela sabe onde ele tá, ela sabe que ele não tá sofrendo. Já no meu caso é o contrário: a gente não sabe realmente se ela tá viva, se ela não tá morta e foi jogada em algum lugar que nunca foi encontrado ou se ela tá sofrendo na mão de alguém [choro]. A dor é muito pior." (Z., 44 anos, mãe de A., desaparecida desde 2003)

G., mãe de C., desaparecida aos 11 anos de idade após ter sido levada por um homem desconhecido de uma feira livre, reafirma o direito dos pais de poder realizar rituais como o velório e o enterro e ter garantido o direito de um local onde os filhos possam ser visitados e lembrados por eles.

"[...] quando morre um filho, a gente quer velar, assim a gente pode lembrar e ver o túmulo quando quiser. Mas assim, não saber de nada, se a criança tá viva ou morta? É duro demais [choro]. Acho que todo pai tem direito de enterrar seu filho quando ele morre, né? Pai e mãe dão a vida, têm de ter esse direito, mas se

não pode fica assim, aberto pra vida toda, que nem machucado que não cicatriza [choro]." (G., 31 anos, mãe de C., desaparecida desde 2005)

Podemos concluir que a certeza da morte de um filho, aliada à validação social dessa perda (por meio da realização de rituais) e à existência de um local onde se concretize a morte e que possibilite a expressão dos sentimentos de pesar, coloca-se como um fator facilitador para o processo de elaboração da perda. Nos casos de desaparecimento, no entanto, não há certezas, não há lugares, não há rituais, não há margem possível de elaboração. As hipóteses, sejam elas baseadas na negação da morte ou na sua aceitação, tornam-se os únicos mecanismos para que essas mães deem conta da ambiguidade de sentimentos presente diante da ausência dos filhos e possam continuar investindo nas buscas.

De acordo com Boss (2001, p. 129), "muitos casais e familiares encontram apoio e informação que tão desesperadamente necessitam participando de grupos de pessoas que estão sofrendo o mesmo tipo de perda". Segundo a autora, é justamente pela falta de rituais, suporte e compreensão da rede que os familiares de pessoas desaparecidas se unem a outros que vivem o mesmo problema. Boss descreve que esses grupos são formados com o intuito não só de unir forças para acelerar as investigações dos casos, mas, principalmente, porque é nesse espaço que as famílias podem compartilhar seus sofrimentos e angústias com outros que vivenciam a mesma dor. Formar grupos com outros familiares, divulgar fotos e organizar passeatas são recursos de enfrentamento da presença psicológica de alguém ausente fisicamente. Na ausência de respostas, essa é a forma que muitas famílias encontram de "provar" que aquele de quem não se tem notícia existe, mesmo que possa não estar mais vivo. É dar-lhe corpo, concretude, permitindo que seja lembrado, homenageado, como quando o fazemos ao velarmos os mortos por meio de rituais.

Alvarenga e Villaherrera (2004) afirmam ser mais frequente que esses grupos sejam formados por mães de pessoas desaparecidas. As autoras acreditam que, além de as mulheres serem mais estimuladas socialmente a expressar seus sentimentos, também são elas que tomam a frente das investigações, parte por sentirem-se responsáveis pelo desaparecimento de seus filhos, parte por não quererem abdicar de seu papel parental. Como benefício, essas mulheres encontram, ao lado de outras mães, o sentimento de pertença e a validação de seus sentimentos. Nossas participantes, por exemplo, relataram que, na relação com mães que não tinham filhos desaparecidos, sentiam-se muitas vezes julgadas, menosprezadas e/ou incompreendidas, o que gerava raiva e desconforto, agravando o sentimento de culpa pela ausência das crianças.

"A gente se sente diferente, às vezes. Tem outras mães, até mesmo mãe de coleguinha da escola, que ficam com aquela indiferença. Perguntam assim: 'E aí, achou ela? Você ainda acredita que vai achar ela? Que ela ainda tá viva?' E eu respondo que sim, porque Deus tá no céu e, se minha filha estivesse morta, eu já tinha achado alguma coisa. Isso faz a gente se sentir pior... Elas não entendem o que a gente passa..." (E., 32 anos, mãe de M., desaparecida desde 2006)

"Eu sou mãe, sempre fui e sempre vou ser. As outras mães é que nunca acreditam na gente. Elas não acreditam que pode acontecer com elas, acham que as nossas crianças fugiram, que foi rebeldia, ou não cuidamos direito, nunca acham que a criança possa ser levada por alguém, sempre acham que ia fugir e tudo o mais, mas ninguém conhecia a P. pra dizer isso porque, se conhecesse, ia saber que ela não ia fugir. Eu não me sinto mais à vontade pra ficar com qualquer mãe, só as minhas amigas que sabem toda a história, porque as outras julgam você e acham que você fez alguma coisa errada." (F., 51 anos, mãe de P., desaparecida desde 2002)

"A gente se sente diferente... a gente se lembra de tudo quando tá perto delas... Por exemplo: tem uma mãe lá na minha rua que tem os mesmos filhos que eu, tem quatro meninos e uma menina... Ela chegou no ano passado pra mim e falou: 'Ai, minha filha se formou!' E a filha dela tem a mesma idade da A.... Aí é duro ver a filha dela se formando na escola porque a A. ia estar se formando também. Aí eu fico assim, triste [choro], mas ela não tem culpa, é só a gente que se sente diferente, meio excluída. Tem vezes que a gente sente que merecia ver o filho crescer, e não o dos outros..." (Z., 44 anos, mãe de A., desaparecida desde 2003)

Vemos que a imagem da mulher como aquela que ama seus filhos e cuida deles prevalece em nosso imaginário, e a expectativa de que nenhum mal lhes aconteça é ainda maior nos dias de hoje. Quando uma criança desaparece, as mães geralmente são consideradas responsáveis pelo ocorrido e, quando esse julgamento vem de outra mãe, os sentimentos de culpa e impotência são ainda mais devastadores. Para combater esses sentimentos, algumas mães defendem-se alegando: "Coisas ruins acontecem com pessoas boas" ou "Isso pode acontecer com qualquer uma de nós", e mostram indignação ao pensar em outras mães que não são tão dedicadas aos filhos como elas:

"Eu fico triste porque tem mãe que não quer nem saber, que nem liga, que larga o filho, é desnaturada... Difícil a gente aceitar uma barbaridade dessa... eu fiz tudo pra não acontecer essas coisas, e acontece justo comigo [choro]." (V., 32 anos, mãe de I., desaparecida desde 2006)

"Tem mães que nem ligam pros filhos, que não dão atenção, tratam os filhos com ignorância, com brutalidade, não têm um gesto de amor, carinho com eles e eles continuam ali, do lado delas; mas eu, que sempre tratei com tanto amor, aí minha filha desaparece. Tem um monte de mãe assim, que não tá nem aí pros filhos;

os meus não, sempre foram agarrados comigo, sabe? Tem mãe que deixa a criança ali, sem atenção, nem liga, e eu, que dei minha vida pelos meus filhos, passo por isso [choro]. Então eu sou diferente, sim, porque essas mães não dão valor aos filhos como eles merecem [...] e elas não acreditam na gente, acham que a gente tem culpa no que aconteceu, mas não é verdade. Tratam a gente como se a gente fosse uma má mãe, e não é assim." (N., 59 anos, mãe de O., desaparecida desde 2002)

Para lidar com tamanho sofrimento, muitas mães só encontram apoio com outras mães de crianças desaparecidas. Nossas participantes apontaram como benéfico o fato de poder compartilhar com outras mães as mesmas angústias e ansiedades pelo desaparecimento de um filho. Esse sentimento de pertença mostrou-se uma fonte de segurança e esperança para a maior parte das participantes, que contam com esse recurso nos momentos em que se sentem desamparadas e desorientadas.

Já em relação às mães que não possuem filhos desaparecidos, duas vertentes se apresentaram. Para algumas, "o sentimento de mãe/maternidade", como chamaram, fica mais aguçado quando se tem um filho desaparecido. O amor, o cuidado e a dedicação à família e aos filhos são maiores e, segundo elas, aprende-se a dar mais valor às pessoas, o que outras mulheres não são capazes de ter, pois não sabem o que é sofrer por um filho ausente.

Por outro lado, outras participantes sentem-se inferiorizadas e estigmatizadas na relação com outras genitoras, pois acreditam estar sempre sob os olhares inquisidores destas, que as culpam pelo desaparecimento de seus filhos. Nesses casos, a relação com outras mulheres que não tenham filhos desaparecidos fica prejudicada e os sentimentos de culpa e fracasso se acentuam, dificultando ainda mais a reorganização psíquica dessas mães.

Podemos afirmar, ao final desta delicada jornada, que, para essas mães, fatores como a dúvida sobre como e onde estão os filhos desaparecidos, a não realização de rituais, o prolongamento indefinido da ausência e o julgamento de outras pessoas (especialmente outras mães) podem contribuir negativamente para o processo de elaboração da perda. Por outro lado, a formação de grupos com outras mães de crianças desaparecidas e a possibilidade de compartilhar com estas seus sentimentos apresentam-se como importantes recursos para a reestruturação e reorganização da vida dessas mulheres. Poder ventilar, falar sobre suas perdas, trocar experiências e ter o reconhecimento de suas dores e angústias torna a experiência real e permite que elas possam lidar com a difícil incerteza do fim.

REFERÊNCIAS

ALVARENGA, G. H.; VILLAHERRERA, R. A. L. *Tejiendo nuestra identidad: intervención psicosocial en la problemática de la niñez desaparecida en El Salvador*. 1. ed. El Salvador: Asociación Pro-Búsqueda, 2004.

BOSS, P. *La pérdida ambigua: cómo aprender a vivir con un duelo no terminado*. Barcelona: Gedisa, 2001.

BRASIL. Ministério da Justiça/Secretaria Especial de Direitos Humanos. *Desaparecidos: estatísticas*. Disponível em: <http://www.mj.gov.br/desaparecidos>. Acesso em: 18 dez. 2013.

CASELLATO, G. "Luto pela perda de um filho: a recuperação possível diante do pior tipo de perda". In: FRANCO, M. H. P. (org.). *Uma jornada sobre o luto: a morte e o luto sob diferentes olhares*. São Paulo: Livro Pleno, 2002, p. 11-21.

CASELLATO, G.; MOTTA, M. A. P. "Lutos maternos: um estudo comparativo". In: FRANCO, M. H. P. (org.). *Estudos avançados sobre o luto*. São Paulo: Livro Pleno, 2002, p. 95-130.

FRANCO, M. H. P. "Uma mudança no paradigma sobre o enfoque da morte e do luto na contemporaneidade". In: FRANCO, M. H. P. (org.). *Estudos avançados sobre o luto*. São Paulo: Livro Pleno, 2002, p. 15-38.

GOSCH, N.; TAMARKIN, C. "An anguished mother refuses to give up hope for the son who vanished six years ago". *People Weekly*, v. 30, n. 15, 1988, p. 103-04.

HENDERSON, M.; HENDERSON, P. *Missing people: issues for the Australian community*. Canberra: National Missing Persons Unit/Australian Bureau of Criminal Intelligence, 1997.

KORDON, D.; EDELMAN, L (orgs.). *Efectos psicológicos de la represión política.* Buenos Aires: Sudamericana e Planeta, 1987.

LLOYD, G.; ZOGG, C. "Missing children". In: RANDO, T. *Parental loss of a child.* Nova York: Owl Book, 1997, p. 269-75.

PARKES, C. M. *Luto: estudos sobre a perda na vida adulta.* São Paulo: Summus, 1998.

RICHES, G.; DAWSON, P. "Communities of feeling: the culture of the bereaved". *Mortality*, v. 1, n. 2, 1996, p. 143-60.

SARAIVA, K. M. P. *O segredo converte-se num bebê: a importância do encontro da mãe com o bebê natimorto.* Dissertação (Mestrado em Psicologia), Faculdade de Psicologia, Pontifícia Universidade Católica do Rio de Janeiro, 1999.

TUBBS, C. Y.; BOSS, P. "An essay for practitioners: dealing with ambiguous loss". *Family Relations: Interdisciplinary Journal of Applied Family Studies*, v. 49, n. 3, 2000, p. 285-86.

WORDEN, J. W. *Terapia do luto: um manual para o profissional de saúde mental.* 2. ed. Porto Alegre: Artes Médicas, 1998.

ZIMERMAN, D. E. *Vocabulário contemporâneo de psicanálise.* Porto Alegre: Artmed, 2001.

8. O luto do profissional de saúde: a visão do psicólogo
Regina Liberato

CONSIDERAÇÕES INICIAIS

QUANDO ALGUÉM ADOECE E resolve buscar ajuda profissional para compreender melhor os problemas que surgiram em sua vida decorrentes do adoecimento os recursos existentes para lidar de maneira eficaz com a doença, já se constela um momento muito singular.

Duas pessoas que nunca estiveram juntas viverão intimidade suficiente para refletir sobre questões primordiais da existência humana, muitas vezes complexas e dolorosas. Existe um movimento energético que interferirá no formato do encontro que existirá, mesmo antes de essas pessoas se encontrarem. Emergem sentimentos que começam a estabelecer vínculo com o processo que será gerado.

Apesar dos obstáculos iniciais que implicam expectativas de autoconhecimento e possibilidades de cura, duas pessoas estranhas, porém afinadas nos objetivos e nas esperanças, começam a consolidar o caminho de uma relação plena de significado que propiciará mudanças significativas nas duas pessoas envolvidas.

Esse encontro acontece em espaços privativos ou públicos, mas é um evento de caráter completamente privado e sediado por uma área social cuja orientação segue um modelo de funcionamento específico e complexo.

Prestar serviços na área da saúde é desgastante, e o profissional, um ser comum com demandas pertinentes à própria humanidade, sofre também influência de fatores impessoais advindos de áreas sociais que se relacionam com sua expressão como indivíduo, tais como os culturais, econômicos e políticos.

CONTEXTUALIZANDO O ENCONTRO PSICOTERAPÊUTICO

Duas pessoas, psicoterapeuta e paciente, encontram-se num mesmo espaço físico. Esse espaço será preenchido com fala expressiva e escuta especializada, e é muito provável que essa dupla forme uma parceria de valor.

O paciente espera auxílio para conseguir a resolução de seus problemas e a cura de seus males. O psicoterapeuta espera atender às expectativas emergentes e fornecer auxílio suficiente para que o paciente consiga qualidade ampla em seu viver e enfrente suas vicissitudes com o menor sofrimento possível.

Se esse encontro de fato acontecer e conseguir ter representatividade e significância suficientes para as transformações que virão, as duas pessoas envolvidas nunca mais serão as mesmas. A aliança terapêutica que emerge da confiança, colaboração e parceria entre essas duas pessoas disponíveis para o crescimento e desenvolvimento será a base para o exercício da empatia, o calor humano, o apoio, a compaixão, a amorosidade e a autenticidade que promoverão a abertura para outras formas de perceber a vida e gerar novos projetos existenciais.

Vamos tentar examinar de maneira mais ampla e sem preconceitos a base daquilo que nos legitima como participantes de uma relação tão singular, que acontece entre pessoas estranhas, mas ao mesmo tempo íntimas, que possuem objetivos comuns com relação ao bem-estar e à qualidade de vida dos envolvidos e têm como tarefa nuclear trilhar um caminho de maneira corajosa e única, sem nenhum manual que especifique como efetuar adequadamente esse percurso.

As perguntas primordiais são as que fazemos a nós mesmos de tempos em tempos: o que é cura em sua essência? Como se dá esse processo? Quem e o que a promove? Podemos apontar algumas qualidades facilitadoras para aqueles que se iniciam nas profissões que têm por objetivo o autoconhecimento, o suporte e a assistência de pessoas, especialmente a psicoterapia?

Embora reconheça a dimensão de mistério que cerca o processo de cura, essa busca pode ajudar a todos os envolvidos com a psicoterapia, no sentido de compormos um quadro mais nítido de nosso próprio trabalho, pois o processo de cura sempre foi enfocado de maneira muito difusa e às vezes abstrata.

A psicoterapia com pacientes oncológicos sugere uma compreensão abrangente sobre aspectos orgânicos e psicológicos e fatores sociais.

A psico-oncologia, uma das minhas especializações, aborda nos tratamentos tanto o impacto do câncer nas funções psicológicas do paciente, da família e da equipe de saúde (unidade cuidadora) quanto o papel que as variáveis psicológicas e comportamentais têm no risco do câncer e na sobrevivência dos pacientes oncológicos.

Fornece instrumentos para que os profissionais lidem com o paciente, seus familiares e a equipe de cuidados que os assiste, evidenciando seu contexto de expressão sistêmico, que entende o paciente como núcleo de atenção, porém considera que a família e os cuidadores, mesmo desempenhando suas funções como provedores de cuidados, também apresentam necessidades específicas de atenção e cuidados próprios.

A RESPEITO DO PROFISSIONAL DE SAÚDE

SOMOS MUITOS E PERTENCEMOS a diversas categorias profissionais.

As feridas provenientes do exercício da nossa profissão estão associadas tanto à nossa condição humana quanto à impotência diante das diversas situações que enfrentamos no nosso cotidiano.

Aqueles que, de alguma maneira, compartilham a dor psíquica do contato com o sofrimento do outro, com a doença e a morte, por seu lado, enfrentam dificuldades técnicas e submetem-se a salários insuficientes e à sobrecarga de tarefas além de enfrentar as suas dificuldades pessoais e sociais, ao lado de angústias e estresse profissional, como qualquer outro ser humano que trabalha.

Aceitar essas dificuldades é caminhar em direção a uma consciência ampliada da existência, constelando sentimentos de solidariedade e compaixão que surgem do reconhecimento da humanidade.

O fenômeno do encontro profissional-paciente é amplo e rico em particularidades e, mesmo que se estabeleça uma política de indiferença afetiva em relação aos conteúdos não compatíveis com o raciocínio clínico ou protocolo de procedimentos, esses conteúdos espalham-se e contaminam profundamente a alma, agindo inclusive de maneira inconsciente e provocando reações (Benetton, 2002).

Segundo o autor, estar em relacionamento é lidar com crenças, convicções, afetos, esperanças, dúvidas, certezas, e sempre algo influenciado pela carga afetiva que lhe dá base, consciente ou inconsciente, em interação com o aparelho psíquico do outro, com sua carga afetiva respectiva (*ibidem*).

O profissional de saúde tem um desgaste muito além do comum na sua prática cotidiana, porém deve se preocupar com treinamento e desenvolvimento, de maneira que consiga lidar com as demandas naturais e inerentes ao processo de viver para que os espaços psíquicos individuais presentes na terapia/análise possam ser preservados e respeitados.

Jess Groesbeck, autor de um artigo cujo título é "A imagem arquetípica do médico ferido" (1983), faz uma reflexão fundamentada na mitologia e na psicologia analítica sobre o encontro terapêutico, sustenta que um profissional íntegro é aquele que reconhece suas singularidades, seus talentos, seus problemas e seus desafios, valorizando-os e aceitando-os ao legitimar sua humanidade.

> Um bom médico tem pelo menos certo número de sentimentos *não ansiosos* em relação à doença que trata. Recebeu treinamento genérico e trabalha no sentido de "despotencializar" sua ansiedade em relação à doença, tendo-se familiarizado com o seu curso natural. Além disso, a sua *persona* profissional é capaz de mobilizar a esperança do paciente. Tais atribuições capacitam-no a propiciar que o médico interior faça seu trabalho. É nisso principalmente que se baseia a confiança reiterada num bom tratamento médico-psiquiátrico de curta duração. (Groesbeck, 1983 p. 72-96)

Para o autor, quando o profissional e o paciente se conscientizam de suas feridas, essa consciência proporciona um espaço comum emergente do encontro terapêutico, que Groesbeck chamou de "terceiro ponto" ou "terceiro elemento" na análise, e cuja função central é mobilizar e constelar o circuito de cura, que será iniciado e terá como protagonista o "curador interno", instância representativa das possibilidades curativas que brotam do indivíduo adoecido.

Para elucidar essa questão, Groesbeck (*idem*) cita em seu artigo:

> Guggenbühl-Craig sugere que existe um arquétipo "médico/paciente" que é ativado todas as vezes que uma pessoa fica doente. O doente procura um médico ou doutor externo, mas o fator intrapsíquico, ou "fator curador", ou ainda o "médico interior" é também mobilizado. Mesmo o médico externo sendo muito competente, as feridas e doenças não poderão ser curadas se não houver a ação do "médico interior".

O autor (*ibidem*, p. 78) continua, ressaltando a necessidade do processo de consciência de ambos a respeito das próprias feridas e das possibilidades de intercambiarem, consciente ou inconscientemente, os recursos de enfrentamento sensibilizados por meio do relacionamento terapêutico:

> O paciente busca externamente alguém que o cure, um médico. O médico sai ao encontro dos pacientes, como sua vocação. Apresenta-se com

todas as prerrogativas da sua profissão, treinamento específico, técnicas, reputação, autorização, etc. No paciente, mobilizado por sua doença, ativa--se "aquele que cura, ou médico interior". Este, no entanto, não se integra à consciência, sendo projetado e constelado pela *persona* do médico. Da mesma forma, no médico ativa-se o seu lado interior ferido, sua própria doença – psíquica, somática, ou ambas – ainda não resolvida – ao entrar em contato com a pessoa enferma. Este outro polo da imagem arquetípica é mais projetado sobre o paciente do que vivido no plano interior.

Portanto, a verdadeira cura só ocorrerá quando o paciente entrar em contato com os recursos curativos internos disponíveis, ou seja, a figura simbólica do curador interno, e dele receber ajuda. Isso só pode acontecer quando as projeções feitas sobre a *persona* do terapeuta/analista forem retiradas, e ele puder ter consciência e aceitação de suas próprias feridas.

QUANDO O CUIDADOR ADOECE

INICIEI O ANO DE 2006 sentindo-me muito cansada, verdadeiramente exaurida.

Naquela época, eu morava numa pequena chácara em Cotia e levava cerca de duas horas para chegar ao trabalho em São Paulo, só retornando para casa depois das 23 horas.

Atendia 44 pacientes semanalmente, 21 deles acometidos pelo câncer direta ou indiretamente. Assistia, então, alguns pacientes oncológicos, suas famílias e alguns profissionais de saúde que trabalhavam em oncologia, alguns em psicoterapia e outros em supervisão de casos clínicos. Fazia isso todos os dias.

Dava aulas numa faculdade, trabalhava em projetos diversos, palestrava em congressos e outros eventos.

O ano havia começado cheio de tarefas e trazia alguns problemas sérios. Em março de 2006, meu casamento, que durou 20 anos, desfez-se de maneira inesperada e muito dolorida.

Em junho de 2006, preocupada com um cansaço crescente, resolvi fazer uma pesquisa em minha saúde geral. Numa tarde de sexta-feira de um mês frio e exigente, depois de uma batelada de exames, recebi um diagnóstico que me colocou diante de uma situação muito preocupante.

Depois de uma biópsia num nódulo sólido localizado em minha mama direita, recebi um diagnóstico que iria mudar minha vida radicalmente.

Eu estava com câncer.

Eu estava com câncer.

A vida é mesmo um enigma.

Ela simplesmente se manifesta como deve acontecer.

Em apenas seis meses eu havia perdido várias referências importantes para mim. Perdi um relacionamento significativo, perdi o meu lar, perdi a minha estabilidade econômico-financeira, perdi a minha saúde, a autonomia e a liberdade.

Um diagnóstico de câncer interrompe planos que estão em desenvolvimento e impede a alma de seguir seus sonhos.

Percebi que perdi muitas referências, mas estava descobrindo muitas novidades sobre mim e sobre a minha vida, que eram imperdíveis.

Decidi que deveria lutar pela minha vida, com todos os recursos que tinha. Certamente a minha vida continuaria sendo plena de significado e qualidade, o máximo que eu conseguisse.

E assim foi.

Eu estava com câncer de mama e tinha de tomar decisões rápidas. Mudei para São Paulo para morar na residência de uma amiga muito querida, o que foi extremamente benéfico. Meus amigos, minha família social foram minha tábua de salvação.

Além de estar acompanhada de amor, afeto e cuidados especiais para enfrentar minhas primeiras batalhas, estava próxima a um bom hospital no caso de intercorrências no curso do tratamento.

Meu futuro próximo reservava-me experiências assustadoras, a saber, uma cirurgia para a retirada da mama (mastectomia), as sessões de quimioterapia, as sessões de radioterapia e a hormonioterapia.

E eu pretendia cumpri-las à risca.

Possivelmente eu teria de me ausentar do trabalho, em algumas ocasiões, para me submeter a procedimentos necessários ao tratamento proposto, tais como preparação para a cirurgia, recuperação pós-cirúrgica, sessões de quimioterapia, alterações na minha aparência física (perda dos cabelos, perda das sobrancelhas, inchaços), alguns efeitos colaterais da medicação e assim por diante.

Todas essas alterações não passariam despercebidas pelos meus pacientes. Precisava resolver como tratar disso, considerando o menor dano possível, já que essa era uma demanda implantada por mim, involuntariamente, porém iniciada por meio de um evento externo à psicodinâmica dos pacientes.

Resolvi então contar a todos eles paulatinamente, para que pudessem se preparar previamente para enfrentar essas mudanças. Considerei que essa possibilidade era mais honesta, embora pudesse me causar uma sobrecarga de tarefas de cuidados com os pacientes e comigo mesma.

E assim aconteceu. Dia após dia fui contando a todos sobre a minha doença e o respectivo tratamento, abrindo espaço para questionamentos, dúvidas e expressão de sentimentos.

As reações foram inicialmente as mais diversas possíveis: alguns ficaram curiosos e tentaram esclarecer suas dúvidas, outros demonstraram medo do futuro e da minha potência como cuidador, entristeceram, tentaram consolar, e mais tantas outras.

Tentei facilitar o máximo possível a expressão dos sentimentos presentes neles. Durante vários dias conversamos pontualmente sobre diversos assuntos, tais como a injustiça divina, os sentimentos despertos quando enfrentamos a morte, o sofrimento da impotência quando acompanhamos a história de pessoas que enfrentam suas vicissitudes, o valor do acompanhamento da família originária ou social para que o tratamento tivesse um êxito esperado, ou a esperança que brota quando nosso sistema de crenças é baseado em pensamentos e comportamentos positivos e funcionais.

Seguindo o ritmo do tempo, todos foram acalmando, concentrando e "conformando", criando formas novas de comunicação e relacionamento.

Tomei cuidado apurado para que os assuntos gerados fossem redirecionados para a relação terapêutica, e assim assimilados nos conteúdos de expressão e reflexão dos pacientes.

Meu referencial de sofrimento foi meu parâmetro principal para aceitação e compreensão do sofrimento alheio.

Os assuntos tangentes à minha doença eram também pertinentes a qualquer experiência do desenvolvimento humano e funcionaram, muitas vezes, como instrumentos facilitadores da elaboração e transformação das demandas comuns emergentes.

Continuei trabalhando normalmente com as pessoas que eu já acompanhava e recebi outros pacientes durante e após o tratamento, porque a vida continua.

Simplesmente, continua.

REFLEXÕES E PROPOSITURAS

O ANO DE 2006 terminou.

O ano de 2007 começou e trouxe com ele ótimas notícias.

Sobrevivemos.

Juntos enfrentamos nossas dores, respeitando os limites e objetivos do *setting* terapêutico.

Evidentemente, o processo terapêutico tem um formato específico que necessita de papéis determinados e bem posicionados. Não se pode perder de vista que a psicoterapia é uma prestação de serviços.

É uma oferta de assistência, suporte e acompanhamento do sofrimento humano e, independentemente do que ocorra com o psicoterapeuta, continua sendo o propósito da psicoterapia.

Porém, é completamente inverossímil defender uma neutralidade que nos sequestra dos cenários do processo de viver.

Fazemos parte do viver e, por causa disso, nós nos alegramos com acontecimentos, entristecemos com as nossas adversidades, temos medos e inseguranças decorrentes de situações diversas, encontramos dificuldades de toda ordem, adoecemos e morremos como qualquer ser humano vivo.

É claro que a vivência de qualquer ato da vida não nos impede de fazer nosso trabalho de maneira ética, com lisura, foco e determinação, porque se supõe que somos formados e capacitados para o nosso exercício profissional.

Supõe-se porque todo psicoterapeuta deve cuidar constantemente de sua formação e capacitação profissional para desempenhar sua tarefa.

Em toda concepção a respeito da psicoterapia, sustenta-se que o material emergente é assimilado pelo profissional e seu paciente de maneira diferenciada e com objetivos diferentes. Algumas fundamentações teóricas, inclusive, declaram-se favoráveis a essa ocorrência. À sua maneira com seus limites, cada um elabora o tema nuclear, o que sugere a noção da contaminação do material psíquico.

É preciso que o profissional esteja consciente sobre si mesmo, atento e capacitado para compreender o paciente com empatia, buscar definir um diagnóstico complementar da psicodinâmica simbólica do adoecer do paciente e eleger recursos criativos apropriados para a "digestão" do material abordado.

A prática clínica não pode existir sem contato humano, mas o contato não significa vínculo em si. Para que essa relação seja pulsante, seja uma relação de reconhecimento e construção, faz-se necessário o estabelecimento do vínculo profissional.

No vínculo pressupomos empatia mínima, um desejo de aproximação e de intimidade para melhor compreensão da pessoa adoecida. Na vinculação, o paciente deixa de ser um caso clínico para ser uma pessoa, o que torna o relacionamento mais humano e mais personalizado.

> Esta postura supõe um profissional menos defendido e escondido em seu conhecimento científico atualizado; menos necessitado de reverência e de reconhecimento; implica, portanto, em um profissional mais aberto e desprendido, disposto a explorar um relacionamento humano.
> A vinculação propõe um abraço, mesmo que no sentido figurado, para atender uma das maiores necessidades da pessoa adoecida ou enferma, que é o acolhimento.
> A vinculação do profissional com seu paciente o alimenta afetivamente. (Benetton, 2002, p. 73-74)

Porém, o vínculo continua sendo profissional, e tem algumas características específicas:

1 Equidistância: ainda há um espaço resguardado, onde se possa lidar internamente com o custo da aproximação do sofrimento do outro. Protege o profissional de ser invadido por causas, temas e valores, que, mesmo semelhantes, não são seus e o desequilibram, possibilitando espaço de manobra para lidar com essas vivências de maneira adequada e saudável, manter o foco para uma visão fenomenológica adequada e ter discriminação para o diagnóstico psicodinâmico.

2 Vigilância para o não julgamento moral do paciente: quanto mais tempo demoramos para julgar, mais conhecemos aquilo que, muitas vezes, de início julgaríamos automaticamente.

3 Noção dos limites e responsabilidades do poder de influência sobre o paciente.

4 Compreensão simbólica dos dramas existenciais que se misturam ao sofrimento atual.

Para Benetton (*ibidem*), essas quatro características presentes no encontro psicoterapêutico auxiliam no cuidado higienizado da vinculação profissional e propiciam uma abertura no sistema psíquico do paciente para que novos recursos criativos possam transformar sua experiência em relação à doença.

Nossas identidades são relacionais e operacionais, e não são prévias aos nossos contatos com o meio ao qual pertencemos, portanto somos alterados enquanto nos relacionamos.

Para a formação do profissional, existem mecanismos que possibilitam seu autoconhecimento. Conhecer suas características de personalidade, seus sentimentos, suas formas de funcionamento e expressão é imprescindível para identificar e discriminar sua postura na psicoterapia.

A formação humana baseia-se nos processos educativos contínuos e permanentes considerando a jornada evolutiva de tornar-se e manter-se humano, que se mantém por todo o ciclo vital de um indivíduo.

Fornece possibilidades a um indivíduo de ser cocriador com outros de um espaço de convivência social de qualidade, sendo capaz de viver sua individualidade, identidade e confiança em si mesmo fundamentadas no respeito por si e pelo outro. A ênfase é no aprimoramento do refletir e fazer e não na transformação ou mudança do ser (Liberato, 2009).

A formação humana subsidia a nossa ética profissional.

É possível, então, aprender a respeitar seus próprios problemas e limitações e, ainda, considerar com o mesmo respeito os problemas e limitações do outro, cuidando para que os aspectos de cada pessoa sejam preservados e cuidados na medida correta.

Com a formação humana, preparamos nosso único instrumento de trabalho, que somos nós mesmos, para participarmos do encontro psicoterapêutico sem risco de contaminação psíquica, com honestidade e compaixão, que nos aproxima do sofrimento do outro pela apreensão do significado do sofrer na psicodinâmica do outro.

Talvez devêssemos considerar melhor esse aspecto de nossa educação, pois nossa cultura valoriza muito mais processos de capacitação do que de formação.

A formação humana é responsável pela lapidação do humano, reforçando valores e princípios éticos essenciais para relacionamentos saudáveis.

Para continuarmos discutindo a humanização da área da saúde, provavelmente teremos de mexer nessa equação. Para humanizar, vamos precisar conhecer o que é essencialmente o ser humano, para depois oferecer o que é, de fato, ressonante à humanidade. É prudente que comecemos por nós mesmos.

Ainda assim, podemos capacitar o humano para acontecimentos específicos, e parte do que conceituamos no cuidar também depende de reflexão, treino e desenvolvimento.

A capacitação possibilita a aquisição de habilidades, capacidades de ação ou recursos operacionais pertinentes à área profissional, bem como propicia a criação de espaços de ação onde se exercitem as habilidades que se deseja desenvolver, criando um âmbito de ampliação dessas capacidades (Liberato, 2009). Ela nos oferece instrumentos de manejo da tarefa profissional e nos faz capaz de desempenhar o papel de psicólogo e/ou psicoterapeuta.

Somente a junção da formação humana com a capacitação profissional torna-nos capazes e competentes para exercer nosso trabalho, que necessita de características das duas instâncias educacionais em momentos e situações específicos.

Devemos considerar também que, neste exato momento, enfrentamos mudanças significativas no atual paradigma da área da saúde. Alguns conceitos estão sendo discutidos, e estamo-nos adaptando às diversas mudanças que esse movimento promove. Com isso, algumas expectativas depositadas na relação profissional-paciente estão em transformação contínua.

Não concebemos mais a cura como ausência de sintomas; saúde é hoje considerada um estado geral que nos permite lidar de maneira qualitativa com as vicissitudes que encontramos no processo de viver; já não esperamos que as pessoas que se propõem a participar de um encontro terapêutico não sejam conscientes de relação afetiva; estamos revendo preconceitos que mantinham até o momento as ideias da resolubilidade imediata de problemas e de uma postura profissional neutra e formal.

O DILEMA DO CURADOR FERIDO

A HISTÓRIA DA HUMANIDADE determina a estrutura das sociedades e suas culturas, atravessando tempos e culturas, sofrendo modificações e adaptações, interferindo na determinação das formas de relacionamento e cuidados, inclusive nos modelos e conceitos sobre doença e processo de cura, que acompanham a história do desenvolvimento e evoluem com a consciência humana.

Os mitos moldam a percepção que temos do mundo e dos seus fenômenos. Criados a partir da busca do significado da vida, por meio deles conseguimos compreender melhor a existência humana, ressaltando os nossos maiores dilemas e conflitos, assim como os recursos disponíveis para enfrentá-los.

> Os mitos sobre os fundadores de um povo também influem diretamente sobre a herança moral que esse povo carrega. É importante perceber que isso dá sentido e dignidade à comunidade, ajuda a organização interna pelo segmento dos preceitos inicialmente emitidos pelos antepassados. (Benetton, 2002, p. 237)

As bases históricas das concepções médicas e as suas práticas apontam para uma imagem ligada a uma figura mitológica que é relacionada às artes de cura. O símbolo da medicina é um bastão com uma serpente enrolada. Esse bastão é associado a Asclépio, um deus da cura.

Então, vamos à história.

Apolo, filho de Zeus, um deus relacionado à beleza, à perfeição, à harmonia, ao equilíbrio e à razão, em uma das suas andanças pelo mundo dos mortais, engravidou Corônis, uma bela ninfa que decidiu arrumar um marido mortal para legitimar essa criança.

O deus Apolo, ofendido, decidiu vingar-se e pediu à sua irmã Ártemis, a deusa da caça e uma guerreira selvagem, que ela acabasse com a vida de Corônis e suas damas de honra.

Como Apolo queria salvar seu filho, realizou uma cesariana e retirou a criança do ventre da mãe quase morta. A criança foi entregue a Quíron, um sábio centauro e mestre nas artes de cura muito considerado pelos deuses. Assim, Asclépio ficou sob os cuidados e ensinamentos de Quíron, seu tutor e mestre, o qual percebeu logo que Asclépio havia herdado as qualidades de seu pai.

Asclépio se desenvolveu, evoluiu na sua tarefa e estabeleceu seu santuário na cidade de Epidauro, sob as ruínas de um antigo templo dedicado a Apolo. Dedicou-se intensamente a curar, e, em reconhecimento de sua dedicação e habilidade, Atenas, a outra irmã de Apolo, resolveu lhe dar um presente.

Atenas tinha em seu poder o sangue coletado da ferida que Perseu, um herói da mitologia grega, infligira à cabeça de Medusa, uma das três Górgonas, um monstro que, quando encarado, transformava em pedra quem lhe olhasse. O sangue que verteu da cabeça decepada de Medusa possuía uma singularidade: o sangue da veia esquerda era um veneno mágico e poderoso, enquanto o da veia direita tinha a reputação de poder devolver os mortais à vida.

Asclépio possuía os dois frascos, um que matava e outro que ressuscitava, evidenciando a ambiguidade presente no processo de cura.

Tomou uma decisão: usou o segundo frasco e trouxe de volta à vida os heróis injustamente punidos pelos deuses e prematuramente enviados ao Hades, o mundo dos mortos. Com isso, reverteu a ordem do Universo e interferiu no ciclo natural da vida.

Zeus puniu-o severamente.

Asclépio havia desrespeitado o limite que os deuses impõem à humanidade, e por isso Zeus atingiu-o com um raio, enviando-

-o para o Hades para que ele, embora sendo deus, pudesse experimentar em si mesmo o destino dos mortos.

Assim, Asclépio torna-se o único deus da mitologia grega a experimentar a morte.

Esse é um resumo singelo do mito que abarca muitos outros aspectos interessantes do processo de assistência e cura.

Mas, afinal, de que modo a descrição do processo de cura nos tratamentos de Asclépio poderia nos ajudar a compreender o que vivemos na atualidade? Que elementos da relação profissional-paciente constelam a cura? Certos aspectos desse mito mostram-se importantes para a nossa discussão.

Vamos avaliá-los.

A CONSTRUÇÃO DE UM CURADOR FERIDO

Devemos pensar na formação do profissional de saúde, levando em consideração um processo educativo dinâmico e contínuo para que possamos nos tornar capazes e competentes para assistir àquele que sofre.

A imagem da construção é perfeita. É um processo que se desenvolve paulatinamente e evolui com fluidez e consistência. É urgente considerarmos o desenvolvimento profissional embasado em procedimentos de formação humana e de capacitação profissional.

Atualmente, privilegiamos a capacitação profissional. Precisamos inserir procedimentos que invistam na formação da personalidade do profissional, como oficinas de ética, grupos de sensibilização ou grupos operativos com temas específicos do desenvolvimento humano, dispositivos facilitadores de autoconhecimento, expressão de sentimentos e ampliação de virtudes e talentos.

> Podemos utilizar nossas dificuldades, apreensões pessoais ou lucidez em relação às experiências de sofrimento como matrizes do entendimento do

sofrimento do outro, e considerar que nossas emoções também se caracterizam como um campo fértil de percepções, um portal de codificação da dinâmica da doença (Liberato e Carvalho, 2008, p. 569)

A DUALIDADE EXISTENTE NO PROCESSO DE CURA

Vamos considerar dois princípios básicos de tratamento médico sobre os quais se baseia a maior parte das terapias modernas – a alopatia e a homeopatia – e, então, tentar traçar um paralelo com o processo psicoterapêutico.

Estamos num momento de transição, porém a visão alopática do tratamento médico ainda representa a maioria das ações terapêuticas, inclusive nas outras disciplinas que compõem a área da saúde.

A alopatia é definida como um sistema de tratamento que se utiliza de medicamentos capazes de causar no organismo efeitos completamente diferentes daqueles produzidos pela doença.

A homeopatia trata da investigação e aplicação do fenômeno do símile – lei dos similares, que acredita que o similar cura o similar e o semelhante é curado pelo semelhante.

Trata-se de um sistema de tratamento médico baseado na teoria de que certas doenças podem ser curadas pela administração de doses muito pequenas de drogas que, em grandes doses, poderiam causar sintomas semelhantes àqueles da doença em pessoas saudáveis.

A psicologia profunda, originária de preceitos discutidos por Freud e Jung, desenvolveu-se principalmente a partir de postulados que supunham uma aceitação da abordagem homeopática. Uma revisão geral da abordagem de Carl Gustav Jung ao processo de cura revela uma acentuada ênfase sobre o ponto de vista homeopático: a cura procede de uma abordagem simbólica da doença, ou seja, da descoberta dos significados que a doença comporta, dentro de uma perspectiva de integralidade do indivíduo em que os sistemas componentes do humano se inter-

-relacionam formando uma rede de comunicação, e aquilo que fere é também pleno da possibilidade de curar.

OS EFEITOS DA ULTRAPASSAGEM DE LIMITES

Aprender a conhecer os próprios limites e respeitá-los é cuidar de si, do outro e da qualidade da relação. Qualquer expectativa que ultrapasse aquilo que somos sensibiliza demandas de onipotência e impotência, tanto para o profissional quanto para o paciente.

Aquele que ultrapassar a medida, ultrapassar o "métron", como no mito de Asclépio, estará além das atribuições do papel. Estará assumindo o movimento de vida do outro, o destino do outro, interrompendo a jornada natural de desenvolvimento de um indivíduo.

Portanto, aquele que assumir o papel de salvador também assumirá o papel do algoz. Aquele que invadiu o espaço psíquico alheio e tomou para si o que era tarefa do outro será responsável pelos resultados colhidos. E isso é muito grave para a vida do paciente e de seu "salvador".

Aquele que adoece é mobilizado pelas vicissitudes da vida, até pela existência da necessidade de equilíbrio no curso da existência. Somos estimulados a procurar nossos recursos criativos de enfrentamento, para que possamos sobreviver às demandas da existência humana, e esse é um passo definitivo para que avancemos na evolução do nosso caminho pessoal.

A FERIDA INCURÁVEL DE QUÍRON

Quíron, o centauro tutor de Asclépio, foi ferido mortalmente num confronto com outros centauros. Uma flecha com um veneno mortal atingiu sua coxa e, a partir de então, Quíron teria de lidar com uma ferida muito dolorida que nunca cicatrizaria.

Quíron é um modelo de curador que aponta para um mundo com inesgotáveis possibilidades de cura, mas também onde não se pode perder o foco das feridas existentes. Quíron conhece todas as artes de cura, ensina a curar, mas não pode curar a si mesmo.

Pensar em Quíron como possibilidade faz-nos pensar a respeito da nossa posição dentro dessa díade curador-curado ou no estado do curador ferido, e considerar que o profissional que trabalha com a dimensão do cuidar – que inclui a possibilidade de curar, mas não é seu sinônimo – precisa estar sempre alerta para as suas feridas, que estarão presentes na vida do cuidador durante toda a sua existência.

AMOR POR SI E PELO OUTRO, FUNÇÃO TRANSCENDENTE E TRANSFORMAÇÃO

> *O amor é fogo que arde sem se ver*
> *É uma ferida que dói e não se sente*
> *É um contentamento descontente*
> *É dor que desatina sem doer.*
> (Luís de Camões)

AQUILO QUE SE PRECONCEBE com relação ao encontro terapêutico estipula que alguém adoecido vai à busca de um profissional com os recursos necessários para a cura e, *a priori*, nem sequer imagina que ele esteja enfrentando qualquer adoecimento.

Se essa concepção fosse verdadeira, então estaríamos falando de alguém que não adoece, que quando lida com o adoecimento tem um lugar demarcado e sempre do lado oposto da doença.

Como se a vida fosse uma ilusão perfeita, cometemos o pior engano possível. Se tirarmos do cuidador a sua humanidade, certamente ele não poderá usar o conhecimento advindo dela como referencial do sofrimento do outro.

Aprendemos com a reflexão que se baseia no conhecimento teórico, nas técnicas e na prática clínica, mas a terapia acontece quando se constela uma parceria de vida com compromissos, e a troca que se estabelece age na ferida latente, ampliando as possibilidades de cura que existem.

Como diz Jaspers (*apud* Groesbeck, 1983, p. 85):

> Só quando o médico tiver sido tocado profundamente pela doença, infectado por ela, mobilizado, amedrontado, comovido; só quando ela tiver se transferido para ele, continuado nele e obtido um referencial em sua própria consciência — só então e só nessa medida poderá lidar com ela eficazmente.

Como vemos, não temos a opção de adotar um relacionamento baseado na neutralidade. Podemos caminhar dirigidos por um fio de orientação que protege o conteúdo psíquico depositado na terapia/análise, de maneira que preservemos a individualidade da pessoa e os limites do *setting* terapêutico e da configuração da terapia/análise em si.

A humanidade é traduzida com base em diversos acontecimentos, que incluem sofrimento, adoecimento, adversidades e morte, assim como é decodificada por alegrias, amores, conquistas e encanto.

Roberto Gambini, terapeuta junguiano autor do livro *A voz e o tempo: reflexões para jovens terapeutas* (2008, p. 118), preocupou-se em discutir questões básicas do trabalho terapêutico resgatando a humanidade do cuidador.

> O encontro de duas pessoas criou um campo gerador de material para reflexão sobre a vida – tanto a externa, factual e histórica, quanto o processo interior, paulatinamente narrado, que evoluía, involuía, parava numa encruzilhada, atingia variados estados de ser – o que também dizia respeito a mim enquanto pessoa e terapeuta. Quer dizer, eu não fui um agente constante e imutável durante trinta anos, deparando-me com alguém em estado mutante, mais estruturado, menos estruturado, mais falante, menos falante. Não, eu também, nesse processo, tinha a minha vida externa e interna afe-

tadas por processos ou situações essencialmente análogos aos daquela pessoa sentada à minha frente. O que eu mantinha, como é função de qualquer terapeuta, era a mesma postura de estar no exercício de um papel, e fazer o trabalho que me cabia. Mas eu era um participante tão cambiável, tão sujeito a variáveis quanto o paciente. Nesse tempo todo passei por uma doença grave, atravessei períodos difíceis no plano pessoal, acumulei conquistas, sucessos, frustrações, perdas, aprendizagens.

Considero essa horizontalidade no contato humano que Gambini sugere em seu trabalho um recurso de grande valor para que o trabalho da terapia desabroche. Induz uma intimidade singular e aproxima o suficiente para que as almas se encontrem na dor.

O autor (*idem*) continua na sua reflexão amorosa sobre a terapia/análise:

> Há sempre uma dor na alma. A proposta é acolhê-la – e isso dói para os dois, cada um em sua poltrona – por acreditar que a única maneira de começar a cuidar da alma é lidar com sua dor e não com sua plenitude feliz, porque nesse caso a pessoa não estaria no consultório, mas regozijando-se com a vida. E aí entramos num terreno inexplorado e misterioso, no qual certas coisas ocorrem que mal consigo formular, mas mesmo assim são tangíveis, porque segundo observo, uma vez reconhecida e aceita a sua dor, a alma percebe que está sendo acolhida pelos braços dessas duas pessoas. O movimento inicial não é de cura, a dor, presente, começa a gerar um tipo de força reflexiva, é uma força de posicionamento dos sentimentos, uma atitude incomum e radical que aporta ao estado atual do paciente algo antes ausente.

Podemos então observar que há uma integralidade sistêmica, em que o movimento simplesmente se inicia. A partir do corpo, da alma ou do espírito, não importa. Seja de que instância se inicia, o movimento em direção à evolução e ao equilíbrio é imperativo.

Para Carlos Byington (1988), o corpo participa da psique por meio dos símbolos estruturantes que produz.

O conjunto de significados do corpo somático que constitui o corpo simbólico estrutura a consciência, propiciando formas e limites, e pode ser vivido de maneira passiva ou ativa. Quando se manifesta de maneira passiva, apresenta-se em forma de sintomas e fantasias, por exemplo. Quando se manifesta de maneira ativa, estabelece uma relação criativa com a simbologia da doença e, assim que o conteúdo simbólico é integrado, as possibilidades curativas relacionadas ao adoecer se ampliam e contribuem para a expansão da consciência.

Esse movimento propicia a manifestação da função transcendente da doença como símbolo, cujo funcionamento parece fornecer informações de diversas fontes da essência humana, que serão assimiladas pelo paciente em suas vivências relacionais, inclusive na relação que estabelece com o terapeuta/analista.

Para Ernest L. Rossi (1997), psicólogo e psicoterapeuta que se interessou pelos estudos sobre a relação mente-corpo, desenvolveu uma tese a respeito da intercomunicação de sistemas dentro de uma rede psicossomática, com informações que podem ser codificadas e transduzidas por meio de técnicas tais como a hipnoterapia e expressão artística. Rossi afirma que a mente tem a capacidade de simbolizar na forma linguística e extralinguística, configurando-se como uma forma de codificação, processamento e transmissão de informação no organismo integral e sistêmico.

A informação recebida e processada por meio do símbolo decodificado pode ser transduzida para os diversos sistemas que compõem o humano em todas as suas dimensões.

Portanto, por meio desse processo, as dimensões orgânica, psicológica, social, espiritual e ecológica do humano criam possibilidades de trocas criativas e transformadoras entre os vários sistemas que constituem o humano presentes nas relações que o indivíduo estabelece consigo mesmo (por exemplo, entre os sistemas endócrinos e imunológicos, entre os sistemas consciente e inconsciente), nas relações interpessoais (família, amigos ou o terapeuta/analista), nas vivências espirituais (religião, natureza e a arte) e na experiência de troca com o meio ambiente (as trocas estabelecidas com o mundo externo).

O novo paradigma da área da saúde acompanha a premência social que busca humanizar uma área tão complexa como a da saúde, e assim resgata a importância dos sentimentos, da ternura, da compaixão e do cuidado.

> Assim como na psicologia profunda, na biologia, com os estudos do chileno Humberto Maturana Romesín (1998), um dos maiores biólogos contemporâneos, o amor aparece como um fenômeno biológico. Para ele, na natureza existem dois tipos de acoplamentos dos seres com seu meio: um é necessário, e o outro espontâneo.
> O necessário tem como objetivo a sobrevivência. Os seres interagem e aderem aos respectivos ecossistemas como garantia da sobrevivência. No espontâneo, os seres interagem sem nenhuma razão específica de sobrevivência. Surgem naturalmente encaixes dinâmicos e recíprocos entre os seres vivos e os sistemas orgânicos.
> Quando um acolhe o outro, estabelecendo uma coexistência, faz-se presente o amor como fenômeno biológico. Ele se expande e ganha formas mais complexas. Uma delas é a humana.
> Mais que isso, na forma humana existe o acolhimento consciente do outro e a criação de condições necessárias para que o amor se instaure como valor significativo da vida. (Liberato, 2009, p. 276)

Para Humberto Maturana (1998, p. 23), "a emoção fundamental que torna possível a história da hominização é o amor" e emoções são "disposições corporais dinâmicas que definem os diferentes domínios de ação em que nos movemos" (*ibidem*, p. 15).

O amor como emoção constitui o domínio de condutas em que se dá a operacionalidade da aceitação do outro como legítimo outro na convivência, e, dependendo da emoção, podemos realizar certas ações e não outras, ou interpretar eventos de uma maneira e não de outra, ou seja, as emoções interferem ativamente nas escolhas que fazemos.

Esse pode ser o substrato para uma relação verdadeira que se apoia numa base segura de confiança e cria um campo energético compartilhado de cura: a partir das feridas das duas pessoas envolvidas nesse encontro íntimo e protegido, das almas que experimentam suas dores com respeito a si e ao outro, que compartilham com limites e cuidados os recursos criativos que podem transformar as adversidades que a vida apresenta; e que a compaixão aproxima do reconhecimento dessas feridas e abre caminho para uma atitude baseada no amor espontâneo.

É possível que esse caminho cooperativo seja uma estrutura qualitativa para a descoberta dos recursos apropriados para enfrentar o caminho da individuação, aquele caminho único que ninguém pode ensinar ao outro ou descobrir por ele.

REFLEXÕES FINAIS

> *O amor é como Deus: ambos só se oferecem a seus*
> *serviçais mais corajosos.*
> (Carl Gustav Jung, GW 10, 232)

Nos estudos sobre luto, a presença do amor como elo importante de vinculação no encontro terapêutico evidencia o respeito pelo outro na compaixão que dá suporte para que o enlutado siga um caminho de restauração de espaços psíquicos vazios, transformando suas dores por meio de recursos e ritmos particulares.

Colin Murray Parkes (2009, p. 12), psiquiatra e pesquisador que escreveu diversos livros e artigos sobre a natureza dos vínculos e das perdas, disse a respeito do amor:

> O que é isso que chamamos de amor? O amor tem muitos componentes, mas aquele considerado indispensável é o compromisso. Amor é o laço

psicológico que vincula uma pessoa a outra por um longo período. Uma vez estabelecido, esse vínculo dificilmente poderá ser afrouxado, e alguns estudiosos afirmam mesmo que nunca poderá ser totalmente rompido [...] Sendo assim, é pela natureza do laço que resiste ao rompimento.

O autor (*ibidem*, p. 134), de maneira corajosa, continua:

> Vamos sofrer com nossos pacientes, e devemos acreditar que as pessoas têm capacidade para transformar suas dores e evoluir num ritmo próprio de seu ciclo natural.
>
> Os terapeutas desenvolveram sua própria linguagem para os vínculos que nossos clientes fazem conosco e nós fazemos com eles. Termos como "transferência" e "contratransferência", "aliança terapêutica" e "relacionamento terapêutico" reconhecem que esse relacionamento não é um vínculo romântico ou de educação; e ainda, se formos honestos, devemos admitir que ele contém elementos desses dois relacionamentos. No fim, é uma espécie de amor.

Então, podemos considerar a psicoterapia um relacionamento de amor, constituído pelo compromisso estabelecido, pleno de emoção que faz respeitar o outro como legítimo outro na convivência e se coloca a serviço da evolução humana?

Podemos, então, afirmar que a psicoterapia é um relacionamento de amor?

> [...] Nós somos, no entendimento mais profundo, vítimas ou meios e instrumentos do "amor" cosmogônico. Coloco essa palavra entre aspas para indicar que não quero dizer com isso apenas que é um anseio, uma preferência, uma valorização, um desejo ou algo semelhante, mas um todo, unificado e indiviso superior ao ser isolado. O ser humano como parte não entende o todo. Ele lhe é subalterno. Ele pode dizer sim ou se indignar; mas sempre está preso e trancado dentro dele. Sempre depende disso e é motivado por isso. O amor é sua luz e sua escuridão, cujo final ele não enxerga. "O amor não acaba nunca", mesmo quando ele fala com a língua de anjo, ou

persegue a vida da célula até a base mais profunda. Com acribia científica. O ser humano pode chamar o amor de diversos nomes que lhe estão à disposição, mas vai apenas envolver-se em infinitos autoenganos. Se possuir um pouco de sabedoria, vai mostrar as armas e chamá-lo *ignotum per ignotius*, ou seja, com o nome de Deus. Essa é uma confissão de sua inferioridade, mas ao mesmo tempo também um testemunho de sua liberdade de escolha entre a verdade e o engano. (Jung, 2005, p. 107-08)

Podemos falar sobre um relacionamento que lembra o nome de Deus? Um relacionamento que evoca a presença de Deus?

Se considerarmos essa possibilidade, poderemos nos perguntar sobre o que pode proporcionar a presença de Deus num relacionamento? Que diferença faz pensarmos na presença do Divino nos nossos relacionamentos?

Interessante essa questão brotar agora e dessa maneira.

A discussão pautou-se sobre a humanidade, aquilo que demonstra ser nosso cotidiano de ação e reflexão, na dimensão profana da experiência humana. Pensamos em nossas dificuldades, nossas vicissitudes, nossas potencialidades, nossos amores e nossas dores, as grandes questões da nossa existência.

No final e afinal, cada um de nós, cuidadores, admite que carrega a representação de seus pacientes no coração e na alma. É certo, também, que os pacientes nutrem por seus terapeutas um sentimento especial, que faz que o relacionamento seja pulsante, criativo e transformador.

É um acontecimento sagrado.

Estar vivo e experimentar o acontecimento da vida, participando dela e interferindo nos efeitos que cada experiência provoca no contorno plástico que a humanidade possui, é uma bênção divina. É a expressão do sagrado em essência.

No fundo do coração de cada ser humano há um profundo anseio por uma vida que faça sentido. (Liberato e Macieira, 2008, p. 415)

Não são acontecimentos especiais, exuberantes, exóticos ou cheios de *glamour*. São acontecimentos que conservam a simplicidade baseados na sacralidade da experiência do viver e emergem nas mais variadas trocas que os relacionamentos ofertam como se fossem presentes, oferecidos em reconhecimento à coragem de viver verdadeiramente.

REFERÊNCIAS

BENETTON, L. G. *Temas de psicologia em saúde: a relação profissional-paciente*. São Paulo: L. G. Benetton, 2002.

BYINGTON, C. A. *Dimensões simbólicas da personalidade*. São Paulo: Ática, 1988.

_____. *Pedagogia simbólica: a construção amorosa do conhecimento de ser*. Rio de Janeiro: Rosa dos Ventos, 1996.

CAMPBELL, J. *O poder do mito*. Org. Betty Sue Flowers. Trad. Carlos Felipe Moisés. São Paulo: Palas Athena, 1990.

_____. *Mitologia na vida moderna*. Rio de Janeiro: Rosa dos Ventos, 2002.

GAMBINI, R. *A voz e o tempo: reflexões para jovens terapeutas*. São Paulo: Ateliê, 2008.

GROESBECK, C. J. "A imagem arquetípica do médico ferido". *Revista Junguiana*, São Paulo, v. 1, 1983, p. 72-96.

GUERRA, M. H. R. M. *O livro vermelho: o drama de amor de C. G. Jung*. São Paulo: Linear B, 2011.

HILLMAN, J. *Suicídio e alma – Coleção Psicologia Analítica*. Petrópolis: Vozes, 1993.

JARES, X. R. *Pedagogia da convivência*. Trad. Elisabete de Moraes Santana. São Paulo: Palas Athena, 2008.

JUNG, C. G. *Sobre o amor*. Trad. Inês Antonia Lohbauer. Aparecida: Ideias & Letras, 2005.

KAST, V. *Crises da vida são chances de vida – Crie pontos de virada*. São Paulo: Ideias e Letras, 2004.

LEPARA, E. S. *Sincronicidade: o tempo de Kairós na psicoterapia – Contribuições da abordagem sistêmico-simbólica*. São Paulo: Vetor, 2004.

LIBERATO, R. P. "Psicoterapia". In: CARVALHO, Vicente de et al. (org.). *Temas em psico-oncologia*. São Paulo: Summus, 2008, p. 341-50.

_____. "O cuidado como essência humana". In: *Transdisciplinaridade em oncologia: caminhos para um atendimento integrado*. ABRALE – ASSOCIAÇÃO BRASILEIRA DE LINFOMA E LEUCEMIA. São Paulo: HR Gráfica e Editora, 2009, p. 272-87.

LIBERATO, R. P.; CARVALHO, V. A. "Estresse e Síndrome de *burnout* em equipes que cuidam de pacientes com câncer: cuidando do cuidador profissional". In: CARVALHO, Vicente de et al. (org.). *Temas em psico--oncologia*. São Paulo: Summus, 2008, p. 414-31.

LIBERATO, R. P.; MACIEIRA, R. de C. "Espiritualidade no enfrentamento do câncer". In: CARVALHO, Vicente de et al. (org.). *Temas em psico--oncologia*. São Paulo: Summus, 2008, p. 556-71.

MATURANA, H. *Da biologia à psicologia*. Porto Alegre: Artes Médicas, 1998.

_____. *Cognição, ciência e vida cotidiana*. Org. e trad. Cristina Magro e Victor Paredes. Belo Horizonte: UFMG, 2001.

MATURANA, H.; RESEPKA, S. N. *Formação humana e capacitação*. Petrópolis: Vozes, 2008.

PARKES, C. M. *Amor e perda: as raízes do luto e suas complicações*. Trad. Maria Helena Pereira Franco. São Paulo: Summus, 2009.

QUINTANA, M. *Nova antologia poética*. São Paulo: Globo, 1998, p. 118.

RAMOS, D. G. *A psique do corpo: uma compreensão simbólica da doença*. São Paulo: Summus, 1994.

ROSSI, E. L. *A psicobiologia de cura mente-corpo: novos conceitos em hipnose terapêutica*. 2. ed. Trad. Ana Rita de Moraes. Campinas: Psy II, 1997.

9. A morte e o luto: a sensibilidade de uma enfermeira
Regina Szylit Bousso

INTRODUÇÃO

MINHA TRAJETÓRIA, PESSOAL E profissional, levou-me a trabalhar com o sofrimento da perda para a família. As experiências de doença e morte e de cuidar modificam profundamente nossa alma, nossa mente, nosso comportamento e, por que não dizer, nosso corpo. Todos os dias procuro compreender essas experiências.

Minha primeira experiência com o sofrimento causado pela doença e morte se deu quando eu ainda era criança; vivenciei a dor de minha avó e de minha mãe com a morte de meu tio, em consequência de um câncer diagnosticado aos 36 anos de idade. Na verdade, não me lembro do processo da doença vivenciado por elas e por toda a família. Minhas lembranças estão fortemente relacionadas ao luto que sempre permaneceu presente em suas vidas.

Essa história tornou-se parte da minha identidade. Aprendi a rezar com minha avó, quando ela pedia pela alma de seu filho. Convivi com as lembranças simbólicas de meu tio representadas por objetos, como uma lamparina que permanecia constantemente acesa em sua memória, na casa de minha avó, e também a pequena fotografia que até hoje está na cabeceira de minha mãe.

Anos depois, minha avó também foi acometida pelo câncer e, na fase final da doença, veio morar conosco na casa de meus pais. Aí, sim, aos 11 anos de idade, convivi com um membro da minha família doente. Durante os últimos meses de sua vida, minha avó passou por várias sessões de radioterapia e transfusões sanguíneas, que ela recebia em casa, nas fases em que estava mais debilitada. Mas o que tenho mais forte em minha memória é o sofrimento da minha mãe com a doença. A doença passou a ser o foco na família. As rotinas mudaram, os jantares das festas religiosas não aconteciam mais na casa de minha avó; as férias tornaram-se monótonas sem as mulheres que comandavam a casa; o cotidiano da minha família havia se transformado.

Acredito que a convivência com o sofrimento de meus avós no cotidiano da minha família de origem foi responsável pelos primeiros ensinamentos sobre como a doença grave altera as relações e a vida familiar.

DE FRENTE COM A MINHA FINITUDE

Durante os anos da faculdade e logo após a minha graduação em Enfermagem, encontrei vários pacientes que vivenciavam a experiência de doença com risco de vida, em diferentes fases da vida, o que me levou a refletir sobre as diversas formas de a doença e a morte afetar a família. Lembro-me de ter cuidado de um rapaz de apenas 16 anos na Unidade de Terapia Intensiva (UTI) do Hospital das Clínicas. Como ele poderia estar à beira da morte? Era jovem! Tinha quase a minha idade! Como seus pais estavam suportando tudo aquilo? Isso me fez descobrir muitas coisas, desde a morte presente para qualquer idade até o reconhecimento da minha própria finitude.

Para que as demandas do paciente e da família possam ser identificadas e atendidas, é importante considerar o modo como o enfermeiro compreende a morte, assim como a relaciona com sua própria existência e as vivências pessoais de perda.

Ao concluir a graduação, fui enfermeira de uma UTI pediátrica. Naquela época, era proibida a permanência da família ou de um dos familiares dentro da unidade. As visitas eram permitidas apenas no período da tarde, e raramente eu trabalhava nesse turno.

Por conseguinte, foram raras as minhas interações com famílias. No entanto, por ser uma Unidade de Terapia Intensiva, meu contato com a morte não demorou a acontecer e, assim, eu me vi diante de familiares, com a missão de atendê-los naquela situação. Olhando retrospectivamente, percebo o quanto fui superficial e ingênua. Eu era jovem, recém-formada, e minhas habilidades eram limitadas. Embora estivesse imbuída de conhecimentos científicos, era absolutamente despreparada para acolher os sofrimentos da alma.

Esforçava-me para dar as informações protocolares relacionadas à liberação do corpo e do funeral e respondia às perguntas dos pais. Procurava ser empática e abrir espaço para que os familiares pudessem expor suas dúvidas e seus sentimentos, mas, na verdade, eu mal podia tolerar a ideia de que a família teria de continuar a vida sem o próprio filho. Vivenciei essas experiências de perda e luto de maneira solitária, isolada no cotidiano do trabalho e sem a oportunidade de verbalizar as minhas perdas ou compartilhar o meu luto. O luto na UTI era um assunto velado, um ambiente propício para o luto não reconhecido.

CUMPLICIDADE DISTANCIADA

O RITMO DA UTI era corrido, e eu gostava da tensão; no entanto, a lembrança das famílias que faziam parte da história de vida daquelas crianças estava sempre presente. Tinha vontade de trazer discussões de um cuidado mais voltado ao alívio do sofrimento da alma, mas confesso que, na realidade, tinha pouca motivação. O ambiente não me propiciava tal empenho. O que importava diante da equipe era ser capaz de realizar procedimentos complexos e conhecer profundamente os diagnósticos e tratamentos. Só valia a pena cuidar do que era clínico. Quando nos atrevíamos a ficar com a criança no colo, nossa atitude era considerada sentimentalismo. A equipe me sugeria a necessidade de um maior distanciamento da criança e da família. Eu era uma enfermeira em descompasso com a equipe.

Esses aspectos fazem que os profissionais não proporcionem um cuidado efetivo ao paciente e à sua família e sintam-se frustrados ao longo do desenvolvimento de suas atividades profissionais (Baliza, 2013). O cuidado envolve agir em virtude do direito do outro com conhecimento e garantia de acolher o indivíduo vulnerável nas situações de fragilidade (Bousso e Santos, 2014).

Eu queria cuidar daquelas famílias, mas não sabia o que era necessário oferecer. Mais tarde, comecei a compreender que aquela visão era limitada. O referencial teórico que direcionava a minha prática era limitado. Os instrumentos de que eu dispunha para o cuidado não serviam para ser utilizados no cuidado da família enlutada, tampouco aliviavam o sofrimento da alma. Era preciso ampliar o espaço do cuidado para realmente atingir o alívio do sofrimento.

Uma parte de mim queria desistir, mas outra me impelia para adiante. Queria provar a mim mesma que poderia fazer melhor. Dizia a mim mesma que uma enfermeira tinha de ter habilidade para controlar a situação. Acredito que eu não tinha maturidade profissional nem pessoal para tudo aquilo na ocasião. Foi muito difícil, e tenho certeza de ter sido pouco efetiva no sentido de aliviar (ou ajudar os familiares a passar por) aquele sofrimento. Assim como foi muito difícil perder pacientes e famílias e não poder reconhecer essas perdas publicamente. O luto dos profissionais nunca é reconhecido dentro do hospital.

O RITUAL DO SOFRIMENTO

"O CONJUNTO COMPLEXO DE práticas, usos e costumes sociais que intermediam e orientam o agir individual de quem sofre uma perda é a definição utilizada para o termo ritual do sofrimento" (Koury, 2003, p. 19), e é disso que irei falar.

Nas últimas décadas, o desenvolvimento tecnológico e científico tem promovido maior discussão e avanços relacionados aos cuidados críticos. Entretanto, o paradigma do modelo biomédico – no qual os profissionais insistem em viver um luto não reconhecido – ainda prevalece. As atribuições e demandas de tarefas dos hospitais atropelam a rotina e moldam o cotidiano do profissional, que vive uma crise, por se tratar de uma profissão que tem na sua essência o cuidado. Hoje, ainda encontramos profissionais e familiares que mantêm a crença de que, se falarem com o paciente sobre a terminalidade e a morte, estarão causando-lhes mais sofrimento. Assim, com o objetivo de proteger as pessoas queridas, evitam abordar o assunto. Cria-se, então, uma espécie de isolamento emocional: de um lado, o profissional; do outro, o paciente e a família, todos com sentimentos, dúvidas e anseios semelhantes, porém não compartilhados.

No Brasil, infelizmente, na maioria das vezes, é no contexto da UTI que os enfermeiros são desafiados a cuidar do paciente em final de vida e de sua família. Essa tarefa não tem sido nada fácil para esses profissionais, que precisam lidar também com a tomada de decisão relacionada à manutenção ou suspensão do suporte de vida.

Recentemente, procuramos conhecer a experiência de enfermeiros de UTI de pacientes adultos sobre a sua participação no processo de tomada de decisão nas situações de final de vida. Os enfermeiros não encontram espaço para participar desse processo e entendem que, algumas vezes, não existe transparência na comunicação entre os médicos, os enfermeiros e a família. Eles vivenciam o sofrimento moral, por não saberem como se comportar, e questionam-se quanto aos limites do exercício da profissão (Baliza, 2013).

Um estudo sobre o enfrentamento de enfermeiras com o atendimento de pacientes e familiares, no processo de morrer em hospitais, recomenda a necessidade de um novo modelo de cuidar que reconheça a parceria entre enfermeiras, médicos e família nas situações de cuidados terminais (Hopkinson, Hallett e Luker, 2005).

Voltando à minha história, o sofrimento da família da criança era mais fácil de ser compreendido; afinal, a doença na criança surge como um acontecimento fora do tempo no ciclo da vida. Temos crenças que sustentam a ideia de que a doença só aparece nas pessoas adultas, e de que a morte em consequência de uma doença só acomete os idosos que já estão no final da vida.

No entanto, conviver com o sofrimento e envolvimento daqueles familiares diante da experiência de doença obrigava-me a refletir a respeito de minhas próprias crenças sobre doença e morte. Entre os ensinamentos mais significativos do sofrimento da família causado pela perda de um ente querido nestes anos de trabalho, destaco a necessidade da família em narrar suas histórias de doença e perda. As narrativas familiares constituem verdadeiros presentes para a enfermeira. As histórias que uma família cria e vive não só refletem, mas constituem e moldam suas crenças, valores, expectativas, experiências de vida e significados (Moules e Streitberger, 1997).

Com essas narrativas, aprendi as diferentes formas pelas quais os membros da família compartilham a doença. Encontrar significado para os acontecimentos que surgiam nas vidas dessas famílias parecia fazer parte das necessidades prioritárias delas. Para isso, compartilhavam crenças, exploravam as minhas na busca pela esperança de vida. Acredito que a forma como as enfermeiras recebem essas narrativas reflete diretamente no cuidado que oferecem ao paciente que está morrendo, à família e às suas próprias vidas. Foi assim que pude reconhecer meu luto pela perda de alguns pacientes.

O encorajamento e a reflexão de histórias de experiências pessoais de doença, bem como a demonstração de como essas experiências podem servir de recursos para o trabalho com pacientes fora de possibilidade terapêutica de cura, são uma estratégia de treinamento para os enfermeiros. A capacidade do profissional de saúde de se abrir para as histórias de sofrimento de seus pacientes e familiares é essencial para promover o cuidado; com frequência, é o caminho para o alívio do sofrimento (Kleinman, 1988).

Há mais de duas décadas, narrativas ou histórias de doença têm se mostrado um recurso indispensável no trabalho com indivíduos e famílias que experienciam doenças e perdas. Vários autores têm explorado esse tema e trazem contribuições dignas de mérito dentro do contexto (Kleinman, *ibidem*; Wright e Bell, 1989; Frank, 1995; McDaniel, Hepworth, Doherty, 1997; Penn, 2001; Wright, 2005). Esses autores afirmam que é preciso dar voz à experiência humana de sofrimento e aos sintomas, assim como às experiências de coragem, amor e esperança: "A voz da família precisa ser cultivada e não cortada" (Wright, *ibidem*); "Contando suas histórias, o paciente pode interpretar seu próprio sofrimento" (Frank, *ibidem*). Esse pode ser um caminho para os profissionais, quando se sentem incapazes de cuidar do paciente que está morrendo. Ao prestar atenção na linguagem, estamos atentos para a prevalência social de metáforas negativas que cercam e devoram a pessoa doente e sua família (Penn, *ibidem*).

O uso do modelo de narrativas permite acessar as necessidades da pessoa que está doente ou fragilizada, para que tenha suas emoções e *status* existencial reconhecidos. O modelo possibilita o acesso à particularidade do indivíduo e do contexto da doença e pode ser especialmente fortalecedor nos casos em que os pacientes se encontram frustrados, quando a cura não existe, ou quando os diagnósticos são pouco compreendidos (Aull, 2005). Na enfermagem, esse modelo também já está sendo utilizado, com o reconhecimento de muitos benefícios ao paciente, à família (Moules e Streitberger, 1997) e aos profissionais, quando se permitem reconhecer seu próprio luto.

Algumas experiências de cuidado ficam registradas em nossa memória para sempre. Recordo-me de uma paciente de 45 anos que iniciava um tratamento de quimioterapia. O marido acompanhava-a em todo o processo de doença. Eles tinham três filhos homens, um deles estava para se formar e outro se preparava para casar. Certo dia, quando fui instalar a quimioterapia, a sra. L. questionou-me sobre minhas crenças a respeito daquele tratamento e do prognóstico. Lembro-me dela indagando-me: "Você acredita que eu estarei aqui para ver meu filho se formar?" Instalei o quimioterápico e sentei-me a seu lado. Conversamos por cerca de 40 minutos sobre suas expectativas quanto ao futuro.

Independentemente do significado que essa experiência teve para eles, para mim reforçou a crença de que o cuidado de enfermagem envolvia o alívio do sofrimento e de que, para cuidar, era preciso conhecer o paciente, a família e suas mudanças com a chegada da doença. A sra. L. morreu, mas tenho ótimas lembranças dos momentos que compartilhamos nos seus últimos dias de vida. No dia em que ela faleceu, reuni a equipe de enfermagem e conversamos sobre os momentos marcantes para cada um de nós durante os sete meses que cuidamos dela. Falamos sobre nossas crenças, sobre a vida e sobre a morte. Choramos, abraçamo-nos e voltamos a atender os outros pacientes, mas com a certeza de que poderíamos voltar a falar sobre as nossas perdas livremente na nossa unidade.

Acredito que o mundo contemporâneo tem favorecido as relações sociais no processo de luto facilitando a sua exposição. O luto tem saído da sua discrição, podendo ser reconhecido no interior das redes sociais. O compartilhamento do luto na internet, também chamado de luto on-line, tem sido observado com bastante frequência. O avanço das chamadas tecnologias de comunicação faz-se presente em todos os campos do saber, desestruturando a ordem tradicional na lógica de produção, com a disseminação e o uso de informações e conhecimentos. Dessa forma, também na área da saúde, esse avanço provoca mudanças nos modos de pensar o processo saúde-doença. Diante dessa perspectiva, os resultados parciais de uma pesquisa em andamento realizada pelo Núcleo Interdisciplinar de Pesquisa em Perdas e Luto (Nippel), que investiga a relação entre as expressões de luto pela perda de um ente querido, indicam o Facebook como uma nova estratégia para compartilhamento de emoções relacionadas à morte de um paciente. Os participantes apontam as redes sociais como uma possibilidade de rompimento de isolamento social, que permite a expressão de emoções relacionadas à experiência do luto (Bousso *et al.*, 2014).

O enfermeiro deve ter uma sólida compreensão e prestar atenção às questões culturais e às novas ferramentas que a sociedade oferece. Uma cultura aplica as crenças de pessoas e valores circundantes sobre doença e morte. Conhecer seus próprios valores e crenças sobre a vida e a morte também é um fator importante, pois pode implicar a inserção do enfermeiro no verdadeiro processo de cuidado e permitir que ele reconheça sua perda diante do vínculo criado com o paciente falecido e sua família. É preciso lembrar que as redes sociais são como comunidades concebidas por pessoas de diferentes culturas que podem ou não ter as mesmas crenças que o usuário.

As crenças da equipe de enfermagem sobre o cuidado com a família em UTI foram estudadas em dois contextos: UTI pediátrica (Pauli e Bousso, 2003) e UTI neonatal (Pedroso e Bousso, 2004). O discurso da enfermeira de UTI é de que o cuidado precisa ser centrado na criança e na família. Entretanto, suas crenças de que não há tempo para o cuidado da família e de que é difícil promover a humanização no ambiente da UTI afastam-na dessa filosofia de cuidado. As crenças dos profissionais em relação à doença e à família influenciam no cuidado oferecido (Wright, Watson e Bell, 1996). É preciso promover discussões sobre crenças e valores nos contextos de UTI, criando possibilidades para promover o cuidado não só do outro, mas também do profissional.

Nesse caminho, cada família me ajudou a perceber uma nova dimensão do convívio com a doença grave e a morte. Principalmente com as famílias de crianças doentes, aprendi sobre reações que vão desde a revolta até a mais completa resignação da família, quando deparava com diagnósticos de doenças graves e a perda do filho.

Também tive oportunidade de trabalhar com mães que tinham filhos com doenças cardíacas. Passei dias cuidando de mães que acompanhavam seus filhos internados no Instituto do Coração. Na unidade pré-operatória, eu tinha a sensação de que as mães estavam sempre em estado de alerta sobre o que acontecia na clínica. Certo dia, ao ouvir a narrativa de uma mãe, ela se referiu à "Lista de Schindler" para descrever seus sentimentos, enquanto aguardava o dia da cirurgia do filho. Explorando o significado dessa situação para aquela mãe, pude compreender o temor que ela sentia ao pensar que entregaria o filho no centro cirúrgico, com a possibilidade de não vê-lo novamente. Assim, as famílias que vivenciavam a possibilidade de morte do filho passaram a ser o meu foco de cuidado e pesquisa.

Estudamos o impacto do diagnóstico para os pais da criança portadora de cardiopatia congênita (Marques e Bousso, 1997) e as crenças dos enfermeiros no preparo pré-operatório da família da criança que seria submetida à cirurgia cardíaca (Troiani e Bousso, 1997). Nosso intuito era conhecer os recursos que a família recebia diante daquele quadro que havia sido descrito pela mãe. Mais uma vez, concluímos que o foco dos profissionais era puramente biológico, e os recursos que disponibilizavam eram relacionados a orientações sobre a doença. As enfermeiras acreditavam que tudo de que a família precisava era de informações para conhecer a doença, os riscos cirúrgicos e as necessidades de cuidados da criança logo após a cirurgia. Apontávamos para as perdas que a família enfrentava com a chegada de um bebê malformado, bem como para o sofrimento que passavam nos dias que antecediam a cirurgia.

Na ocasião, observamos arranjos familiares em que, na maioria das vezes, a mãe se desloca com a criança em busca do tratamento especializado, deixando o resto da família em sua cidade de origem. A mãe aparece vivendo uma experiência solitária, não tendo com quem dividir a carga da doença e o medo de a criança morrer. Durante o prolongado processo da doença, a família, apesar de fragmentada, é posta diante da necessidade de decidir sobre a cirurgia do filho. Conhece os riscos da cirurgia e define o coração como "algo perigoso de ser mexido". É de posse dessa definição que precisa tomar uma decisão. Sente-se "decidindo entre a vida e a morte do filho". Ciente desses conhecimentos, argumentávamos a necessidade de avaliar a organização da estrutura familiar e as consequências decorrentes dos arranjos familiares feitos para enfrentar a doença.

Posteriormente, aprendemos mais sobre esse processo com mães de crianças em cuidados paliativos. Apontávamos também a carência de recursos disponíveis para a família e, portanto, a necessidade de ajudá-la a identificar fontes de suporte, criando, assim, melhores condições para vivenciar a experiência, tomar decisões e conviver com as consequências da decisão tomada (Bousso *et al.*, 2012).

Acompanhar famílias de crianças internadas em UTI coloca-nos diante de desafios e responsabilidades com os quais nem sempre estamos preparados para lidar. Convivi com enfermeiros que, embora estivessem imbuídos de conhecimentos científicos, eram absolutamente despreparados para a necessidade de acolher os sofrimentos da alma desses pacientes e familiares. Como, então, reconhecer seus próprios sentimentos?

Minhas observações de famílias com filhos nas UTIs pediátricas e de suas reações às diversas situações em que são expostas durante a internação do filho trouxeram muitos ensinamentos e reflexões. Ter um filho em uma Unidade de Terapia Intensiva é, para a família, estar diante da possibilidade da morte (Bousso, 1999). Várias vezes, percebi as famílias interromperem suas narrativas ao mencionarem a possibilidade da morte do filho. Diziam: "A gente tem de ter esperança... se ele morrer... nem sei..."

DA DESILUSÃO À ESPERANÇA

AS FAMÍLIAS DE CRIANÇAS internadas na UTI ensinaram-me com sua sabedoria e seu modo de viver as diferentes dimensões do sofrimento, da perda e do luto. Buscando preservar a integridade da unidade familiar, retratam o movimento incessante da família que tem um filho em UTI, procurando atingir seu objetivo de evitar a morte da criança e preservar a mesma estrutura familiar (Bousso e Angelo, 2001). A comunicação interna da família e o comportamento dos membros familiares, procurando apoiar-se mutuamente, mostraram-se como forças para superar a experiência. Contudo, as dificuldades encontradas pela família relacionavam-se a um desconforto em relação ao ambiente da UTI e às incertezas geradas pela dificuldade de comunicação com a equipe, assim como ao estado crítico em que a criança se achava. O reconhecimento do esforço despendido pelo enfermeiro ao cuidado da criança é o que confortava a família nos casos que terminaram em óbito.

Tive a oportunidade de ouvir as narrativas de famílias que haviam perdido o filho e fiquei perplexa com a capacidade que elas tinham, dez anos após a perda do filho, de narrar detalhadamente não só sua experiência de hospitalização, mas também mencionar os nomes dos enfermeiros e médicos que facilitaram ou dificultaram suas experiências. Era comum a família relatar que só se deu conta da morte após o sepultamento. Mais uma vez, identifiquei uma carência de cuidado a essas famílias, visto que o contato com os profissionais se encerra com a saída da criança, viva ou morta, do hospital. Diante de tais demandas, passei a me questionar como essas famílias e os profissionais de saúde lidavam com situações que diziam respeito ao limite da vida e ao luto não reconhecido.

Presenciei a dificuldade das famílias ao precisarem decidir sobre cirurgias de alto risco, ou sobre o uso do suporte de vida na criança. Compartilhei com algumas delas a decisão de onde a criança receberia os cuidados paliativos nos últimos dias de sua vida e, por fim, observei famílias, no meio de uma situação de crise, sendo solicitadas a tomar uma decisão difícil quanto à doação de órgãos de seu filho.

A morte é um acontecimento presente no cotidiano das enfermeiras que trabalham na UTI. Os fatores que contribuem para o afastamento ou a aproximação da enfermeira da família nesse contexto foram estudados por vários autores (Bousso *et al.*, 2012; Misko, 2012; Poles e Bousso, 2006, 2011; Santos, 2012; Santos *et al.*, 2013). O cuidado da criança e da família depende da perspectiva do profissional de saúde para promover uma assistência que extrapole os cuidados biomédicos (Castro e Bousso, 2003; Chagas e Bousso, 2003; Poles e Bousso, 2006).

O enfermeiro tem a oportunidade de desenvolver um relacionamento de confiança com a família, pela sua proximidade durante as atividades de cuidado. Esse contexto favorece o estabelecimento do vínculo entre enfermeiro-paciente-família, colocando-o em uma posição privilegiada para defender os interesses do paciente e da família (Poles e Bousso, 2006).

Durante anos falamos de um atendimento holístico no qual o cuidado centrado na família está inserido como filosofia. O atendimento às necessidades da família expõe as enfermeiras a um contexto no qual é preciso desenvolver um relacionamento colaborativo com ela. Seja no atendimento de pacientes crônicos ou agudos, adultos ou crianças, a enfermeira precisa ter conhecimentos e habilidades para cuidar de quem está vivenciando a doença e a morte.

Não só as pesquisas, mas também a prática nos mostram um profissional com muitas dificuldades de se aproximar do paciente que está morrendo e de sua família e, efetivamente, ajudá-los a enfrentar os desafios inerentes à chegada da doença e ao fim da vida. Vários profissionais estão sensibilizados para o cuidado no final de vida, mas se percebem sem instrumentos para exercer essa tarefa. Sabemos que a estratégia para a aproximação é criar um contexto em que enfermeiras, pacientes e famílias possam estabelecer uma relação de parceria na qual a confiança e comunicação regular e transparente, bem como a cooperação para atender às necessidades da família, precisam estar asseguradas (Bousso, 2006).

Em uma pesquisa realizada com enfermeiros com o objetivo de compreender a experiência do relacionamento de ajuda e confiança no cuidado de famílias de crianças hospitalizadas, observou-se que, mediante a mecanização das práticas, existe uma falta de habilidade dos enfermeiros para desencadear esse relacionamento (Santos, 2012). Dessa forma, a relação entre equipe de saúde, profissional, paciente e família pode se tornar frágil, superficial e isenta de intencionalidade no cuidado do outro. Assim, o profissional percebe-se distante, o que pode ser motivo para frustrações, já que inicialmente foi a essência do cuidado que o motivou para a profissão.

O modelo transpessoal da teoria do cuidado humano de Jean Watson (2008) parece-me captar o sentido para a prática profissional nas situações de morte e luto. Entende-se por cuidado transpessoal aquele que ocorre neste momento, transcendendo tempo e espaço, com a presença autêntica dos envolvidos. Ocorre a partir da consciência e intencionalidade do cuidador, que é influenciado por um compromisso ético e moral e envolto por valores humanos. Caracteriza-se pela intersubjetividade e pela valorização da totalidade do ser como indivíduo, com empatia, compaixão e atitudes de carinho, escuta, gentileza e bondade. O cuidado transpessoal estabelece e fortalece os vínculos, resgata significados da existência humana, traz harmonia corpo-mente--espírito, favorece o *healing* e a transformação pessoal, gerando consequências para o futuro dos envolvidos na relação (Bousso e Santos, 2014).

Para o International Work Group on Death, Dying and Bereavement (2006), além da capacidade de manter uma base de conhecimentos atualizada, a habilidade de comunicação é fundamental para o bom desempenho do profissional de saúde. Isso inclui a capacidade de usar a escuta ativa e a compreensão empática do mundo interno e social de um indivíduo.

Winzelberg, Hanson e Tulsky (2005), com o objetivo de melhorar o envolvimento do paciente e da família no processo de doença, sugerem maior flexibilidade nos planos de cuidados e melhora na comunicação entre o profissional, o paciente e sua família. Há necessidade de conhecer as motivações, preferências e objetivos do paciente e da família quanto aos cuidados e tratamentos, a fim de minimizar a carga imposta a eles nesse processo (Lang e Quill, 2004).

A busca de um trabalho conjunto que atraia a equipe e a família para alcançar um envolvimento dos familiares nas decisões necessárias traz pesquisas cujo foco é o uso de modelos colaborativos de tomada de decisão (Dalton, 2003, 2005). Esses estudos têm tido atenção crescente e são constantemente acessados nas discussões atuais sobre eutanásia e distanásia.

CONSIDERAÇÕES FINAIS

O TRABALHO COM PACIENTES, famílias e doenças é intenso e funciona como um passeio em uma montanha-russa que fortalece e esgota o profissional. As forças e o otimismo da família são percebidos durante suas trágicas e sofridas respostas. O desafio desse trabalho é desenvolver-se e manter-se atento aos aspectos emocionais que guiam e desafiam sua própria vida; é sustentar-se pessoalmente conectado com a experiência do outro sem impor suas próprias angústias ao paciente (McDaniel, Hepworth e Doherty, 1997).

Acredito que, diante dessa realidade, as enfermeiras estão mais conscientes da necessidade e de seu compromisso de incluir a família no cuidado nas situações de final de vida. Creio também que é preciso disseminar a ideia da prevenção do luto complicado ainda dentro do ambiente hospitalar; porém, a maior dificuldade parece ser o uso de um referencial teórico que direcione esse pensamento, sustente e argumente sobre o cuidado transpessoal nas situações de perda e luto e aproxime o enfermeiro dele. Segundo Watson (2008), se os enfermeiros não forem capazes de olhar para o seu interior e encarar suas próprias questões relacionadas às perdas, não ajudarão o outro a descobrir o significado da situação difícil que vivenciam. Assim, esse movimento é preponderante para o verdadeiro cuidado humanístico, especialmente nos contextos em que precisamos lidar com pessoas no processo de morrer (Santos *et al.*, 2013).

Apesar de esse caminho ter sido um desafio, levou à concretização dos meus objetivos como profissional: oferecer o que eu acredito ser o cuidado. Quero defender a ideia de que cuidar de pacientes e familiares que convivem com doenças graves é fundamental para nos ensinar sobre a condição humana e sobre questões universais como o sofrimento, a morte e o luto.

REFERÊNCIAS

AULL, F. "Telling and listening: constraints and opportunities". *Narrative*, v. 13, n. 3, 2005, p. 281-93.

BALIZA, M. F. *A experiência do enfermeiro no processo de tomada de decisão nas situações de final de vida vivenciadas em Unidades de Terapia Intensiva*. Dissertação (Mestrado em Ciências da Saúde), Escola de Enfermagem da Universidade de São Paulo, São Paulo, 2013.

BOUSSO, R. S. *Buscando preservar a integridade da unidade familiar: a família vivendo a experiência de ter um filho na UTI pediátrica*. Tese (Doutorado em Padiatria), Escola de Enfermagem da Universidade de São Paulo, São Paulo, 1999.

_____. *Um tempo para chorar: a família dando sentido à morte prematura do filho*. Tese (Livre-docência), Escola de Enfermagem da Universidade de São Paulo, São Paulo, 2006.

Bousso, R. S.; Angelo, M. "Buscando preservar a integridade da unidade familiar: a família vivendo a experiência de ter um filho na UTI". *Revista da Escola de Enfermagem da USP*, v. 35, 2001, p. 172-79.

Bousso, R. S.; Santos, M. R. "A ciência do cuidado: conhecimento e sensibilidade". In: Pessini, L.; Bertachini, L.; Barchifontaine, C. P. (orgs.). *Bioética, cuidado e humanização*. São Paulo: Centro Universitário São Camilo/Edições Loyola, 2014, p. 389-404.

Bousso, R. S. et al. "Family management style framework and its use with families who have a child undergoing palliative care at home". *Journal of Family Nursing*, v. 18, n. 1, fev. 2012, p. 91-122.

Bousso, R. S. et al. "Facebook: um novo locus para a manifestação de uma perda significativa". *Psicologia USP*, v. 25, n. 2, ago. 2014, p.172-79.

Castro, R. C. B. P.; Bousso, R. S. "A espiritualidade e a criança em fase terminal: um estudo bibliográfico". *Livro Resumo do I Congresso Brasileiro de Enfermagem Pediátrica e Neonatal, IV Congresso Paulista de Enfermagem Pediátrica, III Encontro de Enfermagem Neonatológica*. Ribeirão Preto: Eerp, 2003, p. 80.

Chagas, F. P.; Bousso, R. S. "O cuidado espiritual: percepções e vivências dos alunos de graduação em enfermagem". *4ª Mostra de Monografias de Conclusão de Curso da Eeusp*. São Paulo: Eeusp, 2003, p. 58-60.

Dalton, J. M. "Development and testing of the theory of collaborative decision-making in nursing practice for triads". *Journal of Advanced Nursing*, v. 41, n. 1, 2003, p. 22-33.

_____. "Client-caregiver-nurse coalition formation in decision-making situations during home visits". *Journal of Advanced Nursing*, v. 52, n. 3, 2005, p. 291-99.

Frank, A. W. *The wounded storyteller: body, illness, and ethics*. Chicago: The University Chicago Press, 1995.

Hopkinson, J. B.; Hallett, C. E.; Luker, K. A. "Everyday death: how do nurses cope with caring for dying people in hospital?" *International Journal of Nursing Studies*, v. 42, n. 2, 2005, p. 125-33.

International Work Group on Death Dying and Bereavement. "Caregivers in death, dying, and bereavement situations". *Death Studies*, v. 30, n. 7, 2006.

Kleinman, A. *The illness narratives: suffering, healing, and the condition human*. Nova York: Basic Books, 1988.

Koury, M. G. *Sociologia da emoção: o Brasil urbano sob a ótica do luto*. Rio de Janeiro: Vozes, 2003.

Lang, F.; Quill, T. "Making decisions with families at the end of life". *American Family Physician*, v. 70, n. 4, 2004, p. 719-23.

Marques, P. M.; Bousso, R. S. "O impacto do diagnóstico para os pais da criança portadora de cardiopatia congênita". *Livro de Resumos da Mostra de Monografias em Estágio Curricular da Escola de Enfermagem da USP*. São Paulo: Eeusp, 1997, p. 40.

McDaniel, S. H.; Hepworth, J.; Doherty, W. J. "The shared emotional themes of illness". *The shared experiences of illness: stories of patients, families and their therapists*. Nova York: Basic Books; 1997.

Misko, M. D. *A experiência da família da criança/adolescente em cuidados paliativos: flutuando entre a esperança e a desesperança em um mundo transformado pelas perdas*. Tese (Doutorado em Enfermagem), Escola de Enfermagem da Universidade de São Paulo, São Paulo, 2012.

Moules, N. J.; Streitberger, S. "Stories of suffering, stories of strength: narrative influences in family nursing". *Journal of Family Nursing*, v. 3, n. 4, 1997, p. 365-77.

Pauli, M. C.; Bousso, R. S. "Crenças que permeiam a humanização da assistência em Unidade de Terapia Intensiva Pediátrica". *Revista Latino-Americana de Enfermagem*, v. 11, n. 3, 2003, p. 280-86.

Pedroso, G. E. R.; Bousso, R. S. "O significado de cuidar da família na UTI Neonatal: crenças da equipe de enfermagem". *ActaScientiarum*, v. 26, n. 1, 2004, 129-34.

Penn, P. "Chronic illness: trauma, language, and writing: breaking the silence". *Family Process*, v. 40, n. 1, 2001, p. 33-52.

Poles, K.; Bousso, R. S. "Compartilhando o processo de morte com a família: a experiência da enfermeira na UTI pediátrica". *Revista Latino-Americana de Enfermagem*, v. 14, n. 2, abr. 2006, p. 207-13.

_____. "Dignified death: concept development involving nurses and doctors in pediatric intensive care units". *Nursing Ethics*, v. 18, n. 5, 2011, p. 694-709.

Santos, M. R. *A relação de ajuda e confiança entre enfermeiros e familiares de crianças internadas*. Dissertação (Mestrado em Ciências da Saúde), Escola de Enfermagem da Universidade de São Paulo, São Paulo, 2012.

Santos, M. R. et al. "Desvelando o cuidado humanizado: percepções de enfermeiros em oncologia pediátrica". *Texto contexto – Enfermagem [on-line]*, v. 22, n. 3, 2013.

Troiani, A.; Bousso, R. S. "O preparo pré-operatório da criança submetida a cirurgia cardíaca: crenças dos enfermeiros". *Livro de Resumos da Mostra de Monografias em Estágio Curricular da Escola de Enfermagem da USP*. São Paulo: Eeusp, 1997, p. 26.

Watson, J. *Nursing: the philosophy and science of caring*. Boulder (US): University Press of Colorado; 2008.

WINZELBERG, G. S.; HANSON, L. C.; TULSKY, J. "Beyond autonomy: diversifying end-of-life decision-making approaches to serve patients and families". *Journal of the American Geriatrics Society*, v. 53, n. 6, 2005, p. 1046-50.

WRIGHT, L. M. *Spirituality, suffering, and illness: ideas for healing*. Filadélfia: FA Davis, 2005.

WRIGHT, L. M.; BELL, J. M. "A survey of family nursing education in Canadian universities". *Canadian Journal of Nursing Research*, v. 21, n. 2, 1989, p. 59-74.

WRIGHT, L. M.; WATSON, W. L.; BELL, J. M. *Beliefs: the heart of healing in families and illness*. Nova York: Basic Books, 1996.

10. A arte como forma de expressão de lutos não sancionados
Cristiane Ferraz Prade

INTRODUÇÃO

IMAGENS DE VÁRIAS CULTURAS em diversos tempos da História mostram como a arte é parte de rituais de passagem em todo mundo.

O ser humano é consciente de si próprio, de sua finitude e das despedidas definitivas daqueles que o cercam. Quando alguém morre, aquele que fica caminha por uma estrada solitária; não raramente, procurando aquele que foi embora durante parte dessa jornada. A tarefa é de ressignificar a história com o ser querido que se foi e redesenhar um espaço para que ele permaneça presente, mesmo que fisicamente ausente.

Como cumprir com tal tarefa quando a sociedade exige que os rituais sejam breves e rapidamente as contas sejam pagas e os trabalhos voltem a funcionar sem intercorrências? Como integrar as histórias e vivências de perda quando o sistema desconhece que houve uma relação e uma ruptura?

Quando o homem não sabia exatamente explicar o que sentia quando perdia alguém querido, ele já sabia que desenhá-la ou entoar um canto para ela, de alguma forma misteriosa, aplacava a dor da saudade, do medo da ausência.

A estética da arte, de alguma maneira, vem contribuindo para que o ser humano possa lidar com o impacto traumático da morte desde o tempo dos Neandertais. Tal vivência do humano é universal e encontra nos recursos simbólicos criativos da dança, do desenho, da pintura e da música respaldo estético para entrar em contato com as emoções da perda de forma menos ameaçadora.

O PODER DA ARTE

É PLAUSÍVEL QUE A humanidade tenha desenvolvido a arte para poder encarar e aliviar sentimentos de medo, ameaça, tristeza e ansiedade. Johnson (1987 *apud* Hill, 2014) afirma que a "arte originalmente se desenvolveu como uma forma de expressar e aliviar experiências traumáticas. Arte, teatro, canto e dança em tempos primitivos eram motivados pela necessidade de catarse e busca de controle quando as comunidades sentiam-se ameaçadas".

O enlutado, diante de sua perda, passa por momentos de desorganização que podem ser descritos como sensação generalizada de mal-estar, dificuldade de concentração, inapetência e insônia, entre outros tantos sintomas. Expressar (ex-pressar), liberar a pressão em uma atividade criativa continente, permite que se acesse, muitas vezes, o que não é possível verbalizar (Parkes e Weiss, 1983).

As artes a serviço do processo de luto podem encorajar a manifestação de pensamentos e sentimentos relativos à perda, direta ou indiretamente (Worden, 1991): uso de palavras emprestadas em poesias e canções, músicas associadas à história de quem morreu, composição de poesia e canção, desenho – usar cores e movimento, pintar –, criar um ritual de despedida, exercício de imaginação guiada com música para explorar momentos com o falecido. Arteterapeutas têm observado o poder e a capacidade da arte de ajudar a identificar, elaborar e integrar vivências dolorosas de luto.

A EXPRESSÃO A SERVIÇO DA INTEGRAÇÃO DAS EXPERIÊNCIAS

Palavras que possam descrever o luto parecem pouco eficazes quando usadas isoladamente. Enlutados com frequência sentem a necessidade de utilizar diversas formas de expressão, incluindo a não verbal, para gradualmente sentir que elaboram a perda e evoluem em sua busca de sentido. A atividade criativa parece ser a modalidade de expressão mais adequada quando as palavras não são o bastante para lidar com o sofrimento (Raymer e McIntyre, 1987).

Simon (1981) afirma que a arte realizada durante o processo de luto parece acontecer em três estágios que se sobrepõem: o primeiro é a expressão do conteúdo interno, ampliando a consciência dos sentimentos relacionados; o segundo é quando a arte oferece uma obra (musical, corporal, plástica) que contém e permite o sofrimento; o terceiro, quando o enlutado integra a vivência de perda e consegue investir mais sua energia na reconstrução de sua vida. Para Simon (*ibidem*), a terapia com a arte permite o acesso ao inconsciente de forma menos ameaçadora, possibilitando que conteúdos internos importantes surjam. Pensamentos e sentimentos intensos podem encontrar continência em símbolos. Ele também refere que a resolução de conflitos relacionados ao luto, por meio da expressão e da continência dentro da arteterapia, liberta a energia criativa necessária para lidar com as questões da vida.

Uma vivência de perda pode ser bastante difícil; o indivíduo depara com a falta de controle sobre sua vida e seu entorno. A arte pode ajudar a reorganizar-se e resgatar a sensação de controle por meio do exercício de se permitir criar e conter o que foi trabalhado (Aldridge, 1993).

Metáforas na terapia criativa permitem que o enlutado guarde certa distância de sentimentos que o desorganizam e possa lidar com a perda sem especificar detalhes relacionados a ela (Irwin, 1991, *apud* Hill, 2014). Outro aspecto importante da atividade criativa é que ela pode relaxar e facilitar o contato com sensações de bem-estar. A ênfase é no processo, mas o produto finalizado também oferece *insight* e uma lembrança concreta da elaboração e integração.

E quando o luto não é validado pela sociedade? A arte pode surgir como uma possibilidade de elaborar o sofrimento? Lutos não sancionados podem se complicar, ser inibidos, contidos, escondidos sem permissão para ser elaborados. Entendo que, nesses contextos, muitas vezes, a arte acaba sendo um dos poucos refúgios capazes de favorecer o contato com a perda por meio de metáforas, símbolos, músicas, cantos e canções. Minha experiência como musicoterapeuta lidando com pacientes graves e enlutados mostra que a música oferece um recurso não ameaçador, continente e acolhedor. Exploro o tema com mais detalhes dentro de minha prática de musicoterapia. Pensar música é pensar no ser humano em relação ao outro, sua procura por contato, sua expressão de sentimentos e pensamentos, seu desejo de comunicar.

A ARTE DA MÚSICA NO PROCESSO DE LUTO

Desde tempos imemoriais, em todas as civilizações destaca-se o canto como ato fundamental para a comunidade, seja dentro da igreja, em rituais de passagem, em invocações de um xamã ou em teatros nas grandes cidades. Atualmente, em nossa sociedade, tocar um instrumento e cantar são atos muito criticados quando não são profissionais. Aquele que não estuda música ou se considera desafinado deve se limitar a cantar no chuveiro, dentro do carro ou sozinho em seu quarto, onde não seja ouvido por mais ninguém. O canto em comunidade, visando à proximidade, à partilha, à integração e ao apoio, perdeu-se. Em musicoterapia, busca-se, entre outras coisas, o resgate dessa função musical perdida, o canto como processo criativo e compartilhamento de vivências. A canção estende seus braços e nos ampara, cobre-nos e conforta-nos. Não cobra resposta.

A palavra "personalidade" é originária do termo *persona*, que significa *per sone*, pelo som. Por meio do canto conectamo-nos com os que estão à nossa volta, sobretudo com nosso corpo e nossas emoções, dentro da estrutura continente da música. Pesquisas em musicoterapia apontam o canto como reenergizador do corpo e da mente (Storr, 1993). Existe uma associação inerente de canção com contato humano, uma vez que a música alcança as emoções e interfere em comportamentos de forma profunda. Cantar canções possibilita a comunicação, bem como a continência para a elaboração de sentimentos relacionados ao processo único de cada um. Letras de canções são formas de comunicação verbal melódica. Quando o enlutado não encontra ressonância ou aceitação para dividir sua perda, compartilhar uma canção pode reduzir a sensação de isolamento.

As canções podem surgir de formas diferentes: uma composição original, uma canção recriada, a escuta da canção gravada. Compor uma canção sobre algo significativo para si é também elaborar sobre o tema, ressignificá-lo à medida que se desenvolve a composição e, sobretudo, melhor integrá-lo a si conforme se canta o que se criou. O gesto de cantar uma composição própria, vinculada ao que é essencial para si, fortalece o ego e as capacidades de enfrentamento do indivíduo.

Um luto não validado pela sociedade e entorno encontra forma de expressão simbólica por meio de um instrumento musical. Alguns instrumentos musicais mostram-se mais acessíveis a uma população leiga – por exemplo, tambores e chocalhos e instrumentos melódicos em escala pentatônica (escala de cinco tons maiores). Expressar sentimentos por meio dos sons traz alívio e permite contato com as emoções.

A canção já pronta é aquela que nos empresta as palavras, que fala por nós, de forma que não são palavras próprias. Recriar uma canção que faz parte da memória do enlutado, uma canção que permeou momentos com o falecido pode ser um facilitador no processo de elaboração do luto. Cantar uma canção que fala de saudade, perda, ruptura é estar indiretamente falando de sentimentos próprios, validando uma história que foi vivida e nesse momento não encontra espaço para ser compartilhada.

A canção que ressoa na mente traz uma mensagem do inconsciente, como um sonho que pode nos trazer códigos importantes quando bem compreendido (Rolla, 1993). Há composições que se transformam em verdadeiros mantras, que quando entoados servem como bálsamo para o corpo e a alma, como é o caso de "Trocando em miúdos", de Chico Buarque e Francis Hime.

EXEMPLOS DE CANÇÕES QUE NOS EMPRESTAM PALAVRAS

A CANÇÃO ESCOLHIDA PARA ouvir e/ou cantar, quando se busca consolo, respeita a resistência em verbalizar e permite que a expressão aconteça por meio dela. Como exemplos, podemos citar: "Você não me ensinou a te esquecer", de Fernando Mendes; "Pra dizer adeus", de Edu Lobo e Torquato Neto; "Pedaço de mim", de Chico Buarque; "Sentinela", de Milton Nascimento; e "Explode coração", de Gonzaguinha.

A continência da música, o contato com as emoções facilitado pela melodia e pela execução musical somados à presença terapêutica parecem favorecer o alívio e, ao mesmo tempo, assegurar que as angústias da perda serão reveladas e elaboradas verbalmente na medida do que o enlutado suporta. Para o enlutado que não se identifica como tal – por não ter o olhar da sociedade para sua dor ou não se perceber em luto –, a experiência musical pode despertá-lo para sua condição e abrigá-lo sem cobrar explicações.

Noto em minha experiência que, quando o enlutado pede para ouvir uma canção, ele fala de seus sentimentos em silêncio. E, quando ele canta acompanhado pela musicoterapeuta, ele não está só em sua expressão. O canto compartilhado e a execução musical em sintonia acolhem-no e reduzem a sensação de isolamento.

A MÚSICA E A CONEXÃO COM SENTIMENTOS

ATÉ AGORA O FOCO foi maior na questão da letra – a parte verbal da música. Porém, existem vários outros aspectos a ser destacados, como melodia, andamento, timbre e combinação dos instrumentos e parâmetros da harmonia, que auxiliam e contêm o processo de contato com as emoções e elaboração do luto, mesmo que esses aspectos não sejam identificados pelo enlutado – e quase sempre não o são. Tais considerações são de extrema importância para o trabalho do musicoterapeuta. Entende-se que o andamento lento de uma composição nos permite demorar em cada nota, aprofundar a respiração e nos conectar com nosso mundo interno. Aspectos importantes a ter em mente quando diante de um paciente que necessita de suporte para entrar em contato com seus sentimentos sem sentir-se tomado por eles.

Algumas músicas estão arraigadas em nossa cultura e repletas de significados: trilhas sonoras de filmes, musicais americanos, concertos de autoria de grandes compositores eruditos. Algumas pessoas relatam que, quando escutam determinada melodia, automaticamente são transportadas para outro estado de consciência.

A única forma de trazer para esse texto a esfera não verbal diretamente ligada ao resultado sonoro da música é por meio da partitura. A escritura musical, muitas vezes, mesmo para o leigo, pode revelar aspectos característicos dos fenômenos sonoros contidos em uma composição. Podemos observar, sem dificuldade, trechos com movimentos específicos – ascendentes e descendentes, bem como agrupamentos de notas em maior ou menor densidade – e perceber a sua relação com o que escutamos. Convido o leitor a também escutar as músicas aqui sugeridas e experimentar as sensações que elas podem despertar. Na delicadeza da melodia no início de "Clair de lune", de autoria de Debussy, o piano destaca-se e apresenta o tema da música.

CLAIR DE LUNE

"Cinema Paradiso", música de autoria de Ennio Morricone, apresenta versões em orquestra, no piano e também no violão. Alguns dos temas que o filme nos traz são a morte e o luto. A música aqui, para quem assistiu ao filme, já tem uma história atrelada a ela. Ouvi-la pode nos fazer lembrar o filme e/ou de quando assistimos a ele. Contudo, mesmo quando o ouvinte não conhece a história, ainda assim entra em contato com emoções intensas, devido à própria construção musical – a combinação de intervalos musicais específicos na melodia, encadeamentos e cadências de acordes na harmonia, o andamento, com certa orquestração (escolha e combinação de diferentes instrumentos), conduz ao estímulo de determinados estados emocionais que são compartilhados por grande parte dos ouvintes.

Determinadas composições eruditas favorecem o despertar para nosso mundo imaginário. Escutar uma composição que conduza a uma jornada imaginária em um tempo ou espaço significativos ou ao encontro de pessoas que faleceram pode ser um caminho terapêutico para validar e integrar a experiência de luto do paciente. Por não ter uma letra, a música permite que a imaginação do ouvinte se projete na composição e construa os significados de acordo com seu mundo. Sendo assim, é fundamental que a música escolhida essa vivência seja uma composição adequada a esse propósito. Deve-se ter cuidado ao apresentar uma música ao paciente enlutado visando aproximá-lo das emoções relacionadas à perda, de forma que o resultado contribua para o processo terapêutico.

LUTOS NÃO RECONHECIDOS DE EQUIPES DE SAÚDE

> *Só quero falar uma coisa: aqui tem muita morte. Você sabe que tem dia que eu vou para casa e falo: "Hoje tem um paciente ruim e eu sei que ele vai morrer". Eu vou embora rezando, pedindo para Deus para que o paciente não vá comigo. Não no meu dia, no meu horário de trabalho. Eu fico com a sensação de medo, sabe. Então eu vou embora e fica assim, já saio pedindo para Deus, já que tem que ir, que vá no horário que eu não estou trabalhando.*
> (Relato de enfermeira em Costa e Lima, 2005)

A SOCIEDADE TENDE A acreditar que os profissionais de saúde, em particular os médicos e enfermeiros, não devem sofrer com a morte de seus pacientes, afinal de contas, eles estudaram para lidar com a vida e a morte e sabiam disso desde o começo. De alguma forma, espera-se que seja um grupo de pessoas blindadas contra o sofrimento do luto. Surge um olhar de desaprovação da sociedade que pode julgar como incompetência a manifestação de pesar e sofrimento nessas condições.

Em contextos de grupo de profissionais de saúde em UTI e/ou cuidados paliativos, por exemplo, pode ser importante encontrar um espaço seguro para lidar com o luto dos pacientes que faleceram. Casellato (2005) afirma que médicos, psicólogos, enfermeiros e outros profissionais envolvidos no cuidado não têm permissão social para enlutar-se por seus pacientes. Vive-se um luto cotidiano velado, não reconhecido e muitas vezes rechaçado. O simples ato de reunir-se para cantar uma canção em homenagem aos pacientes que faleceram naquele mês pode aplacar sentimentos de validar os esforços de todos em seus trabalhos. Minha experiência mostra que convidá-los a tocar um instrumento percussivo, um sino ou a entoar uma melodia reduz o isolamento e favorece a mobilização entre os membros da equipe. Alguns profissionais de saúde têm grande dificuldade de verbalizar seus sentimentos em relação aos pacientes, especialmente os que se encontram em estado grave e sem possibilidade terapêutica de cura.

A música, conduzida por um musicoterapeuta, surge para facilitar e encorajar as expressões de sentimentos e emoções que, de outra maneira, não teriam permissão para acontecer. Cabe ao musicoterapeuta conduzir o ritual de forma que todos se sintam seguros e não expostos. A experiência musical compartilhada revela que nenhum dos membros da equipe está sozinho em seu sofrimento e respeita a manifestação de cada um. Profissionais mais envolvidos com o paciente perdido podem querer cantar, enquanto um profissional que esteve pouco vinculado ao falecido permanece em silêncio, participando com sua presença silenciosa. Muitas vezes, cantos relacionados à espiritualidade servem a esse propósito.

MÚSICA, ESPIRITUALIDADE E A EQUIPE DE CUIDADOS PALIATIVOS

COMO VIMOS, A MÚSICA, na Antiguidade, sempre esteve vinculada à religião e a rituais de cura e xamanismo.

É comum que pacientes em cuidados paliativos apresentem algum estresse ligado a questões espirituais. Estudos apontam a importância de cuidar desse aspecto fundamental para o bem-estar do paciente. Em um estudo realizado em uma instituição de cuidados paliativos, mais de 90% dos pacientes referiram que a espiritualidade era importante para eles (Hills et al., 2005).

Profissionais de saúde, mesmo quando desconsideram sua dimensão espiritual, convivem com o tema da espiritualidade regularmente por meio das experiências com seus pacientes. É interessante apontar que, em contextos em que o luto não pode ser declarado, como entre os profissionais de saúde, a oportunidade de vivenciar um grupo de musicoterapia que traga músicas relacionadas a espiritualidade, respeitando-se as crenças religiosas de cada um, parece ser o ponto de encontro entre todos – pacientes e profissionais. Não é necessário expressar verbalmente o luto; a música oferece uma distância que protege e permite, ao mesmo tempo, a manifestação do pesar e da esperança. Em minha experiência, esses momentos são vividos intensamente e ficam registrados na memória dos membros da equipe de saúde, que se sentem cuidados e respeitados. Tais ocasiões muitas vezes despertam para a questão do autocuidado e do luto silenciado – silenciado também para eles mesmos.

CONSIDERAÇÕES FINAIS

Lutos não sancionados guardam um potencial de se complicar por não haver espaço e condição para ser elaborados. Situações de adoecimento físico e psicológico podem surgir. A vivência da arte une olhares e cantos, transforma a experiência do enlutado em algo maior, ampliando a percepção de si mesmo e sua capacidade de enfrentamento. O processo terapêutico oferece espelho, continência, acolhimento e partilha – experiências importantes para validação de sentimentos.

O processo de reconhecimento e elaboração do luto pode acontecer em grupos terapêuticos de apoio, em grupos dentro do espaço de trabalho e em acompanhamento individual, prevenindo a instalação de um luto complicado. Embora seja musicoterapeuta, conforme explorado no começo deste capítulo, entendo que a arte em suas diversas manifestações, quando inserida em um contexto terapêutico, contribui significativamente para a integração das vivências de perda. O indivíduo que experimenta o luto, seja ele silenciado ou silencioso, pode buscar a forma criativa com que mais se identifica para auxiliá-lo em seu processo.

REFERÊNCIAS

ALDRIDGE, D. "Hope, meaning and the creative arts therapies in the treatment of grief". *The Arts in Psychotherapy*, v. 20, 1993, p. 285-97.

CASELLATO, G. "Luto não reconhecido: um conceito a ser explorado". In: CASELLATO, G. (org.). *Dor silenciosa ou dor silenciada? Perdas e lutos não reconhecidos por enlutados e sociedade*. Campinas: Livro Pleno, 2005.

CLAYTON, P. J.; DARVISH, H. S. "Course of depressive symptoms following stress of bereavement". In: BARRET, J.; KLERMAN, G. L. (eds.). *Stress and mental disorder*. Nova York: Raven Press, 1979.

COSTA, J.; LIMA, R. "Luto da equipe: revelações dos profissionais de enfermagem sobre o cuidado à criança/adolescente no processo de morte e morrer". *Revista Latino-Americana de Enfermagem*, v. 13, n. 2, 2005, p. 151-57.

HILL, M. *Healing grief through art: art therapy bereavement group workshops*. Disponível em: <http://www.agoodgroup.com/drawntogether/healing.htm>. Acesso em: fev. 2014.

HILLS, J. et al. "Spirituality and distress in palliative care consultation". *Journal of Palliative Medicine*, v. 8, 2005, p. 782-88.

PARKES, C. M.; WEISS, R. S. *Recovery from bereavement*. Nova York: Basic Books, 1983.

RAYMER, M.; MCINTYRE, B. B. "An art support group for bereaved children and adolescents". *Art Therapy*, v. 4, 1987, p. 27-35.

ROLLA, G. M. *Your inner music: creative analysis and music memory: workbook/journal*. Wilmette: Chiron Publications, 1993.

SIMON, R. "Bereavement art". *American Journal of Art Therapy*, v. 20, 1981, p. 135-43.

STORR, A. *Music and the mind*. Nova York: Ballantine Press, 1993.

WORDEN, J. W. *Grief counseling and grief therapy: a handbook for the mental health practitioner*. Nova York: Springer Publishing Company, 1991.

11. A teoria do apego e os transtornos mentais do luto não reconhecido

Maria Helena Pereira Franco

DOKA (2013) INTERESSOU-SE PELA primeira vez pelo luto não reconhecido por ouvir uma mulher divorciada relatar sua experiência com a morte do ex-marido. Evidenciou-se para ele que ter tido uma experiência amorosa, com a intimidade que a conjugalidade permite, e rompê-la já implica muitas perdas e, subsequentemente, muitos lutos. No entanto, sabe-se que a relação não termina junto com a conjugalidade, tenha o casal filhos ou não. Viuvez após divórcio era entendida como um luto que não mais cabia àquela mulher, uma vez que já não havia a relação conjugal, ou seja, não havia mais por que enlutar-se. Doka desenvolveu, então, o conceito de luto não reconhecido, que pode ser ampliado para inúmeras outras situações de vínculos rompidos.

Esse exemplo do luto pelo ex-marido como não reconhecido mostra o que entendo como uma falha na empatia, concordando com Neimeyer e Jordan (2002), falha essa que traz consigo uma pressa, se assim posso dizer, em dar formato e significado à experiência do outro, a partir de moldes, significados e modelos que não são do enlutado, e sim daquele que o julga, que, por sua vez, faz uso de normas da sociedade e da cultura, além da experiência pessoal. No entanto, poder dar um nome a esse luto tem peso inquestionável no processo de enfrentamento do enlutado, que, por sua vez, também é protagonista na validação ou não da experiência do luto. A conceituação desenvolvida por Doka contribui, então, para essa validação.

Aprofundando o conceito, Doka (1989) afirma que existem circunstâncias nas quais as pessoas experimentam a perda, mas não têm seus direitos, papel ou capacidade de pesar reconhecidos socialmente. Nesses casos, o luto não é reconhecido e a pessoa que sofre uma perda tem pouca ou nenhuma oportunidade de enlutar-se em público. Portanto, um importante protagonista nesse cenário é a cultura na qual aquele indivíduo cresceu e moldou seus valores e comportamentos.

As implicações do luto não reconhecido são amplas, e este livro aborda-as profundamente. Cabe aqui destacar e aprofundar suas implicações para a saúde mental, que sofre da supressão não apenas em sua expressão, social ou individual, como também na validação pelo enlutado e pela sociedade. O outro lado da moeda do luto não reconhecido pode ser, então, definido como aquele que as pessoas experimentam quando ocorre uma perda que não é ou não pode ser abertamente conhecida, publicamente lamentada ou socialmente apoiada. O enlutado não exerce passivamente papel relevante nesse processo, uma vez que endossa o julgamento da sociedade ou até mesmo se antecipa a ele, na medida em que não se autoriza a dar a conhecer seu luto, lamentar publicamente sua perda e buscar apoio psicossocial para o processo. É, assim, o outro protagonista nesse processo, e seu papel já vem sendo desenhado muito antes de deparar com aquela perda especificamente.

Curiosamente, mesmo com o considerável avanço nos estudos sobre o luto, especialmente na segunda metade do século XX e até o início deste século, o conceito de luto não reconhecido não havia adquirido legitimidade; a palavra nem sequer existia nos dicionários em inglês, como Sapphire (2013) destaca. Foi o trabalho de Doka (2002) que apresentou e conceituou essa experiência e, assim, possibilitou que se descortinassem possibilidades de intervenção que levassem em conta particularidades da relação e de seu rompimento na compreensão do fenômeno do luto.

Tendo já falado sobre a supressão, podemos considerá-la causa e efeito, embora essa linearidade causal não seja a mais adequada para a compreensão das complexidades do fenômeno em pauta. Vamos então colocar a supressão como uma das possibilidades na vivência do luto não reconhecido, discorrendo sobre alguns conceitos relevantes para sua compreensão pela vertente da saúde mental. No entanto, vamo-nos questionar a serviço de que esse gatilho pode ser disparado.

O conceito de luto não reconhecido parte do princípio de que as sociedades possuem um conjunto de normas, como "regras de luto", que especificam quem, quando, onde, como, por quanto tempo e por quem as pessoas devem expressar seus sentimentos de luto e pesar. As regras sempre existiram e norteiam o comportamento das pessoas, nas diferentes posições que ocupam na hierarquia do luto. Porém, temos aqui uma personagem a ser considerada, na compreensão do fenômeno: normas e valores da cultura. Voltarei a esse ponto quando explorar a ligação que faço entre estilo de apego e luto não reconhecido.

Sabemos que o isolamento social entra na categoria dos comportamentos com risco para a saúde mental. O enlutado precisa ter diálogo que lhe possibilite ouvir e se ouvir para que possa argumentar com suas ambivalências, sem dúvida presentes no luto não reconhecido. Temos aqui mais um círculo vicioso: o luto, não sendo reconhecido nem pelo enlutado nem pela sociedade, faz que esse perca a interlocução; sem que se estabeleça claramente o fio da meada, o enlutado acaba por se isolar e provocar afastamento dos demais.

Supressão e isolamento social andam de mãos dadas? Representam o elo entre o não reconhecimento pelo indivíduo e pela sociedade?

Talvez Rando (2000) possa nos responder a essa pergunta, quando considera, especificamente na situação em que um dos cônjuges comete suicídio – ou seja, quando tiver feito a escolha por morrer em lugar de viver com o parceiro –, que os sintomas típicos do luto não reconhecido são autoestima rebaixada e sentimentos de desvalia, inadequação e fracasso. A autora ressalta que esses sintomas são específicos do luto não reconhecido por suicídio do parceiro. Embora o não reconhecimento desse luto possa vir inicialmente da sociedade, que avalia o suicida como não merecedor do pesar do luto, por ter sido ele o causador deliberado desse pesar, ao enlutado ficam, a par das reações mencionadas por Rando, a compreensão de ter feito uma escolha equivocada por aquela pessoa como parceiro de vida, juntamente com a apreensão por sua incapacidade de viver aquele luto, com toda a ambivalência dele esperada, e poder se vincular novamente. Encontramos aqui, portanto, algo específico do luto não reconhecido, além do que é frequentemente encontrado no luto por suicídio e já coloca em questão aspectos relativos à escolha do parceiro.

Entre os muitos exemplos de luto não reconhecido, a viuvez após separação conjugal e a morte por suicídio do parceiro foram trazidas com o intuito de conhecer o entendimento que será percorrido neste capítulo: o luto não reconhecido como uma vivência resultante, entre outros fatores, do estilo de apego do enlutado, sobretudo do estilo inseguro e seus desdobramentos, como o estilo desorganizado.

Seria um reducionismo ingênuo considerar que o padrão de apego é determinante exclusivo no enfrentamento do luto, uma vez que se sabe da rede de fatores que sistemicamente atuam no processo. No entanto, pela vertente da teoria do apego, desenvolvida por John Bowlby (1980), é possível estabelecer uma compreensão dinâmica e avalizada por estudos contemporâneos, sobretudo aqueles ligados ao diagnóstico dos transtornos mentais.

Seguindo o pensamento original de Bowlby (*ibidem*), fortalecido pelos argumentos de Mikulincer e Shaver (2008), um processo de luto encontra uma situação satisfatória quando o enlutado pode se reorganizar diante da perda, sem a necessidade de se desvincular totalmente de sua figura de apego. Ainda é Bowlby (*ibidem*) que ressalta que a reorganização é a resolução psicológica ideal para a perda da figura de apego. Essa resolução requer a aceitação da perda daquela figura e o estabelecimento de alguma forma de vinculação simbólica com o falecido, de maneira a poder integrá-lo à nova realidade.

A teoria do apego explica a importância do estabelecimento e da manutenção de um vínculo que permita ao indivíduo se desenvolver e enfrentar os embates que inevitavelmente encontrará na vida. As primeiras experiências por meio das quais se torna possível ao bebê buscar e estabelecer sua figura de apego e com ela construir uma base segura são também as experiências que moldam concepções a respeito de si, entendendo-se como alguém com capacidades adaptativas e plasticidade para aprender, promover mudanças em si e nos outros, construir significados para as experiências. Os estudos de Bowlby (1980), Main (1991) e Ainsworth e Eichberg (1991) oferecem possibilidades para avançar além dessas proposições e entender como se dá o processo de vinculação na vida adulta, a partir dos diferentes estilos de apego.

Com as experiências, o indivíduo configura seus modelos operativos internos, que são os circuitos neurobiológicos cognitivo-afetivos que contêm informação autobiográfica sobre si e as relações de apego, bem como a motivação para apresentar comportamento de apego (busca e manutenção de proximidade).

Sendo assim, podemos dizer que o indivíduo com estilo de apego seguro dispõe de mais recursos para se reorganizar? Ou que seus recursos são mais eficientes para esse enfrentamento?

Se o estilo de apego seguro possibilita ao indivíduo se proteger de relacionamentos que o fragilizem ou exijam dele recursos de enfrentamento além de suas possibilidades, encontramos o estabelecimento de relacionamentos recíprocos, com alto nível de apoio percebido nas parcerias firmadas. Essa reciprocidade confirma ao indivíduo com estilo de apego seguro que ele poderá enfrentar adversidades, rupturas, julgamentos injustos, falta de empatia, sem que perca seu eixo de gravitação, a partir da experiência construída e das informações obtidas pelo uso de seu modelo operativo interno.

O estilo de apego inseguro ambivalente coloca o indivíduo na condição de ser extremamente sensível à rejeição, tornando-se dependente do outro, que é idealizado e avaliado pelo prisma de sua capacidade de cuidar. Portanto, podemos pensar que esse indivíduo, em uma situação de perda, ficará sujeito à aprovação do outro, seja ele um parceiro significativo ou outra instância que detenha o poder – por ele delegado – de regrar e julgar suas emoções e comportamentos.

O indivíduo com estilo de apego inseguro evitativo poderá se manter distanciado o suficiente para não se deixar afetar pelos julgamentos externos, mas tampouco estará próximo de si para validar o que uma experiência de luto possa mesmo lhe significar. Como o outro é avaliado pela sua capacidade de aprovação, esse indivíduo inseguro evitativo na sua construção de significado para uma experiência de perda atribuirá a si não legitimidade por essa perda.

Colocando lado a lado os estilos de apego inseguro, fica clara a vulnerabilidade presente nos indivíduos que assim se apresentam. Receberam cuidados insuficientes ou de pouca qualidade, não construíram um modelo operativo interno que os sustentasse em situações de crise e apresentam vulnerabilidade ampliada ao enfrentar situações adversas, com risco para transtornos psiquiátricos ou comportamentos suicidas.

Parkes (1991) já apresentava essas ponderações, mesmo que ainda não as fizesse pela perspectiva do luto não reconhecido. Seu foco estava no estilo de apego e na relação que levava a condições psiquiátricas em pessoas enlutadas. Prigerson *et al.* (1995) preocupavam-se em estabelecer distinções entre luto complicado e transtornos psiquiátricos relacionados ao luto, sobretudo a depressão, e é interessante notar o quanto esses pesquisadores se debruçaram sobre a viuvez na busca de entendimento sobre esses transtornos psiquiátricos, assim como Doka observou inicialmente o luto não reconhecido em mulheres divorciadas quando ocorria a morte do ex-marido. A viuvez, sendo totalmente entendida como um luto aceito e até mesmo valorizado pela sociedade, contrasta, então, com o luto não reconhecido da divorciada que não se torna afetivamente viúva pela morte do ex-marido, aos olhos sem empatia, quando pode – e de fato o faz – viver seu luto. Shear e Shair (2005) retomam a atenção por meio dos estilos de apego, na busca de identificação de condições de luto complicado, nas quais se inclui o luto não reconhecido.

Essas questões ficaram ainda mais claras nas discussões que tiveram início no final do século XX com vistas à publicação do *Manual Diagnóstico e Estatístico de Doenças Mentais*, na sua quinta revisão, empreendida pela American Psychiatric Association (APA, 2013) que veio à luz em maio de 2013. Mesmo com a exclusão do luto como componente de transtornos psiquiátricos como a depressão, posição ainda polêmica, pesquisadores e clínicos, interessados em uma definição de luto complicado que contemplasse as questões evidenciadas na clínica e que permanecem requerendo avaliação cuidadosa, consideraram a teoria do apego um importante norteador nas discussões, o que se vê nos trabalhos de Parkes (2007), Prigerson *et al.* (2009), Lichtenthal, Cruess e Prigerson (2004).

Outro foco de preocupação na revisão do DSM-4 para sua atualização na publicação de 2013 esteve refletido nos estudos de Prigerson e Jacobs (2001) e Prigerson e Maciejewski (2006), ecoando o que Prigerson *et al.* (1995, 1997a) buscaram distinguir entre o que poderia haver de psicopatológico na experiência do luto que justificasse sua inclusão como transtorno mental, o que possibilitaria – ou representaria um risco? – ser tratado como fenômeno psicopatológico, sobretudo no âmbito de ansiedade e depressão.

Também contribuíram para essa revisão, com foco na ansiedade e depressão, os estudos de Shear *et al.* (2011), voltados para a polêmica questão da inclusão ou não do luto complicado como componente dos quadros psiquiátricos elencados no DSM-5.

A questão do luto não reconhecido, como desenvolvida neste capítulo, baseia-se, portanto, na teoria do apego para justificar que os estilos de apego inseguro colocam o indivíduo em condição de vulnerabilidade para uma resposta de luto complicado e até mesmo para o desenvolvimento de transtornos como ansiedade e depressão, quando do enfrentamento de um luto não reconhecido. O fundamento para essa afirmação está nos pressupostos do conceito de modelo operativo interno, que servirá de guia para esse indivíduo validar sua experiência de luto, a despeito do que a sociedade lhe apresentar como regra para mensuração da experiência, ainda que essa mesma sociedade lhe dê referências importantes de pertencimento e inclusão. Paralelamente, esse mesmo indivíduo buscará em seu modelo operativo interno os motivos que lhe respondam por que aquela perda pode ser validada e, em consequência, vivida como um luto. As experiências de construção de um modelo operativo interno como representação mental insuficiente ou ineficiente contribuirão para alimentar a não validação do luto, independentemente de onde vier esse olhar, se do indivíduo ou da sociedade. Daí, a reorganização diante da perda apresenta-se como a direção possível e legitimada, uma vez que faz uso dos recursos do indivíduo para validar sua experiência de luto, de acordo com o significado intrínseco a ela, que ele mesmo pode exibir sem necessitar recorrer à supressão ou ao isolamento social. Para isso, contribui o estilo de apego seguro, que pode ser construído desde as primeiras relações com a figura de apego ou mediante experiências transformadoras, como a psicoterapia ou elaborações pessoais das situações críticas vitais.

As ideias aqui apresentadas possibilitam ampliação e aprofundamento, que podem ser obtidas por pesquisas e observações a partir da prática clínica. Pesquisas requerem desenhos metodológicos que contemplem cuidados éticos que, muitas vezes, dificultam sua realização, mas não impedem a criatividade do pesquisador em encontrar caminhos para a investigação. A prática clínica sugere temas de interesse para a pesquisa, com ela estabelecendo o diálogo necessário para o avanço da ciência. Como este capítulo colocou o foco sobre a relação possível entre teoria do apego e luto não reconhecido, relação que abre a perspectiva para a compreensão de transtornos mentais ou agravamentos do processo de luto, cabe finalizar com a sugestão de ampliação de pesquisas sobre o tema, que ofereça possibilidades de intervenção, em quaisquer dos níveis, que abordem esses âmbitos e se voltem para a construção de relações humanas saudáveis e justas.

REFERÊNCIAS

AINSWORTH, M. D. S.; EICHBERG, C. G. "Effects on infant-mother attachment of mother's experience related to loss of attachment figure". In: PARKES, C. M.; STEVENSON-HINDE, J.; MARRIS, P. (orgs.). *Attachment across the life cycle*. Londres: Routledge, 1991, p. 160-83.

APA – AMERICAN PSYCHIATRIC ASSOCIATION. *Desk reference to the diagnostic criteria from DSM-5*. Arlington: American Psychiatric Association, 2013.

BOWLBY, J. *Attachment and loss – Loss: sadness and depression*, v. 3. Nova York: Basic Books, 1980.

DOKA, K. J. *Disenfranchised grief: recognizing hidden sorrow*. Lexington: Lexington, 1989.

_____ (org.). *Disenfranchised grief: new directions, challenges and strategies for practice*. Champaign: Research Press, 2002.

_____. "Introduction". In: SAPPHIRE, P. (org.). *The disenfranchised; stories of life and grief when ex-spouse dies*. Amityville: Baywood, 2013, p. 1-2.

LICHTENTHAL, W. G.; CRUESS, D. G.; PRIGERSON, H. G. "A case for establishing complicated grief as a distinct mental disorder in the DSM-V". *Clinical Psychology Review*, v. 24, 2004, p. 637-62.

MAIN, M. C. "Metacognitive knowledge, metacognitive monitoring and singular (coherent) vs. incoherent (multiple) models of attachment: findings and directions for future research". In: PARKES, C. M.; STEVENSON-HINDE, J.; MARRIS, P. (orgs.). *Attachment across the life cycle*. Londres: Routledge, 1991, p. 127-59.

MIKULINCER, M.; SHAVER, P. R. "An attachment perspective on bereavement". In: STROEBE, M. S. et al. (orgs.). *Handbook of bereavement research and practice: advances in theory and interventions*. Washington: American Psychological Association, 2008, p. 87-112.

NEIMEYER, R.; JORDAN, J. "Disenfranchisement as emphatic failure: grief therapy and the co-construction of meaning". In: DOKA, K. (org.). *Disenfranchised grief: new directions, challenges and strategies for practice*. Champaign: Research Press, 2002, p. 95-118.

PARKES, C. "Complicated grief: the debate over a new DSM-V category". In: DOKA, K. (org.). *Living with grief: before and after the death*. Washington: Hospice Foundation of America, 2007, p. 139-52.

_____. "Attachment, bonding and psychiatric problems after bereavement in adult life". In: PARKES, C. M.; STEVENSON-HINDE, J.; MARRIS, P. (orgs.). *Attachment across the life cycle*. Londres: Routledge, 1991.

PRIGERSON, H.; JACOBS, S. "Traumatic grief as a distinct disorder: a rationale, consensus criteria, and a preliminary empirical test". In: STROEBE, M. S.; STROEBE, W.; HANSSON, R. O. (orgs.). *Handbook of bereavement research*. Washington: American Psychological Association, 2001, p. 613-45.

PRIGERSON, H.; MACIEJEWSKI, P. "A call for sound empirical testing and evaluation of criteria for complicated grief proposed for the DSM-V. Symposium on Complicated Grief". *Omega*, v. 52, n. 1, 2006, p. 16.

PRIGERSON, H. et al. "Complicated grief and bereavement-related depression as distinct disorders: preliminary empirical validation in elderly bereaved spouses". *American Journal of Psychiatry*, v. 152, 1995, p. 22-30.

PRIGERSON, H. et al. "Traumatic grief: a case for loss-induced trauma". *American Journal of Psychiatry*, v. 154, n. 7, 1997a, p. 1003-09.

PRIGERSON, H. et al. "Traumatic grief as a risk factor for mental and physical morbidity". *American Journal of Psychiatry*, v. 154, 1997b, p. 616-23.

PRIGERSON, H. et al. "Consensus criteria for traumatic grief". *British Journal of Psychiatry*, v. 174, 1999, p. 67-73.

PRIGERSON, H. et al. "Prolonged grief disorder: psychometric validation of criteria proposed for DSM-V and ICD-11". *PLoS Medicine*, v. 6, n. 8, 2009.

RANDO, T. A. *Treatment of complicated mourning*. Champaign: Research Press, 1993.

_____ (org.). "On the experience of traumatic stress in anticipatory and postdeath mourning". In: *Clinical dimensions of anticipatory mourning:*

theory and practice in working with the dying, their loved ones, and their caregivers. Champaign: Research Press, 2000.

RAPHAEL, B.; MINKOV, C.; DOBSON, M. "Psychotherapeutic and pharmacological intervention for bereaved persons". In: STROEBE, M. *et al.* (orgs.). *Handbook of bereavement research: consequences, coping, and care.* Washington: American Psychological Association, 2001.

SAPPHIRE, P. "Editor's preface". In: SAPPHIRE, P. (org.). *The disenfranchised: stories of life and grief when ex-spouse dies.* Amityville: Baywood, 2013, p. xi-xvi.

SHEAR, K.; SHAIR, H. "Attachment, loss, and complicated grief". *Developmental Psychobiology*, v. 47, 2005, p. 253-67.

SHEAR, M. K. *et al.* "Complicated grief and related bereavement issues for DSM-5". *Depression and Anxiety*, v. 28, 2011, p. 103-17.

12. Intervenções clínicas em situação de luto não reconhecido: estratégias específicas
Gabriela Casellato

TODO ENLUTADO NECESSITA DO respeito não somente pelo seu sofrimento, mas também por suas condições pessoais de enfrentar e significar a vida após uma perda. Atualmente, é frequente a busca pela ajuda profissional motivada por esse apelo, seja de forma consciente ou por queixas deslocadas para outros sintomas psicológicos, sociais e/ou físicos.

Porém, quando indicamos suporte psicológico aos enlutados, devemos considerar diferentes níveis de intervenção segundo diferentes necessidades e comprometimentos que o impacto da perda pode acarretar na vida das pessoas.

TODO LUTO REQUER AJUDA PROFISSIONAL?

AINDA QUE O PROCESSO de luto seja frequentemente experimentado como uma crise significativa e potencialmente desorganizadora, na maioria dos casos ele se dá de forma saudável, tendo como sustentação os próprios recursos internos do indivíduo, as condições pessoais do enlutado e seu suporte social, nas suas mais variadas manifestações (Casellato *et al.*, 2009).

Porém, complicações no luto implicam consequências que afetam negativamente o indivíduo enlutado, bem como sua família e as pessoas que o cercam. Dificuldades como reorganizar-se e reinvestir na vida comprometem o funcionamento geral do indivíduo, muitas vezes acarretando transtornos psicológicos e físicos em médio e longo prazos.

Destacam-se dois tipos de riscos para o comprometimento do luto: riscos preditores e riscos correlatos (Kraemer *et al.*, 2001; Kissane e Parnes, 2014).

As reações e os comportamentos diante da perda podem ser manifestados, intensificados ou inibidos por influências culturais, socioeconômicas, religiosas e familiares. Devem-se também considerar questões relacionadas às circunstâncias da perda, ao contexto, às condições do suporte social e às possíveis perdas secundárias ou correlacionadas ao evento da morte (Casellato *et al.*, 2009).

Os riscos preditores estão relacionados às condições prévias que colocam o indivíduo numa condição desfavorável para o enfrentamento do luto, entre eles: aspectos culturais, comprometimentos prévios da saúde física e mental do enlutado, dificuldades na elaboração de lutos anteriores, comprometimento e rigidez na comunicação familiar prévia à crise desencadeada pela perda. Cabe aqui destacar que tais fatores podem favorecer o não franqueamento de determinadas perdas ou formas de expressão do luto. Para exemplificar, podemos pensar numa cultura que não valoriza expressões emocionais masculinas. Um homem que perde seu filho e sente necessidade de expressar verbalmente sua dor terá dificuldades de acolhimento nesse contexto social. Por outro lado, se, nesse mesmo exemplo, observamos que esse homem pertence a um sistema familiar cuja comunicação é rígida e pobre, permeada por segredos e não ditos, mais uma vez poderemos compreender a inadequação desse tipo de expressão. Ou, ainda, como esse homem pode apresentar um histórico de reações mais instrumentais diante de crises e perdas, ele mesmo irá invalidar sua necessidade atual de expressar a dor e tenderá a bloquear tais reações.

Diferentes razões que levam ao mesmo desfecho e não estão relacionadas com a perda em si, mas influenciam diretamente seu significado e o processo de elaboração.

Também merecem atenção os riscos correlatos. A natureza da perda, a relação com o morto ou com o que foi perdido (perdas simbólicas), as condições em que a perda ocorreu (súbitas, violentas, ambíguas ou múltiplas) são algumas das circunstâncias que podem comprometer o enfrentamento do luto. Entre elas, também encontramos condições de não validação do que foi perdido, e tais lutos passam a não ter autorização para ser expressos. A perda de um amante, de um ex-marido, de um animal, de um emprego ou identidade profissional, desaparecimentos, divórcios, abortos são algumas das situações nas quais riscos correlatos tornam o luto não reconhecido e comprometem a evolução do processo de luto.

PERDAS AMBÍGUAS E LUTOS NÃO RESOLVIDOS

FAMÍLIAS FREQUENTEMENTE EXPERIMENTAM UM tipo de perda chamada "perda ambígua", situação em que, por a realidade da perda se manter obscura para a família, o processo de luto é congelado e pode se manter assim por tempo indeterminado. Nessas situações, a ambiguidade pode ser física (ausência do corpo) ou psicológica (perdas simbólicas) e frequentemente não são realizados rituais para os enlutados envolvidos, que sofrem de forma isolada e sem o conforto do suporte social. O luto mantém-se não resolvido porque a experiência de perda continua indefinida.

Existem dois tipos de perdas ambíguas (Boss e Dahl, 2014, p. 172):

Partida sem despedida	Despedida sem partida
Ausência física com presença psicológica.	Presença física com ausência psicológica.
O membro da família é fisicamente perdido, mas é mantido presente psicologicamente, assim como não há um corpo para enterrar ou garantia da finitude.	O membro da família está presente fisicamente, mas mente e memória foram perdidas.
Exemplos: desaparecidos de guerra, vítimas de terrorismo ou desastres, sequestrados, divórcio, imigração ou adoção.	Exemplos: doença de Alzheimer e outras demências, depressão, autismo, coma, adições.

Portanto, é essa condição de indefinição física ou psicológica que faz que o luto não seja sancionado ora pelo enlutado, ora por seu contexto social.

Como já citei no primeiro capítulo, o problema do luto não reconhecido pode ser explicado num paradoxo: a verdadeira natureza do luto não reconhecido cria problemas adicionais para os enlutados, enquanto remove ou minimiza suas possibilidades de suporte (Doka, 2002, p. 17).

Lutos não sancionados podem incrementar dificuldades para os enlutados de diferentes formas:

1 Tal situação de isolamento tende a incrementar a intensidade de reações emocionais como raiva, culpa, tristeza, depressão, solidão, desesperança e confusão, que, apesar de serem esperadas em qualquer processo de luto, mostram-se mais intensas, duradouras e disfuncionais nesses casos (*idem*).
2 Relacionamentos ambivalentes e crises concomitantes tendem a favorecer lutos complicados (*idem*). Isso porque provocam várias perdas não sancionadas e sobrepostas, incrementando as dificuldades de elaboração e significação da perda. Ex.: um aborto implica uma perda não sancionada para a mãe e para o pai e afeta significativamente a dinâmica do casal, da família, dos irmãos. Pode também implicar perdas financeiras e comprometimentos para futuras gravidezes, entre outras perdas.
3 Muitos dos fatores que facilitam o luto sancionado não estão presentes em situações de luto não reconhecido, entre eles: a possibilidade de experienciar a despedida, rituais funerais, validação legal para suporte profissional (jurídico e psicossocial), licença-nojo (direito a faltas justificadas no trabalho por luto), espaço para verbalizar a dor e receber conforto da comunidade.

Assim, essas situações merecem atenção especial dos profissionais de saúde, que de forma nenhuma podem incorrer no erro de não validar tais experiências e, com isso, incrementar o isolamento desses enlutados.

De forma ética e eficiente, as intervenções psicossociais tornam-se absolutamente necessárias nesses casos de não franqueamento, uma vez que riscos preditores e correlatos são inerentes a essa condição.

OS TIPOS DE INTERVENÇÃO PSICOSSOCIAL

EM SITUAÇÕES DE LUTO, realizamos intervenções primárias e secundárias, assim denominadas por visarem à prevenção e ao suporte psicológico quando envolvem perdas recentes e/ou ausência de fatores de risco que poderão futuramente desencadear doenças de ordem psicológica ou psicogênica associadas ao luto.

O suporte psicológico primário está relacionado às ações de caráter informativo e de acolhimento emocional, que podem ser realizadas por profissionais de saúde e educação ou, ainda, por voluntários devidamente treinados. Tais ações pretendem validar e acolher o enlutado, informá-lo sobre o processo de luto que se anuncia e, com isso, ajudá-lo a lidar com diferentes reações inerentes ao processo de luto, tendo como ferramenta o controle intelectual e o alívio emocional dos sintomas manifestos nos primeiros meses após a perda. Estratégias como folhetos informativos, palestras, grupos informativos abertos, atividades de arteterapia, grupos temáticos, entre outros, são eficientes no que tange a esse objetivo inicial de suporte e informação, uma vez que o contrário, marcado pela desinformação e isolamento, pode se caracterizar como um cenário extremamente angustiante e potencialmente comprometedor da reorganização psicossocial do enlutado depois da perda.

Quanto ao suporte secundário, compreendemos como ações que visam também à prevenção, mas essencialmente ao suporte psicossocial ao enlutado que já apresente sinais iniciais de sintomas de complicação do processo de luto ou fatores de risco que indiquem obstáculos no enfrentamento do luto. Nesses casos, estratégias como grupos temáticos abertos ou fechados, grupos de autoajuda, grupos de orientação, *workshops* e aconselhamento são técnicas extremamente benéficas e eficazes na minimização dos riscos e no fortalecimento dos recursos individuais para o enfrentamento do luto.

Em sua essência, o trabalho psicoterapêutico baseia-se numa intervenção no nível terciário, ou seja, implica o tratamento de sintomas já instalados e de transtornos psicológicos já em andamento. Em tese, psicoterapia é tratamento e só deveríamos tratar daqueles que estão comprometidos ou doentes. Digo em tese porque, em nossa cultura e nos tempos atuais, o isolamento social tornou-se um importante fator de risco para o enfrentamento de perdas de modo geral, mas, ainda mais grave, no que tange a situações de perdas e lutos não reconhecidos.

Numa sociedade na qual as pessoas interagem cada vez menos, os problemas são pouco compartilhados, as dificuldades são cada vez mais terceirizadas a serviços profissionais especializados, a tristeza virou doença e é medicalizada, a dor do luto não tem espaço real nem simbólico. E, nessa configuração social, a psicoterapia focal do luto passou a ser também uma intervenção secundária necessária, obviamente com objetivos e estratégias adaptados ao propósito de validar, acolher, significar, minimizar riscos e fortalecer recursos de enfrentamento da vida após a perda.

A implicação clínica do luto não reconhecido é simples: um luto não reconhecido precisa ser reconhecido e o ato de sancioná-lo é terapêutico e alimenta a experiência anterior de bloqueio do luto (Kauffman, 2002).

PSICOTERAPIA INDIVIDUAL

BASICAMENTE, O OBJETIVO DA psicoterapia individual em casos de lutos não sancionados é promover um diálogo por meio da interface na qual o fracasso da empatia ocorreu (Neimeyer e Jordan, 2002, p. 102).

Aquilo que foi negado ou desautorizado passa a ser o foco central da intervenção psicológica, e o processo de validação começa pelo interesse genuíno, pela escuta ativa e pela disponibilidade emocional do psicoterapeuta diante do sofrimento psíquico banalizado até então. Ou seja, a primeira instância de quebra do não franqueamento acontece pelo franqueamento realizado pelo próprio psicoterapeuta, que convida o paciente a valorizar o que perdeu e sua forma de expressão. Ao aceitar o luto do paciente, o terapeuta o encoraja a se aceitar e permite que ele consiga reconhecer e expressar suas próprias necessidades e dificuldades no enfrentamento do luto. Dessa forma, o paciente revisita seu sistema de crenças e práticas que foram desafiadas pela perda e ressignifica a relação que estabeleceu consigo mesmo e com o mundo após a perda não franqueada. Objetivamente, o indivíduo é encorajado a validar a própria dor e, portanto, a si mesmo.

Em minha prática clínica, utilizo os conceitos e fundamentos da teoria do apego, por meio dos quais entendo como extremamente eficiente o cuidado de estabelecer uma relação de confiança e proteção que irá fortalecer o indivíduo para enfrentar a quebra do não franqueamento, tendo o psicoterapeuta como base segura.

Tal intervenção consiste em ajudar o indivíduo enlutado a acessar, simbolizar e explorar esses sentimentos previamente negligenciados e problematizados.

Basicamente, os estudos sobre apego favoreceram diversas intervenções que podem efetivamente reduzir o risco do luto complicado ao modificar os vínculos (Parkes, 2009). Tais propostas são focadas na ação profilática, porém, quando observamos que o mundo presumido do indivíduo se encontra obsoleto ou o seu modo de enfrentamento desafiado ou mesmo paralisado, constatamos que se perde a capacidade de ajustamento diante da dificuldade de desapegar-se do mundo ideal (com a presença daquilo que foi perdido). Nesses casos, a intervenção favorecerá esse reajuste e adaptação e, em casos mais graves, a perspectiva é paliativa, visando aliviar sintomas e o sofrimento emocional associados ao transtorno psiquiátrico, incluindo a intervenção medicamentosa e psicoterapia (Parkes, 2009, p. 283).

Muitos enlutados que procuram ajuda apresentam uma visão distorcida de si e dos outros, e isso frequentemente é associado ao rebaixamento da autoestima decorrente do processo de luto. Dessa forma, recuperar a autoestima, bem como favorecer essa correção, passa a ser um dos objetivos do psicoterapeuta.

Além disso, a compreensão dos vínculos torna-se fundamental para a intervenção após a perda porque nos dá condições mais precisas de avaliar riscos preditores do enlutado. Isso porque, além do rebaixamento esperado da autoestima após a perda, um dos riscos preditores para o não reconhecimento pessoal de um luto pode estar enraizado no estilo de apego do indivíduo desenvolvido desde a infância e, por vezes, afetado pelo trauma e pela não resolução dos lutos anteriores.

Podemos considerar que o estilo de apego predominantemente evitativo é um risco preditor para o não reconhecimento, pois sua característica principal é a evitação da intimidade, e tal condição pode favorecer o não franqueamento do luto pelo próprio enlutado, que entende a expressão do pesar e de sua vulnerabilidade diante do sofrimento como ameaçadora para seu funcionamento e sua adaptação à perda. Por outro lado, indivíduos com apegos do tipo "preocupado", cujas características principais são a ambivalência e insegurança com respeito à aceitação do outro, podem entender a expressão do pesar por uma perda não sancionada como um risco de rejeição, e tal ameaça pode também mobilizar o não franqueamento pessoal.

Entretanto, a psicoterapia que foca na construção de um espaço seguro e protegido para validação do sofrimento pessoal após a perda pode tornar-se a única possibilidade de ventilação e franqueamento para pessoas com esses estilos de apego, como constatou Fonagy (1996), em pesquisa cujos resultados apontam que 93% dos pacientes psiquiátricos classificados na Entrevista de

Apego Adulto[1] como "apego rejeitador" melhoraram com a psicoterapia. Por outro lado, 41% dos que foram considerados "preocupados" (ou ambivalentes) mostraram melhora similar, contra 33% dos que apresentaram apego seguro. Tais resultados apontam que a psicoterapia passa a ser mais eficiente para aqueles que utilizam pouco ou nenhum outro suporte social disponível na comunidade e, portanto, rompe com o isolamento e a negação do luto em questão. Por essa razão, justifica-se a psicoterapia focal, pois a delimitação do tema a ser cuidado é fator primordial para a quebra do não franqueamento.

Certa vez, recebi em meu consultório Luis, um homem de 43 anos que foi encaminhado por um centro de reabilitação física de São Paulo. Luis chegou acompanhado por sua mãe e seu melhor amigo e mostrava-se claramente resistente em aceitar a ajuda psicológica. Logo nos primeiros minutos de nossa conversa, pude perceber algumas limitações físicas que comprometiam levemente o caminhar e a função de pinça fina numa das mãos. De forma inquieta e quase irritada, ele iniciou a conversa falando de sua indisponibilidade para o (e descrença no) trabalho realizado por psicólogos, pois, desde seu acidente, ele já havia passado por muitos que foram muito ineficientes (*sic*). Pedi que me contasse esse percurso e um pouco do acidente.

Dois anos antes de nos conhecermos, ele sofreu um acidente de carro que o deixou em coma por seis meses, pois, no impacto, sua cabeça foi prensada nas ferragens e ele sofreu sérios danos cere-

---

[1]. A Entrevista de Apego Adulto é um questionário desenvolvido por George Kaplan e Mary Main (*Adult Attachment Interview*. 3. ed. Berkeley: Departamento de Psicologia da Universidade da Califórnia, 1996. Manuscrito não publicado) que possibilita a classificação do estilo de apego em adultos. É um instrumento valioso tanto para pesquisas acadêmicas como para intervenções clínicas. Esse roteiro foi adaptado por esta autora no Brasil (Casellato, G. *Motivos relacionados ao luto que levam um casal à adoção: uma possibilidade psicoprofilática*. Dissertação de Mestrado em Psicologia Clínica – Núcleo de Família e Comunidade da PUC-SP, São Paulo, 1998).

brais, de grande risco para sua sobrevivência e recuperação. Apesar de seu prognóstico reservado, ele sobreviveu e recuperou-se de tal forma que passou a ser tratado como um estudo de caso pelos próprios médicos. Considerado um milagre da medicina, o rapaz era pressionado a sentir-se feliz e motivado para usufruir sua nova vida, mas ele se sentia bem diferente disso. Deprimido, irritado, isolado socialmente, pensava em morrer e se autodenominava "aleijado". Essa postura provocava impotência em seus cuidadores formais e informais, que foram desistindo dele pouco a pouco.

Certa de que estávamos tratando de uma perda muito mais profunda e complexa do que sua parcial limitação física, encerrei esse primeiro encontro endereçando uma simples pergunta ao rapaz: "Gostaria que você voltasse mais uma vez aqui para que eu possa te conhecer um pouco mais e pensar como posso te ajudar. Mas, para isso, preciso te fazer uma pergunta muito importante para começarmos nossa próxima conversa. Quando nos encontrarmos, você gostaria que eu te cumprimentasse apertando sua mão direita (com sequelas) ou esquerda?" Após alguns segundos de silêncio e aturdimento, o rapaz me respondeu: "Quero que você aperte minha mão direita".

Naquele momento, selamos nosso contrato, pois de forma indireta pude dar a ele a possibilidade de escolher enfrentar sua perda ou banalizar seu luto. Além disso, mostrei-me disposta a seguir com ele com base em sua necessidade.

Em nosso segundo encontro, fizemos o combinado e, apesar de todo o constrangimento que demonstrava pelo esforço em esticar sua mão para receber meu cumprimento, Luis mostrou-se bem menos irritado, mas claramente disposto a testar minha disponibilidade para suportar sua amargura e revolta. Após nosso ritual inicial, pedi que me contasse um pouco sobre sua história prévia ao acidente, e ele rapidamente concordou em compartilhá-la comigo. Luis cresceu numa família pobre e, sendo o filho mais velho de uma prole numerosa, precocemente assumiu a responsabilidade para com os irmãos mais novos e o sustento da família, a essa altura, liderada por sua mãe, que havia sido abandonada por seu pai ainda em sua primeira infância.

Luis começou a trabalhar aos 8 anos de idade como catador de lixo, e foi dessa forma que conseguiu poupar dinheiro para pagar sua faculdade, que possibilitaria a ele realizar o sonho de se tornar advogado. Planejava desde cedo passar num concurso público e conquistar uma renda estável para manter os cuidados de seus familiares.

Tudo seguia conforme o planejado, com seu enorme empenho em cada uma das fases até a vida adulta. Quando almejou o tão sonhado concurso e passou a exercer a função há tanto tempo planejada, sofreu o acidente e foi aposentado por invalidez. Apesar de garantir sua renda quase integral, que lhe possibilitava manter o sustento da família, bem como seu caro tratamento ao longo desse período, Luis nunca havia tido a chance de expressar seu luto pelas inúmeras perdas secundárias às perdas físicas. Após o acidente, ele perdeu a autoestima, sua total independência, sua profissão, sua virilidade (sentia-se diminuído diante das mulheres e passou a ter problemas no desempenho sexual), a possibilidade de gozar de sua conquista, seu *status* e reconhecimento, e vendo todo um projeto de vida arruinado pela parcial, mas não insignificante, invalidez.

Como observei na primeira conversa, estávamos tratando de várias perdas secundárias e sobrepostas que foram banalizadas por todos aqueles que cuidaram de Luis, mas passaram a ser validadas a partir de cada aperto de mão que se seguiu nos dez meses seguintes da psicoterapia focal realizada.

A IMPORTÂNCIA DOS RITUAIS NAS SITUAÇÕES DE LUTO NÃO RECONHECIDO.

RITUAL É DEFINIDO COMO um poderoso ato simbólico que confere significado a certos eventos da vida ou experiências (Doka, 2002, p. 135). Difere-se de hábitos ou comportamentos ritualizados porque são atos cheios de significados compartilhados com um grupo e, por vezes, repetidos por várias gerações, transcendendo diferentes culturas. Segundo Doka (2002), são veículos poderosos que proveem estrutura e oportunidade para conter e expressar emoções. Além disso, eles permitem que a comunidade testemunhe e interprete um acontecimento.

O ritual é frequentemente um direito negado aos enlutados não reconhecidos, e em diferentes tipos de perdas não reconhecidas eles simplesmente inexistem.

Ana, 43 anos, foi uma paciente que me ensinou um pouco sobre a importância dos rituais. Num de nossos encontros, ela me contou que teve de fazer uma longa viagem para sua cidade de origem para poder finalizar seu divórcio e encerrar as pendências jurídicas com seu ex-marido. Já fazia três anos que estavam separados, por iniciativa dele, e foi um período conturbado, no qual ela administrou seu próprio luto, o dos filhos e as tantas mudanças secundárias. Nesse período, as conversas entre eles eram áridas e frequentemente marcadas por brigas em torno de pensão e desacordos sobre a educação dos filhos. Ela contou que, durante o longo percurso por mais de seis horas de viagem, relembrou toda a história com seu ex-companheiro, as fases do relacionamento, lembranças boas e ruins, conquistas e obstáculos, e mergulhou num complexo emaranhado de sentimentos ambíguos em relação ao casamento. Chegou ao seu destino confusa, sem saber o que iria sentir ao encontrá-lo na audiência com o juiz. Mas Ana logo se viu em estado de choque, pois seu divórcio, acontecimento importante que demarcava uma transição e seu processo de luto, durou naquela sala apenas três minutos, sem nenhuma troca de palavras ou demonstração de emoções. Todo o acontecimento que dava fim a uma história de 19 anos resumiu-se a uma assinatura em duas folhas de papel. Ana terminou seu relato devastada pela banalização e pelo empobrecimento que tal frivolidade deu à sua história, chegando mesmo a questionar se tinha sido real o casamento. Após validar seus sentimentos e sua percepção, ousei brincar com ela e destacar o benefício da viagem de ida e volta tão longa, pois ali, no ônibus, ela realizou um ritual privado e silencioso, mas poderoso na construção de um sentido para o processo acerca do vínculo rompido.

O RITUAL NO PROCESSO DE PSICOTERAPIA

NUM PROCESSO PSICOTERÁPICO CUJO foco é validar o que não foi validado, os rituais assumem uma função significativa. Nesse *setting*, o profissional de saúde deve promover a participação do enlutado em rituais já existentes, sejam eles sociais ou religiosos, desde que entenda que é um desejo do enlutado, que apenas se mostra desencorajado a incluir-se e que tal participação não irá fomentar seu sentimento de exclusão ou inadequação. Para exemplificar, podemos pensar numa ex-esposa ou num amante que deseja participar do funeral de seu ex-companheiro. Se, por um lado, sua participação pode ser a chance de um reconhecimento e a validação de seu luto, por outro, o impacto de sua presença com os familiares do falecido pode provocar mais prejuízo do que benefício para o seu processo de luto.

Por outro lado, podemos citar a importância de incluir crianças em funerais ou outros rituais existentes. De modo geral, a criança tende a ser vetada nesses acontecimentos por ser percebida como alguém que não entende a realidade da morte e, por isso, não se enluta. Tal atitude, além de invalidar seu sofrimento, rouba-lhe a possibilidade de despedir-se e concretizar a morte diante do desafio de compreender a ausência de uma pessoa amada.

Contudo, no processo de psicoterapia, devemos dar especial atenção aos rituais criados pelos próprios enlutados durante a intervenção psicológica. Tais exercícios são ainda mais poderosos em termos de significado, elaboração e reorganização nas oscilações do enlutado no que tange ao enfrentamento da perda e da vida que segue.

Joana tinha 29 anos e procurou-me um mês após a perda de seu bebê, ainda durante o oitavo mês de gestação. Ela estava casada há cinco anos e há dois tentava engravidar. Uma vez confirmada a gravidez, Joana focou toda a sua vida na maternidade, e a gestação havia sido tranquila e muito prazerosa para ela. Num dos últimos exames antes do parto agendado, constatou-se que o bebê estava morto havia aproximadamente três dias em sua barriga, e Joana teve de se submeter a uma cesária para dar à luz o filho morto. Em razão de sua recuperação, ela não participou do velório e do enterro e, quando voltou para casa, o quarto do bebê havia sido desmontado pela família, na tentativa de minimizar seu sofrimento, mas esse fato foi encarado por ela como uma segunda violência. Seu semblante era a personificação da tristeza e do desespero, e ela se via completamente desencorajada a seguir a vida.

Por aproximadamente quatro meses, o foco de nossas sessões era a validação de seus complexos sentimentos e pensamentos que gravitavam entre uma profunda culpa, desespero e um forte senso de injustiça; na comunicação com seu marido, na validação dos diferentes lutos e formas de expressão, na construção de uma base segura e no fortalecimento do suporte social. À medida que tais intervenções começaram a ter resultados, Joana mostrava-se menos desesperada; conseguia organizar suas emoções e, nesse momento, mostrou-se motivada a mexer nos objetos e móveis do bebê. Dessa forma, ela contou com a psicoterapeuta para ajudá-la na organização desse ritual, priorizando ações, fomentando sua postura ativa nas decisões com relação ao encaminhamento dos pertences e às despedidas vividas em cada um desses movimentos.

Quando esse processo estava quase finalizado, pedi que ela e o marido escolhessem um objeto ou uma roupa que pudessem representar o filho morto. Porém, apesar de concordarem em fazê-lo, só conseguiram executar a tarefa dois meses depois. Foi então que vieram juntos ao meu consultório apresentar-me um bicho de pelúcia eleito para essa importante missão. Enquanto me contavam a história do objeto, Joana aninhava o urso de pelúcia no colo, acariciava, arrumava, numa rica e tocante dramatização de embalar o bebê que nunca teve a chance de tocar. O urso passou a ser chamado pelo nome e a morar em sua cabeceira, recebendo carinhos e orações todas as noites.

Tempos depois, Joana já estava bem mais organizada, e o desejo de engravidar passou a ser tema de nossos encontros. Após um ano da morte do primeiro filho, Joana engravidou de uma menina.

Nesse período, decidimos seguir com a psicoterapia, visando a dois principais objetivos: ajudá-la a lidar com seus medos e fantasias acerca do perder o segundo bebê, e manter a validação de seu luto, frequentemente reanimado pelas lembranças evocadas ao longo dessa segunda gravidez e pela negligência de seu suporte social, ao deixar de lado a perda e negar seu luto por conta da chegada do segundo filho.

Assim caminhamos e Joana teve uma gravidez pautada por um relativo estresse, mas fisicamente tranquila. Aos nove meses de gestação, deu à luz a segunda filha. Interrompemos a psicoterapia e, quatro meses depois, ela veio me visitar. Acompanhada do marido, Joana veio me apresentar sua linda filha, cheia de saúde, e trouxe-me um presente: uma foto de sua família, tendo sua filha no colo, o marido ao lado e o urso de pelúcia ao fundo, apoiado na cômoda. Aquela foto era muito especial para o casal e para mim, pois simbolizava de forma muito intensa o desfecho de um ritual criado durante o processo de psicoterapia, mas construído a partir da subjetividade dessa mãe e desse pai enlutados que, ao elegerem o urso de pelúcia, puderam realizar suas despedidas, reorganizar-se e significar a perda precoce, ilógica e súbita de seu amado filho.

Como vimos no caso de Joana, rituais são ferramentas extremamente terapêuticas em casos de não franqueamento, mas sempre devemos avaliar que tipo de ritual se torna necessário para cada enlutado. Podemos utilizar rituais de continuidade, rituais de transição, rituais de reconciliação e rituais de afirmação (Doka, 2002, p. 143).

Rituais	Função
Rituais de continuidade	Dão oportunidade ao enlutado de enlutar-se, com foco no senso de perda já experimentado, valorizando a continuação da presença da pessoa falecida de forma simbólica. *Ex.: acender uma vela no aniversário de vida e/ou de morte.*
Rituais de transição	Marcam a mudança ou um movimento desde a perda vivida. *Ex.: reformar a casa após o divórcio.*
Rituais de reconciliação	Permitem que o enlutado ofereça ou aceite o perdão ou termine alguma questão inacabada com a pessoa falecida. *Ex.: escrever uma carta para o falecido.*
Rituais de afirmação	Permitem que o enlutado confirme a perda e signifique o que foi vivido e o que foi perdido em torno daquela perda. *Ex.: escrever um livro/memorial sobre a vida da pessoa falecida ou sobre o relacionamento com ela.*

Como se vê, facilitadores da reconstrução da narrativa em torno da perda e da história de vida do enlutado, os rituais devem ser observados e trabalhados tanto no contexto de intervenção individual como nas intervenções familiares.

PSICOTERAPIA FAMILIAR EM SITUAÇÕES DE PERDAS AMBÍGUAS E NÃO RECONHECIDAS

PELO FATO DE A perda ambígua ser uma perda obscura, a psicoterapia familiar pode ser uma estratégia eficiente no sentido de desconstruir o isolamento do enlutado e ao promover o compartilhamento do sofrimento, romper com hierarquias e promover uma visão sistêmica do luto e da perda. Cada um dentro do sistema familiar experimentou um luto pelo relacionamento único que estabeleceu com a mesma pessoa, e todos podem ser compreendidos como diferentes ângulos de uma única fotografia. A falta de clareza e de informação desses lutos ambíguos é mais facilmente enfrentada e tolerada quando o sistema familiar se une na direção de lidar com a incerteza.

Os membros de um sistema familiar não vão viver o luto da mesma forma, mas, ao compartilhar suas especificidades, vão criar um senso de pluralidade e flexibilidade no que tange às reações possíveis e aos significados atribuídos à perda.

Há alguns anos atendi um casal que havia se candidatado à adoção de uma criança numa das Varas da Infância e Juventude de São Paulo. Na ocasião, ele foi encaminhado pela psicóloga forense que cuidava do cadastro para adoção. Ela havia identificado dificuldades de enfrentamento do luto pelos oito abortos que haviam vivido ao longo do tempo de casados. Após duas sessões iniciais, ficaram bem evidentes a tensão e a divergência de ambos na forma de expressar as perdas traumáticas que viveram. O casal havia perdido oito bebês entre três e sete meses de gestação, sendo, na última, aconselhado a desistir das tentativas de fertilização. No terceiro encontro, a esposa (de 37 anos) lembrou uma situação vivida três anos antes de nos conhecermos que ainda era recordada de forma dolorosa por ela, mas nunca havia sido comentada com o esposo (de 40 anos). Ela relatou que, num evento da igreja na véspera do Dia das Mães, o pastor perguntou ao grupo ali presente quantas ali eram mães. Ela, sem pestanejar, levantou a mão de modo triunfante, pois sentia uma enorme necessidade de ser reconhecida como mãe perante a comunidade, apesar de não ter seus filhos vivos. Porém, com a mesma rapidez e intensidade, o marido abaixou a mão da esposa, pois se sentia naquele momento completamente envergonhado e humilhado pelo gesto de exposição da companheira.

Nesse momento, a psicoterapeuta valorizou o episódio descrito e abriu um espaço de expressão para que cada um dos cônjuges pudesse expressar o que sentiu e como significava aquele gesto. Com sua ajuda, a esposa pôde explicar ao parceiro o tamanho do sofrimento que sentia pelo fato de não ser reconhecida como mãe, apesar de ter esse papel tão presente em sua identidade após dez anos lutando por suas gravidezes. Ao falar disso pela primeira vez, chorou bastante e sentiu-se muito confortável com a validação e o respeito demonstrados pela terapeuta e, depois, por seu esposo, que se desculpou pela própria reação. Por outro lado, o marido também conseguiu expressar seus sentimentos de fracasso e vergonha por não ter gerado bebês que "vingaram" (vale ressaltar que esse homem era nordestino e algumas influências culturais enraizavam esses sentimentos). Esse momento foi muito importante para o fortalecimento na comunicação do casal e, consequentemente, para a quebra do isolamento e não reconhecimento do luto individual dentro do sistema conjugal.

Boss e Dahl (2014) sugerem seis estratégias para a psicoterapia com famílias que experimentaram a perda ambígua:

1 Favorecer a construção de um significado: nomear o que foi perdido individualmente e no sistema familiar. Nomear o que ficou como um legado, falar de perdas e ganhos secundários na reorganização do sistema familiar, levantar valores norteadores desses significados (racionais, intuitivos, espirituais).
2 Equilibrar a necessidade de controle entre os membros do sistema familiar, lembrando que o senso de controle oferece segurança, mas, em excesso, enrijece e paralisa a comunicação.
3 Reconstruir a identidade: após a perda, torna-se necessário renegociar as regras e as fronteiras do sistema familiar. Estabelecer as dimensões da perda no funcionamento da família é extremamente eficiente no franqueamento do luto.
4 Normatizar a ambivalência: a ambiguidade é natural quando a perda é obscura; consequentemente, é importante validar a mistura de sentimentos e pensamentos e a falta de unicidade desse processo no grupo familiar.
5 Revisitar apegos: entender os estilos de apego e como se estruturam na dinâmica familiar dá-nos a chance de entender as condições prévias para a significação e validação da perda.
6 Desenvolver a esperança: a natureza da perda ambígua tende a

bloquear total ou parcialmente o senso de esperança, o senso de humor e de renovação. O risco de paralisia no enfrentamento da vida que segue torna-se mais possível quando o sistema familiar compartilha e mutuamente se apoia.

De forma bastante didática, Pauline Boss e Carla Dahl (2014, p. 178) sugerem o roteiro a seguir, de investigação para psicoterapeutas de famílias que enfrentam um luto não reconhecido e ambíguo.

Questões a ser feitas ao longo da psicoterapia familiar por perdas ambíguas:

Sobre a percepção da família:
1. O que esta situação significa para você? Como você vê esta perda?
2. Existe desentendimento na família sobre a pessoa perdida?
3. O que você ainda guarda desta pessoa?
4. O que você perdeu como resultado desta situação (ex.: perda dos sonhos e planos da família, perda da confiança num mundo prazeroso e justo etc.)?
Sobre os papéis da família:
1. Quais papéis e tarefas da família você perdeu como resultado desta perda?
2. Quais você ganhou?
3. Como você lidou com estas mudanças? O que o ajudaria?
4. Como você vê os papéis na família agora?
5. O que você sente sobre esta mudança? O que o ajudaria?
Sobre as regras da família:
1. Quais são as regras da sua família sobre perda, luto e ambiguidade? Elas mudaram agora?
2. Regras sobre raça, religião, gênero, classe e idade criaram mais estresse para você no enfrentamento da sua perda?
3. Você e sua família funcionam como um time ou o trabalho (ou culpa) recai sobre uma pessoa?
Sobre os rituais da família:
1. Quais rituais de família você celebrava antes de sua perda ambígua?
2. E agora?
3. Como você poderia reformular seus rituais familiares e celebrações para ajustar-se às circunstâncias atuais? (Obs.: este é um bom tema para explorar inicialmente numa psicoterapia de família focada em perda ambígua.)

Sobre o suporte social:

1. Quem você vê como um suporte na comunidade agora?
2. Pessoas desconhecidas tornaram-se familiares para você?
3. Sua comunidade oferece suporte espiritual, recreativo, descanso e informação?

Essas perguntas sugerem um roteiro que contribui para uma avaliação diagnóstica sobre as dificuldades da família no enfrentamento da perda, bem como para o planejamento de intervenções efetivas que favoreçam o fortalecimento e a coesão do sistema familiar para validar o sofrimento e expressar o luto entre os próprios membros e com a comunidade.

Portanto, como profissionais de saúde, devemos sempre estar atentos e disponíveis para oferecer estratégias de intervenção que estejam adequadas às necessidades de cada enlutado e do seu sistema familiar.

O cuidado ao realizar o diagnóstico, a ética, a tolerância, a escuta ativa e a disponibilidade emocional tornam-se o cerne de uma ação efetiva, e, muito mais importante do que lançar mão de técnicas de intervenção, é ser empático ao enlutado, ao que foi perdido e às suas reverberações.

REFERÊNCIAS

Boss, P.; Dahl, C. M. "Family therapy for the unresolved grief of ambiguous loss". In: Kissane, D. W.; Parnes, F. *Bereavement care for families*. Nova York: Routledge, 2014, p. 171-82.

Casellato, G.; Franco, M. H. P.; Mazorra, L.; Tinoco, V. "Luto complicado: considerações para a prática". In: Santos, F. (org.). *A arte de morrer: visões plurais*, v. 2. São Paulo: Comenius, 2009.

Doka, K. "Introduction". In: Doka, K. *Disenfranchised grief: new directions, challenges and strategies for practice*. Illinois: Research Press, 2002, p. 17.

FONAGY, P. "Attachment and borderline personality disorder". *Journal of the American Psychoanalytic Association*, v. 48, n. 4, 2000, p. 1129-46.

KAUFFMAN, J. "The psychology of disenfranchised grief – Liberation, shame and self-disenfranchisement". In: DOKA, K. *Disenfranchised grief: new directions, challenges and strategies for practice*. Illinois: Research Press, 2002.

KISSANE, D.; PARNES, F. *Bereavement care for families*. Londres: Routledge, 2014.

KRAEMER, H. C. et al. "How do risk factors work together? Mediators, moderators, and independent, overlapping, and proxy risk factors". *American Journal of Psychiatry*, v. 158, n. 6, 2001, p. 848-56.

LICHTENHTHAL, W.; SWEENEY, C. "Families at risk of complicated bereavement". In: KASSANE, D.; PARNES, F. *Bereavement care for families*. Nova York: Routledge, 2014, p. 249-65.

NEIMEYER, R.; JORDAN, J. "Disenfranchisement as empatic failure: grief therapy and the co-construction of meaning". In: DOKA, K. *Disenfranchised grief: new directions, challenges and strategies for practice*. Illinois: Research Press, 2002, p. 95-117.

PARKES, C. M. *Amor e perda: as raízes do luto e suas complicações*. São Paulo: Summus, 2009, p. 282.

Reflexões finais
Gabriela Casellato

ANDO COM MEDO DO mundo em que vivo. O que mais me assusta não está relacionado à qualidade de vida, ao desenvolvimento da economia do meu país e nem mesmo às crônicas dificuldades estruturais de onde vivemos. O que mais me assusta é a banalização da vida e dos vínculos, e os efeitos dessa terrível epidemia podem ser observados diretamente na forma como tratamos nossos mortos, nossas perdas e nossos enlutados.

Em tempos de falsa alegria, de ilusões "facebookianas", de amizades virtuais, do incremento da violência nas ruas, convidando as pessoas a se esconder em suas casas e a se relacionar com o mundo de forma virtual, escrever um livro sobre luto e sobre lutos não reconhecidos nada mais é do que um apelo ao valor da vida e dos relacionamentos.

Luto é uma reação normal e esperada pela perda daquilo que amamos e têm importância para o nosso viver. As tantas possibilidades de lutos não sancionados expostas neste e no primeiro volume (Casellato, 2005)[1] são um sinal de que estamos desaprendendo a amar, a respeitar o próximo e a valorizar a vida em suas mais sutis manifestações.

Ao reler todos os capítulos deste livro, tenho certeza de que ele representa uma importante contribuição para o resgate do humano entre os humanos.

---

[1]. Casellato, G. (org.). *Dor Silenciada ou dor silenciosa? Perdas e lutos não reconhecidos por enlutados e sociedade*. Campinas: Livro Pleno, 2005.

Além disso, pretendemos dar destaque ao importante papel que o contexto, a subjetividade e os significados têm na prática clínica e no suporte aos enlutados que necessitam reconstruir e ajustar-se à vida após uma perda.

Ao abordar tais assuntos, deixamos claro que o estudo do luto, bem como as intervenções desenvolvidas ao longo das últimas décadas, desconstrói barreiras interdisciplinares, destacando o luto como um fenômeno psicossocial. Aquele que tentar entender tal processo apenas no nível intrapsíquico está fadado ao fracasso. Luto é um fenômeno individual, sistêmico, cultural, histórico, físico, químico e espiritual.

Pretendemos que o luto pela perda de uma amante, de uma criança, de um emprego, de um animal de estimação, de um casamento, por uma traição, ou por tantas outras perdas não menos importantes, mas pouco ou nada valorizadas, possa, a partir desta leitura, ser respeitado e cuidado por nossos leitores. Esperamos que estes possam multiplicar e repassar este conhecimento de todas as formas possíveis pois, assim, daremos fim ao silêncio de tantas dores por perdas significativas, porém ignoradas em nossa sociedade.

Aos cuidadores informais e aos profissionais de saúde que oferecem ajuda aos enlutados, vale ressaltar a necessidade de um treinamento adequado com supervisão especializada. Isso porque se trata de uma população vulnerável do ponto de vista psíquico. Luto não é doença, mas, se malconduzido, pode favorecer e desencadear doenças de ordem psicogênica.

A relação entre psicoterapeuta e enlutado deve promover um *setting* suficientemente seguro no qual o enlutado possa expressar seus mais variados sentimentos, manifestar suas defesas psíquicas, expor seus mais profundos temores e aprender a sobreviver e enfrentar a dor da perda. A transitoriedade desse vínculo pressupõe que o enlutado seja ativo nesse processo, que possa reconhecer e utilizar seus recursos internos e também seja capaz de pedir ajuda de forma saudável e segura. A vulnerabilidade provocada pelo luto pode (e esperamos que seja) material riquíssimo para o desenvolvimento e fortalecimento pessoal.

Este livro oferece ferramentas e estratégias para lidar com perdas não sancionadas. Ao fazermos isso, estamos oferecendo outro presente: esperança. As histórias aqui compartilhadas, assim como o conhecimento teórico e prático dos profissionais, reafirmam a complexidade dos relacionamentos humanos e do homem com seu ambiente. Mas observo que fomos além e apontamos para o potencial de resiliência do ser humano ao enfrentar perdas tão complexas e dolorosas. Cabe a nós investir e fomentar esse potencial, buscando sempre conquistar narrativas de sobrevivência, e não de vitimização acerca das adversidades.

Como disse Parkes[2], luto é o custo pelo compromisso, e é no compromisso que também reside a cura de muitas dores. Mais um passo foi dado nessa direção, e sinto-me profundamente grata pelos colegas que me apoiaram e participaram deste projeto.

---

[2]. Parkes, C. M. *Luto: estudos sobre perdas na vida adulta.* São Paulo: Summus, 1998.

Serviços focados em situações de luto no Brasil

CEARÁ

INSTITUTO CICLO – INSTITUTO DE PSICOLOGIA EM PERDAS E LUTO
Rua Juvenal de Carvalho, 690 – Bairro de Fátima
Fortaleza-CE – CEP 60050-220
Tel.: (85) 4141-4547/8800-0784
http://www.institutociclo.com.br

MINAS GERAIS

GRUPO DE APOIO A PERDAS IRREPARÁVEIS – API
API MATRIZ
Rua Espírito Santo, 2727, sala 1205 – Belo Horizonte-MG
Telefax: (31) 3282-5645/3286 3034
E-mail: redeapi@redeapi.org.br

API BELVEDERE Paróquia Nossa Senhora Rainha – Belvedere – Belo Horizonte-MG
Tel.: (31) 3286-3034
http://www.nsrainha.org.br/api.html

API RECONSTRUIR
Três Pontas-MG
Contatos: Marilda – (35) 3265-7613/3265-2228; e Jorge – (35) 3265-6464

API DIVINÓPOLIS
Divinópolis-MG
Contato: Lucíola – (37) 3221-6371

API ITAÚNA
Contatos: Luiz Antônio e Ângela – (37)
3241-4054/9944-4054/9969-2251

API SANTO ANTÔNIO DO MONTE
Contatos: Maria Cecília – (37) 3281-1695; e Adriana – (37) 3281-3013

API GOVERNADOR VALADARES
Contatos: Vani – (33) 3271-5037/9989-2700

PARANÁ

AMIGOS SOLIDÁRIOS NA DOR DO LUTO – CURITIBA
Rua XV de Novembro, 1299, sala 104 – Universidade Federal do Paraná, Prédio Histórico – Alto da Rua XV – Curitiba-PR – CEP 80060-000
Tel.: (41) 3252-5016

PIAUÍ

CARLOS HENRIQUE DE ARAGÃO NETO
Rua Visconde de Parnaíba, 1220 - Ininga - Teresina-PI
Tel: (86) 3233-8039/3232-2459
caragao.neto@gmail.com

RIO GRANDE DO NORTE

NÚCLEO APEGO E PERDAS
Rua Lima e Silva, 1611, sala 307/311 – Lagoa Nova – Natal-RN
Tel.: (84) 9418-2852/9988-5428
http://www.apegoeperdas.com.br

RIO GRANDE DO SUL
LUTO, SEPARAÇÃO E PERDAS (Luspe)
Avenida Júlio de Castilhos, 2845 – São Pelegrino – Caxias do Sul-RS – CEP 95010-005
Tel.: (54) 3028-0015
www.luspe.org

CLÍNICA AB DE LUTO
Av. Praia de Belas, 2174, conj. 604 – Menino Deus – Porto Alegre-RS – CEP 90110-000
Tel.: (51) 3232-5232

VIDA URGENTE – GRUPO DE APOPIO A PAIS ENLUTADOS
Fundação Thiago de Moraes Gonzaga
Rua Botafogo, 918 – Menino Deus – Porto Alegre-RS – CEP 90150-052
Tel.: (51) 3231-0893
https://www.facebook.com/universovidaurgente

CENTRO DE ESTUDOS DA FAMÍLIA E DO INDIVÍDUO (Cefi)
Rua Barão de Santo Ângelo, 376 – Moinhos de Vento – Porto Alegre/RS – CEP 90570-090
Tel.: (51) 3346-1525/3222-5578
Fax: (51) 3264-3872
http://www.cefipoa.com.br
Cuiabá: (65) 9950-9911/9910-9911

CASA AMITABA – GRUPO DE APOIO AO LUTO (GAL)
Estrada das Águas Brancas, 1211 – Três Coroas

CLÍNICA DE PSICOLOGIA DA FEEVALE
Tel.: (51) 3586-8800 – ramal 8620
http://www.feevale.br/
E-mail: cip@feevale.br

RIO DE JANEIRO

AMIGOS SOLIDÁRIOS NA DOR DO LUTO – RJ
Rua Rodrigo e Silva, 18, 7º Andar – Rio de Janeiro-RJ – CEP 20011--040
Tel.: (21) 3591-9749
http://www.amigossolidariosnadordolutorj.com/

INSTITUTO ENTRELAÇOS
Rua Sorocaba, 477, sala 202 – Rio de Janeiro-RJ – CEP 22271-110
Institutoentrelacos@institutoentrelacos.com

SÃO PAULO

4 ESTAÇÕES INSTITUTO DE PSICOLOGIA
Rua Dr. Melo Alves, 89, conj. 202 – Jardim Paulista – São Paulo-SP
Tel.: (11) 3891-2576/3891-0852
http://www.4estacoes.com/

INTERVENÇÃO PSICOLÓGICA EM EMERGÊNCIAS (IPE)
Rua Dr. Melo Alves, 89, conj. 202 – Jardim Paulista – São Paulo-SP
Tel.: (11) 3891-2576
http://www.4estacoes.com/

PERCURSO INSTITUTO DE PSICOLOGIA
Avenida Copacabana, 112, sala 1310, Empresarial 18 do Forte – Barueri-SP
Tel.: (11) 2424-8110/2424-8111
https://www.facebook.com/pages/Percurso-Instituto-de--Psicologia/499625920078751

LABORATÓRIO DE ESTUDOS SOBRE A MORTE (LEM) (USP)
Tel.: (11) 3818-4185 – ramal 31 ou 33
http://www.ip.usp.br/laboratorios/lem/lem.htm

LABORATÓRIO DE ESTUDOS E INTERVENÇÕES SOBRE O

LUTO (LELu) (PUC-SP)
Rua Almirante Pereira Guimarães, 150 – Pacaembu – São Paulo-SP
Tel.: (11) 3862-6070
http://www.pucsp.br/clinica/servicos/lelu.htm

DOR DE MÃE – site de apoio para mães enlutadas
http://www.dordemae.com.br

VALENTINA SARMENTO
CRP 06/100734
Rua Presidente Vargas, 731 – Vila Medon – Americana-SP
Tel.: (19) 4106-1231/99797-3646
contato@valentinasarmento.com.br
www.valentinasarmento.com.br

Os autores

Ana Cristina Costa Figueiredo. Psicóloga graduada pela Pontifícia Universidade Católica de Minas Gerais (PUC-MG) e St. Thomas Aquinas College (STAC-NY). Mestra em Psicologia Clínica pela Pontifícia Universidade Católica de São Paulo (PUC-SP). Atua como psicoterapeuta em consultório particular na cidade de Poços de Caldas, em Minas Gerais, com ênfase em atendimento de casais. Como pesquisadora, dedica-se especialmente aos seguintes temas: conjugalidade, infidelidade conjugal, perdas ambíguas e lutos não reconhecidos.

Cristiane Ferraz Prade. Graduada em Psicologia pela Universidade Mackenzie. Mestre em Musicoterapia pela Universidade de Nova York. Especialista em Child Life pelo hospital Mount Sinai, em Nova York. Aprimoramento em Intervenções em Luto pelo 4 Estações Instituto de Psicologia. Atuou em grandes hospitais como Beth Israel e Mount Sinai, em Nova York, e Beneficência Portuguesa e Hospital Israelita Albert Einstein, em São Paulo. Trabalha com cuidados paliativos desde 1998. Sócia-fundadora e atual presidente da Casa do Cuidar e membro do Núcleo de Cuidados Integrativos do Hospital Sírio-Libanês, atende em consultório e em domicílio pacientes e seus familiares.

Daniela Reis e Silva. Mestre em Psicologia Clínica pela PUC-SP. Psicóloga clínica e hospitalar. Especialista em Medicina Psicossomática e em Terapia Familiar. Especialista em Luto pelo ADEC (*Fellow in Tanathology*, Association for Death Education and Counseling, Estados Unidos). Terapeuta certificada em EMDR. Terapeuta de *brainspotting*. Associada fundadora e titular da Associação de Terapia Familiar do Espírito Santo (Atefes), membro da Sociedade Brasileira de Psico-Oncologia (SBPO) e coordenadora do Grupo de Apoio a Perdas Irreparáveis (API/ES). Tem participação em publicação de artigos científicos e capítulos em livros, em palestras e aulas sobre os temas terapia familiar, luto e suicídio.

Déria de Oliveira. Mestre em Psicologia da Saúde pela Universidade Metodista de São Paulo (Umesp). Doutora em Psicologia Clínica pela Pontifícia Universidade Católica de São Paulo (PUC-SP). Administradora de empresas e psicóloga. Especialista em Psicologia Hospitalar pela Faculdade de Medicina do ABC (FMABC). Voluntária pesquisadora do Projeto Pet Smile, terapia mediada por animais (2006-2010).

Gabriela Casellato. Psicóloga formada pela Pontifícia Universidade Católica de São Paulo (PUC-SP) em 1995, com mestrado e doutorado em Psicologia Clínica pela mesma Universidade, Laboratório de Estudos e Intervenções sobre o Luto (LELu), em 1998 e 2004, respectivamente. Especialista em Hipnoterapia Ericksoniana pelo Instituto Milton Erickson de São Paulo e membro do Grupo IPE entre 2001 e 2011. Cofundadora, professora e supervisora do 4 Estações Instituto de Psicologia. Organizadora do livro *Dor silenciosa ou dor silenciada? Perdas e lutos não reconhecidos por enlutados e sociedade* (Polo Books, 2013), autora de diversos capítulos em livros sobre o tema do luto e consultora *ad hoc* das revistas de Psicologia da USP e PUC-Campinas e da *Gerais: Revista Interinstitucional de Psicologia*.

Maria Helena Pereira Franco. Psicóloga, mestre e doutora em Psicologia Clínica pela Pontifícia Universidade Católica de São Paulo (PUC-SP), da qual é professora titular na Faculdade de Ciências Humanas e da Saúde e no Programa de Estudos Pós-graduados em Psicologia Clínica. Com pós-doutorado no

Departamento de Psiquiatria da University College London e na London School of Hygiene and Tropical Medicine, é fundadora e coordenadora do Laboratório de Estudos e Intervenções sobre o Luto (LELu) da PUC-SP, responsável por ensino, pesquisa e extensão em luto e temas correlatos. Idealizadora e cofundadora do 4 Estações Instituto de Psicologia. Idealizadora e coordenadora do Grupo IPE, é autora de artigos e livros sobre morte e luto. Tradutora da obra de Colin Murray Parkes, publicado no Brasil pela Summus Editorial, é membro do International Work Group on Death, Dying and Bereavement (IWG).

Plínio de Almeida Maciel Jr. Psicólogo e doutor em Psicologia Clínica. Pesquisador e docente do Departamento de Psicologia do Desenvolvimento da Pontifícia Universidade Católica de São Paulo (PUC-SP) há 15 anos, integra a linha de pesquisa "Pesquisa em Desenvolvimento Humano, uma visão de gênero" (CNPq) e tem se dedicado à pesquisa e intervenção nos seguintes temas: gênero, masculinidade, desenvolvimento adulto e relacionamentos interpessoais. É autor de *Tornar-se homem – Projetos masculinos na perspectiva de gênero* (2013).

Regina Szylit Bousso. Professora livre-docente da Escola de Enfermagem da Universidade de São Paulo (Eeusp). Enfermeira, líder do Núcleo Interdisciplinar de Pesquisas em Perdas e Luto (Nippel) e membro do International Work Group in Death, Dying and Bereavement (IWG).

Rosane Mantilla de Souza. Psicóloga, doutora em Psicologia Clínica pela Pontifícia Universidade Católica de São Paulo (PUC-SP). Tem formação em Mediação e especialização em Mediação Familiar e Comunitária. Professora titular e ex-coordenadora do Programa de Estudos Pós-Graduados em Psicologia Clínica da PUC-SP, onde se dedica à pesquisa e orientação de mestrado e doutorado em temas associados à formação e ao rompimento de vínculos na diversidade de famílias da atualidade. Coordenadora do Daquiprafrente: assessoria em qualidade de vida e desenvolvimento humano.

Sandra Rodrigues de Oliveira. Graduada em Psicologia pela Pontifícia Universidade Católica de São Paulo (PUC-SP) em 2003. Membro do Grupo de Intervenções Psicológicas em Emergências (IPE) desde 2004. Aprimoramento em Psicologia Clínica pelo Laboratório de Estudos sobre o Luto (LELu) e Atendimento em Abordagem Fenomenológica pela PUC-SP em 2004. Especialista em Psicologia Hospitalar pelo Hospital das Clínicas da Universidade de São Paulo em 2005. Mestre em Psicologia Clínica – Casal e Família pela Pontifícia Universidade Católica do Rio de Janeiro (PUC-RJ) em 2008. Doutora em Psicologia Clínica – Casal e Família pela PUC-RJ em 2014. Primeiro-tenente OTT Psicóloga do Exército Brasileiro. Atuações: Centro de Recuperação de Itatiaia – RJ (2008-2011)/Centro de Estudos de Pessoal e Forte Duque de Caxias – RJ (2011-dias atuais).

Valéria Tinoco. Psicóloga, mestre e doutora pelo Programa de Psicologia Clínica da PUC-SP. Cofundadora, professora e supervisora do 4 Estações Instituto de Psicologia, membro do LELu da PUC-SP (1996-2007, 2009-2013). Especialista em Psicoterapia Breve pelo Instituto Sedes Sapientiae. Coautora do livro *O dia em que o passarinho não cantou* (Livro Pleno, 2000) e co-organizadora do livro *Luto na infância: intervenções psicológicas em diferentes contextos* (Livro Pleno, 2005).

www.gruposummus.com.br

IMPRESSO NA
sumago gráfica editorial ltda
rua itauna, 789   vila maria
02111-031   são paulo   sp
tel e fax 11 **2955 5636**
sumago@sumago.com.br

GRÁFICA
sumago